耕地质量评价理论与实践

聂艳 于婧 ◎ 著

中国出版集团
世界图书出版公司
广州·上海·西安·北京

图书在版编目(CIP)数据

耕地质量评价理论与实践 / 聂艳, 于婧著. —— 广州: 世界图书出版广东有限公司, 2014.5
ISBN 978-7-5100-7878-1

Ⅰ.①耕… Ⅱ.①聂… ②于… Ⅲ.①耕地资源－资源评价－研究－中国 Ⅳ.①F323.211

中国版本图书馆 CIP 数据核字 (2014) 第 106294 号

耕地质量评价理论与实践

责任编辑	黄利军
封面设计	高 燕
出版发行	世界图书出版广东有限公司
地　　址	广州市新港西路大江冲 25 号
邮　　箱	sancangbook@163.com
印　　刷	虎彩印艺股份有限公司
规　　格	787mm × 1092mm　1/16
印　　张	16.25
字　　数	280 千字
版　　次	2014 年 5 月第 1 版　2015 年 1 月第 2 次印刷
ISBN	978-7-5100-7878-1/F · 0136
定　　价	52.00 元

版权所有，翻印必究

引 言

土地资源作为人类赖以生存的物质基础,其数量和质量的演变直接关系着国家的粮食安全与社会稳定。近年来,工业化、城镇化的发展以及生态退耕政策的实施,使我国耕地数量呈持续下降趋势;机械、化肥、农药等高能耗工业产品的大量投入,给农业带来高速发展的同时,也引发了一系列耕地退化问题。如何协调耕地资源利用与人口增加、经济发展和环境保护的矛盾,实现耕地资源的可持续利用,成为当代农学、土壤学以及土地管理学领域的重要课题。围绕"土地资源可持续利用"的国际主题,面向我国耕地保护与粮食安全和多项国家重大战略实施对土地资源信息化与现代化的需求,针对耕地资源调查与评价过程中数据快速获取、精确定量表达、分类处理分析、模型模拟以及多尺度、多目标系统集成等热点和瓶颈问题开展研究,结合大量的课题研究,经过完成资料收集与准备、关键技术研究与攻关、多目标耕地资源调查评价系统平台建设、成果总结与应用示范四个阶段的研究任务,形成了"耕地质量评价理论与实践"的成果,对促进土地资源、生态环境和地理信息科学的交叉、渗透与融合,推进我国农业生产和土地资源管理的信息化与现代化进程,促进我国人口、资源、环境和社会经济的和谐、稳定和协调发展具有一定的理论与现实意义。

本书围绕耕地质量评价的基本程序和几种典型评价进行内容组织,共分为八章。第一章,耕地质量评价的对象,介绍了相关基本概念、耕地性质、土地利用分类、耕地质量评价现状与发展趋势等内容。第二章,耕地质量评价概述,介绍了耕地质量评价的基本概念、基础理论、评价类型、评价思路与流程、耕地资源的构成要素等内容。第三章,耕地质量评价模型与方法,依据耕地质量评价的指标体系确定、评价单元划分、评价数据获取、评价数据量化、评价等级划分5个阶段系统介绍了多种模型与方法。第四章,耕地适宜性评价方法与案例,介绍了适宜性评价的基本概念、两种典型的适宜性评价系统、适宜性评价模型和方法,并以江汉平原后湖农场为样区介绍了基于生态位适宜度模型的耕地多宜性评价实例。第五章,耕地分等方法与案例,介绍了耕地分等的基本概念、分等方法与流程、分等标准样地设置方法,并以宜都市为例介绍了基于 GIS 的耕地分等评价实例。第六章,耕地定级估价方法与案例,介绍了耕地定级估价的基本概念和基础理论、定级估价方法,并以宜都市为例介绍了耕地定级和基准地价评估实例。第七章,耕地生态风险评价与案例,介绍了生态风险评价的基本概念、生态风险分析程序、生态风险评价方法、典型土壤污染生态风险评估标准,并以江汉平原后湖农场为例介绍了基于生态风险分析的耕地质量退化风险评价。第八章,耕地质量评价信息系统与案例,介绍了相关基本概念、系统分析与设计、组织实施与测试、系统维护升级与评价,并以农用地分等定级估价为例介绍了系统开发中数据的标准化、系统设计与实现等。

  本书是编者在多年从事耕地质量评价教学和科研实践的基础上,参考了大量的国内外书籍、期刊和文献等总结编写而成。本书得到了湖北省教育厅科学技术研究重点项目(编号:D20131008)的资助;编者的多名同事和研究生参与了本书稿部分章节的撰写,他们分别是于雷、吴西子、吴学敏、梅岚、乌云嘎等;编写过程中,得到了华中师范大学城市与环境科学学院博士生导师周勇教授的悉心指导。世界图书出版公司的相关领导和编辑人员不辞辛苦,才使本书得以及时出版,在此一并表示衷心的感谢!限于水平,书中不妥之处难免存在,敬请各位专家、广大读者批评指正。

编者

2014.3

目 录

1 耕地质量评价对象……1

1.1 土 地……1
1.1.1 土地概念……1
1.1.2 土地的基本性质……1

1.2 土地利用……4
1.2.1 土地利用的概念……4
1.2.2 土地利用分类……5
1.2.3 土地利用分类的原则……5
1.2.4 土地利用分类的方法……7
1.2.5 我国的土地利用分类系统……8

1.3 耕地的基本概念辨析……9
1.3.1 耕地的一般定义……9
1.3.2 耕地的基本类型……10
1.3.3 耕地的确认标准……11
1.3.4 耕地质量……13
1.3.5 耕地利用现状……14

1.4 耕地的基本性质……15

1.5 耕地质量评价国内外研究现状……16
1.5.1 国外研究进展……16
1.5.2 国内研究进展……18
1.5.3 中国耕地质量现状……21

1.6 耕地质量发展趋势 ·· 22
1.6.1 耕地质量评价发展趋势 ·· 22
1.6.2 耕地质量提升发展趋势 ·· 23

2 耕地质量评价概述 ·· 25
2.1 相关概念辨析 ·· 25
2.1.1 基本概念 ·· 25
2.1.2 评价目的 ·· 26
2.1.3 评价任务 ·· 27
2.1.4 评价原则 ·· 28
2.1.5 评价意义 ·· 29
2.2 基础理论 ·· 29
2.2.1 土壤肥力理论 ··· 29
2.2.2 级差地租理论 ··· 30
2.2.3 区位理论 ·· 30
2.2.4 可持续利用理论 ··· 31
2.2.5 生态系统理论 ··· 31
2.3 耕地质量评价类型 ·· 32
2.3.1 耕地生产能力评价 ·· 32
2.3.2 土壤肥力评价 ··· 32
2.3.3 耕地适宜性评价 ··· 32
2.3.4 农用地分等定级与估价 ·· 33
2.3.5 耕地生态风险评价 ·· 33
2.4 耕地评价思路与流程 ·· 33
2.5 耕地资源构成要素分析 ·· 34
2.5.1 气候要素 ·· 34
2.5.2 地形要素 ·· 38
2.5.3 土壤要素 ·· 40
2.5.4 生物要素 ·· 43

  2.5.5　水文要素 …………………………………………………………… 43
  2.5.6　社会经济技术条件 …………………………………………………… 44

3　耕地质量评价模型与方法 …………………………………………………… 48
3.1　评价指标体系确定模型与方法 ……………………………………………… 48
  3.1.1　指标体系构建的原则 …………………………………………………… 48
  3.1.2　指标体系框架构建的模型 ……………………………………………… 49
  3.1.3　指标体系确定的方法 …………………………………………………… 52
  3.1.4　基于典型指标法的指标体系确定实例 ………………………………… 56
3.2　评价单元确定模型与方法 …………………………………………………… 59
  3.2.1　评价单元划分的原则 …………………………………………………… 59
  3.2.2　评价单元划分的方法 …………………………………………………… 59
3.3　评价数据获取模型与方法 …………………………………………………… 61
  3.3.1　评价指标的类型 ………………………………………………………… 61
  3.3.2　缓冲区分析法 …………………………………………………………… 61
  3.3.3　克里格插值法 …………………………………………………………… 62
  3.3.4　基于三维分析的属性数据获取实例 …………………………………… 63
3.4　评价数据量化模型与方法 …………………………………………………… 65
  3.4.1　语言型定性指标的量化方法 …………………………………………… 65
  3.4.2　域值型指标的量化方法 ………………………………………………… 66
  3.4.3　空间扩散型指标的量化方法 …………………………………………… 67
3.5　评价等级划分模型与方法 …………………………………………………… 67
  3.5.1　评价单元综合指数的计算模型 ………………………………………… 67
  3.5.2　评价结果划分的方法 …………………………………………………… 68
  3.5.3　基于总分频率曲线法的实例 …………………………………………… 70

4　耕地适宜性评价方法与案例 ………………………………………………… 72
4.1　概　述 ………………………………………………………………………… 72
  4.1.1　土地适宜性与适宜性评价 ……………………………………………… 72
  4.1.2　适宜性评价的目的与任务 ……………………………………………… 73

4.1.3　适宜性评价的原则 …………………………………………… 73
　　4.1.4　适宜性的分类 ………………………………………………… 75
　　4.1.5　适宜性评价的分类 …………………………………………… 75
　　4.1.6　适宜性评价的工作程序 ……………………………………… 76
4.2　**典型土地适宜性评价系统** ……………………………………………… 76
　　4.2.1　FAO 的土地《土地评价纲要》 ……………………………… 76
　　4.2.2　《中国 1：100 万土地资源图》评价系统 …………………… 81
4.3　**适宜性评价模型和方法** ………………………………………………… 84
　　4.3.1　限制因子法 …………………………………………………… 84
　　4.3.2　指数和法 ……………………………………………………… 84
　　4.3.3　模糊综合评判法 ……………………………………………… 84
　　4.3.4　模糊物元贴近度聚类分析模型 ……………………………… 85
　　4.3.5　生态位适宜度模型 …………………………………………… 87
4.4　**实例——基于生态位适宜度模型的耕地多宜性评价** ……………… 88
　　4.4.1　案例区概况 …………………………………………………… 88
　　4.4.2　耕地多宜性评价指标体系的确定 …………………………… 88
　　4.4.3　评价指标最适值的确定 ……………………………………… 89
　　4.4.4　评价单元和属性数据的获取 ………………………………… 90
　　4.4.5　计算作物生态位适宜度值 …………………………………… 91
　　4.4.6　单作物耕地适宜性评价 ……………………………………… 92
　　4.4.7　最大资源优势作物耕种推荐方案 …………………………… 96
　　4.4.8　最高经济收益作物耕种推荐方案 …………………………… 97
　　4.4.9　小结 …………………………………………………………… 100

5　耕地分等方法与案例 …………………………………………………… 101

5.1　**概　述** …………………………………………………………………… 101
　　5.1.1　农用地（耕地）的概念 ……………………………………… 101
　　5.1.2　耕地分等内涵 ………………………………………………… 102
　　5.1.3　分等目的 ……………………………………………………… 102
　　5.1.4　分等意义 ……………………………………………………… 103

5.1.5 分等原则 …………………………………………………………… 104
　　　5.1.6 分等工作程序 ………………………………………………………… 105
　5.2 耕地分等理论与方法 …………………………………………………………… 106
　　　5.2.1 等—级—价的关系 …………………………………………………… 106
　　　5.2.2 耕地分等方法 ………………………………………………………… 107
　5.3 分等标准样地设置 ……………………………………………………………… 110
　　　5.3.1 标准样地及标准样地体系 …………………………………………… 110
　　　5.3.2 标准样地设置的原则 ………………………………………………… 111
　　　5.3.3 标准样地特征描述 …………………………………………………… 112
　　　5.3.4 标准样地设置的程序 ………………………………………………… 112
　　　5.3.5 标准样地检验的方法 ………………………………………………… 115
　　　5.3.6 标准样地的管护 ……………………………………………………… 115
　5.4 实例——基于 GIS 的宜都市农用地分等 …………………………………… 117
　　　5.4.1 案例区概况 …………………………………………………………… 117
　　　5.4.2 分等技术路线 ………………………………………………………… 117
　　　5.4.3 分等参数的确定 ……………………………………………………… 118
　　　5.4.4 宜都市农用地分等过程 ……………………………………………… 122
　　　5.4.5 分等结果分析与讨论 ………………………………………………… 125

6 耕地定级估价方法与案例 …………………………………………………………… 127
　6.1 概　述 …………………………………………………………………………… 127
　　　6.1.1 耕地定级估价内涵 …………………………………………………… 127
　　　6.1.2 定级估价目的任务 …………………………………………………… 127
　　　6.1.3 定级估价原则 ………………………………………………………… 128
　　　6.1.4 定级估价范围 ………………………………………………………… 129
　　　6.1.5 定级估价理论基础 …………………………………………………… 129
　6.2 耕地定级方法与技术路线 ……………………………………………………… 132
　　　6.2.1 定级方法选择 ………………………………………………………… 132
　　　6.2.2 定级指标体系描述 …………………………………………………… 133
　　　6.2.3 定级评价技术思路 …………………………………………………… 135

6.3 耕地估价方法与技术路线 ··· 135
6.3.1 耕地基准地价评估方法 ·· 135
6.3.2 耕地宗地评估方法 ··· 136
6.3.3 收益还原法 ··· 136
6.3.2 市场比较法 ··· 138
6.3.3 成本逼近法 ··· 142
6.4 实例——宜都市耕地定级评价 ·· 144
6.4.1 耕地定级技术路线 ··· 145
6.4.2 宜都市耕地定级过程 ··· 145
6.4.3 定级结果分析与讨论 ··· 151
6.5 实例——宜都市耕地基准地价评估 ·· 152
6.5.1 基准地价评估的技术路线 ··· 153
6.5.2 样本地价计算 ·· 153
6.5.3 数字地价模型的建立与基准地价的确定 ································ 162
6.5.4 基准地价评估结果分析 ··· 165
6.5.5 小结 ·· 167

7 耕地生态风险评价与案例 ·· 169
7.1 概述 ··· 169
7.2 生态风险分析的程序 ·· 171
7.2.1 生态风险辨识 ·· 171
7.2.2 生态风险评估 ·· 172
7.2.3 生态风险管理 ·· 173
7.3 生态风险评价模型与方法 ·· 174
7.3.1 生态风险评价类型 ··· 174
7.3.2 化学污染类风险源生态风险评价方法 ··································· 174
7.3.3 生态事件类风险源生态风险评价方法 ··································· 177
7.3.4 复合风险源类生态风险评价方法 ······································· 178
7.4 国内外土壤污染生态风险评估标准 ·· 179
7.4.1 美国环保署制定的生态土壤筛选值（Eco-SSLs） ························ 179

  7.4.2 荷兰土壤筛选值体系 ………………………………………………… 180

  7.4.3 国内土壤环境质量标准值 …………………………………………… 180

 7.5 **实例——基于生态风险分析的耕地质量风险评价** ………………………… 181

  7.5.1 案例区概况 …………………………………………………………… 181

  7.5.2 生态风险分析指标体系的建立 ……………………………………… 182

  7.5.3 土壤污染生态风险指数计算和生态风险分析 ……………………… 184

  7.5.4 耕地质量退化风险模型的建立 ……………………………………… 187

  7.5.5 耕地质量风险评价 …………………………………………………… 190

  7.5.6 结果与讨论 …………………………………………………………… 191

8 耕地质量评价信息系统及案例 …………………………………………………193

 8.1 **耕地质量评价信息系统概述** ………………………………………………… 193

  8.1.1 耕地质量评价信息系统的基本组成 ………………………………… 193

  8.1.2 耕地质量评价信息系统开发流程 …………………………………… 194

  8.1.3 耕地质量评价信息系统目标 ………………………………………… 196

 8.2 **耕地质量评价信息系统分析与设计** ………………………………………… 198

  8.2.1 系统分析 ……………………………………………………………… 198

  8.2.2 系统设计 ……………………………………………………………… 201

 8.3 **耕地质量评价信息系统组织实施与测试** …………………………………… 206

  8.3.1 系统组织实施 ………………………………………………………… 206

  8.3.2 系统测试 ……………………………………………………………… 208

 8.4 **耕地质量评价信息系统维护、升级与评价** ………………………………… 210

  8.4.1 系统维护 ……………………………………………………………… 210

  8.4.2 系统故障分析 ………………………………………………………… 211

  8.4.3 系统再开发与系统软件移植 ………………………………………… 211

  8.4.4 系统评价的主要指标 ………………………………………………… 211

 8.5 **农用地分等定级与估价数据库建设中的数据标准化** ……………………… 213

  8.5.1 农用地分等定级估价数据库标准化的意义 ………………………… 214

  8.5.2 农用地分等定级与估价信息的基本特征 …………………………… 214

  8.5.3 数据内容、分类与编码 ……………………………………………… 215

  8.5.4 分等定级估价数据的收集与标准化 …………………………… 220
  8.5.5 小结 ……………………………………………………………… 223
 8.6 **农用地分等定级与估价信息系统** …………………………………… 224
  8.6.1 ALEIS 整体设计 ………………………………………………… 224
  8.6.2 ALEIS 需求分析 ………………………………………………… 227
  8.6.3 ALEIS 的设计 …………………………………………………… 232
  8.6.4 程序编码与测试 ………………………………………………… 239
  8.6.5 ALEIS 评价 ……………………………………………………… 239
  8.6.6 系统特点与发展趋势 …………………………………………… 240

参考文献 ………………………………………………………………………… 242

1 耕地质量评价对象

1.1 土 地

1.1.1 土地概念

1972年在荷兰瓦格宁根召开的关于土地评价的专家会议的大会纪要认为："土地包含着地球特定地域表面及其以上和以下的大气、土壤、基础地质、水文、植物和动物,它还包涵这一地域范围内过去和目前人类活动的种种结果,及其对目前和未来人类利用土地所施加的重要影响。"联合国粮农组织的《土地评价纲要》认为,土地包括影响土地用途潜力的自然环境,如气候、地貌、土壤、水文与植被,它包括过去和现在的人类活动影响。由此可以看出:

1)土地是自然、社会、经济、环境的历史综合体。它既是地球表面一定地域所有自然属性的主体,又是人为作用于地表、赋予地表以经济、人文、利用方式、权属等属性的主体,同时又包含了人类活动的结果。

2)土地具有立体三维结构。它位于岩石圈、大气圈与生物圈互相接触的边界,大致从土壤的母质层,向上通过地表直到植被的冠层,是各种自然过程(包括物理过程、化学过程、生物过程以及人类活动)最活跃的场所,有人称为"活动层",从下到上具有剖面特征的这部分,正是土地的核心部分。

3)土地是一个系统。土地构成要素相互联系、相互制约,构成一个统一的系统,具有其独特的结构和功能,各构成要素之间进行着物质与能量的交换,这个系统被称为土地系统。

1.1.2 土地的基本性质

从土地的概念可以看出,土地应包括两方面的基本特性:自然特性和社会经济特性。土地的自然特性是土地自然属性的反映,是土地所固有的,与人类对土地的利用与否没有必然的联系。土地的社会经济特性是在人类对土地利用过程中产生的,在人类诞生之前尚未对土地加以利用时,土地的这些特性并不存在。

1.1.2.1 土地自然特性

1)面积的有限性

土地是自然的产物,土地的面积为地球表面积所限定(指正射投影面积)。地壳运动,空气、阳光、水、生物酶的分解作用,风力、流水的侵蚀、搬运作用,人类的生产活动……可使水域变为陆地(围海造田、围湖造田等),山地化为平地,坡地变为梯田,不断地改变着地球表面的形态,但土地的总面积始终未变。在现有的科学技术条件下,人不可能创造土地、消灭土地,或用其他生产资料所代替。正如列宁指出:"土地有限是一个普遍现象。"

2)位置的固定性和可变性

每一块土地都有其固定的空间位置,不能移动,地块之间也不能互相调换位置,也就是说,土地的绝对位置是固定不动的,这就使得有限的土地在利用方面受到很大限制。另一方面,土地距离市场的远近及交通条件,是可以随着社会经济的发展、资源的开发、道路网的完善与扩建、城镇布局的调整及其经济辐射面的扩大而改变,即土地的相对位置是可以改变的,这种改变对土地的利用及地价有着重要影响。

3)质量的空间差异性

土地是自然生成的,不是人类按统一标准创作的,因此,不同的土地单元,所处的地理环境条件不一,所含养分、水分、土壤质地也都不一致。所处地点的小气候条件、水文、地质状况也有很大差异,加之,离城镇的远近,交通便利程度的差异,使得土地质量千差万别。质量完全相同的土地单元几乎没有,因此,对土地质量评价和土地利用管理要因地制宜。

4)土地利用的相对永续性

土地是可更新资源。在土地农业利用过程中,土壤养分和水分虽不断地经植物吸收、消耗,但通过施肥、灌溉、耕作、作物轮作等措施,可以不断地得到恢复和补充,从而使土壤肥力始终处于一种周而复始的动态平衡之中。土地若能合理利用,其生产能力不但不会随着时间的推移而丧失,相反,还会随着科学技术的进步而提高。因为,土地具有"储备银行"的作用,投入土地的劳动和资本,除转化为农产品外,其余部分则凝聚在土地中。正如马克思所说:"土地的优点是,各个连续的投资转移带来收益,而不会使以前的投资丧失作用。"同时,随着科学技术的进步及其在农业中应用,可以很好地将土壤中的有效肥力释放出来,从而提高土地生产力。

1.1.2.2 土地社会经济特性

土地的社会经济特性是以土地的自然特性为基础,并在人类对土地的利用过程中产生的。具体包括:

1) 土地供给的稀缺性

人类出现以后,特别是由于人口的不断增加和社会经济文化的发展,对土地需求不断扩大,而可供人类利用的土地又是有限的,因而产生了土地供给的稀缺性,并日益增强。这种稀缺性,不仅表现在土地供给总量与土地需求总量的矛盾上,还表现在由于土地位置固定性和质量差异性导致某些地区和某种用途的土地的稀缺。如经济发达的沿海地区,由于建设用地的大量扩张及其对农用地的侵占,导致这些地区的农用地的稀缺性。

2) 利用方式的相对分散性

由于土地位置的固定性和土地质量的差异性,对土地就只能按其适宜性分别加以利用,因而造成土地利用方式的相对分散性。土地的这一特征要求人们在进行土地利用时,要进行区位选择,并注意搞好地区间交通运输联系,以提高土地利用的综合区位效应。

3) 土地利用方向变更的困难性

土地有多种用途,当土地一经投入某项用途之后,欲改变其利用方向,一般比较困难。首先,利用方向的变更受土地的自然条件所制约。如我国的北方地区不能种植香蕉,在海拔几千米缺乏水源的地区不能建现代化工厂等,因为这些地区不具备作为这种用途的自然条件。其次,还由于在工农业生产上变更土地利用方向往往会造成巨大经济损失,因而是不合理的,甚至是不合法的。如城市建设用地,由于土壤结构的破坏,就很难再转化为农业用地了。

4) 土地报酬递减的可能性

土地供给的稀缺性要求人们集约地利用土地。由于"土地报酬递减规律"的存在,在技术不变的条件下对土地的投入超过一定限度,就会产生报酬递减的后果。这就要求人们在利用土地增加投入时,必须寻找在一定技术、经济条件下投资的合适度,确定适当的投资结构,并不断改进技术,以便提高土地利用的经济效果,防止出现土地报酬递减的现象。

5）土地利用后果的社会性

土地是自然生态系统的基础因子，土地相互联结在一起，不能移动和分割，因此，每块土地利用的后果不仅影响本区域内的自然生态环境和经济效益，而且必然会影响到邻近地区甚至整个国家和社会的生态环境和经济效益，产生巨大的社会后果。如在一块土地上建设一座污染型工厂，若不加任何处理地排放"三废"，必然会给周围地区带来环境污染，影响周围地区的土地利用。

1.2　土地利用

1.2.1　土地利用的概念

土地利用是人类活动作用于自然环境的主要途径之一，自地球上出现人类，人类就开始将土地作为其生存和发展不可替代的资源加以利用，土地利用随着人类的出现而产生。土地利用是人和土地之间相互作用关系的体现，人类社会发展离不开土地，而人类的土地利用活动会引起土地质量和土地利用方式发生改变。土地利用强调人类主观能动的开发活动，体现人类对土地自然属性的利用方式和目的意图，是一种动态过程。随着社会经济的发展，人类对土地的需求在不断增长，需要依据土地质量状况协调安排各种用地，因此，土地利用就是为了协调土地质量特性和社会土地需求而发生的土地功能过程。

具体来讲，土地利用是指人类根据一定的社会经济目的，采取一定的生物、技术手段，对土地资源进行长期性或周期性的开发利用、改造和保护等经营活动，也就是把土地的自然生态系统改变为人工生态系统的过程，是一个自然、社会、经济、环境和技术诸要素综合作用的复杂过程，它受到诸多方面条件的影响和制约。

土地利用是个技术问题。人类的科学技术水平不断提高，对于土地这一综合体所包含的各种因素的认识程度也逐渐提高，利用这些因素所采取的手段、措施也就越先进，因而取得的效果也就越好。土地利用同时又是个经济问题。土地作为一种最基本的生产要素与其他要素结合后，才能进入生产过程；土地与其他生产要素一样，在利用中必须服从一定经济规律，才能取得良好的经济效益。

地球上土地的数量是有限的，为了全人类的可持续发展，土地应实施持续利用，因此,从另外一个角度来看,土地利用应该包含两方面含义:一是指人类根据土地质量特性开发利用土地,创造财富,以满足人类生产和生活的需要;二是指利用土地,改善环境,以满足人类生存的需要。从系统论观点看,土地利用的实质是土地自然生态子系统和土地社会经济子系统以及人口子系统为纽带和接口耦合而成的土地生态经济系统。

1.2.2 土地利用分类

土地利用分类是为完成土地资源调查或进行统一的科学土地管理,从土地利用现状出发,根据土地利用的地域分异规律、土地用途、土地利用方式等,将一个国家或地区的土地利用情况,按照一定的层次等级体系划分为若干不同的土地利用类别。

科学的土地利用分类是土地科学水平的标志,是科学总结和经验交流的基础,是土地管理、应用和共享的前提,是对土地认识上升到系统化高度的重要手段,是进行土地资源调查、评价和规划的基础,是实现土地资源可持续利用的保证。

土地利用分类是建立在类型学基础上的类型研究法,是对区域土地个体单位相似性的总结与合并。区域内土地个体数目很多,一般不可能逐个进行研究,而是将按其内部的共同性或相似性作不同程度的概况与归并,从而得到分类级别不同的土地利用分类单位。这样的类型单位是由若干个土地个体单位集合而成,具有某种相似的地理过程和特征以及相对一致的生产潜力和相近的土地利用方向,从而成为科学评价土地质量的基本单位。土地利用分类系统大致包括土地自然分类系统、土地评价分类系统和土地综合分类系统三种。

土地利用分类的目的主要有三个方面:1)土地利用现状调查、制图和信息管理的基础;2)揭示土地利用类型发生、发展、演化及组合规律的基础,并为分类土地利用类型与土地资源各种自然、经济、社会和环境要素间的关系提供依据;3)土地评价、规划和持续利用管理的基础。

1.2.3 土地利用分类的原则

不同的土地分类系统具有不同的分类依据和分类方法,但由于土地类型的基本属性是统一性,因此在土地类型划分时要求遵循以下统一的基本原则。

1)自然发生学的原则

不论进行何种方式或类型的土地利用分类,其基础是土地的自然属性,即首先土地是被看作一个自然综合体。土地类型的划分首先取决于全部自然因素的综合特征,土地类型的各组成要素之间存在发生学上的有机联系,每一种土地类型都有其发生和演变的过程,由于同种类型土地存在着发生和发展条件以及其发展演变过程的相似性,因此,在土地类型划分时就可以依据这种发生学上的因果联系进行土地类型的划分,保证同级土地类型之间的关系和上下级土地类型之间的关系有一条清晰的脉络,符合类型学的类型研究法的基本要求。

2)综合性原则

土地是各组成要素长期相互作用的产物,有其独特的物质与能量交换规律,是一个有内在联系的有机整体。因此,应体现各组成要素共同作用所赋予土地的特征,包括外部形态和内在属性所决定的相似性与差异性,而不是其中任何一个单独因素特征的反映。在依据土地的相似性和差异性进行土地分类时,就必须全面分析土地的各组成要素,发现各要素在土地分类中的作用,并着重注意在各组成要素相互联系、共同作用下,所形成的土地综合体的外部形态特征和内在特征。

3)主导性原则

组成土地的各要素之间存在着复杂的对立统一的矛盾关系,在这些矛盾中,必然存在决定土地类型的主要自然特征,并因其变化导致综合体其他因素也相应发生变化的主要矛盾,即决定土地类型分异的主导因素。例如,在山地和丘陵地区海拔高度、坡度和坡向等对地域水热条件的重新分配有重要影响,而导致植被和土壤也相应发生变化,因此它们一般被看作是该区域土地类型划分的主导因素。在全面综合分析影响土地综合体的各种组成要素的基础上,对主导因素进行重点分析,是土地类型划分科学性和合理性的保障。

4)实用性原则

土地类型划分的根本目的是为了指导土地的合理利用,因此,实用性是土地类型划分必须坚持的最基本原则之一,因此在进行土地类型划分时要与应用目的紧密相连。例如,我国1:100万土地类型调查与制图主要是为大农业生产布局服务的,因此所采用的划分指标也相应地是与发展农、林、牧、生产密切相关的自然因素。另外,土地类型划分还要与区域土地利用的实际情况相结合。例如,在可垦荒地较丰富的东北温带湿润半湿润地区,坡度7°可以作为划分平地(种植业为主)和山地(林业为主)的阈值;而在人口稠密、可垦荒地极其稀缺的南方丘陵山区就不适用,规定在坡度20°或25°以下地区都可有限制地适度发展种植业。

1.2.4 土地利用分类的方法

土地分类是对土地单位的类型划分。由于在一个区域范围内（如一个行政区）土地个体单位的数目很多，除特殊需要外，一般不逐个研究其个体特征，只按照它们质的相似性作不同程度的概括，得到分类级别高低不同的各种土地分类单位，这是土地分类研究所采用的类型系统研究法。

土地类型划分包括两方面内容：一是进行土地类型等级划分，即土地分级；二是在地等级划分基础上，对同一等级土地中的类型进行的划分，即土地分类。土地分级是对土地个体形态单元组织水平，即土地类型分类的详细程度和层次的确定；同一等级中土地类型的分类则是对各个土地个体形态单元土地属性或特征的共性的归纳。

在以上分类逻辑体系指导下，具体的分类方法可采用以下几种。

1) 景观法

景观法是以景观形态单元为基础划分土地类型的一种方法。这种方法在国内外已有广泛的应用，它依据土地因素在各地段的结合方式及其作用强度的差异，通过综合分析，选取其中对土地单位个体分异起主导作用的因素作为确定土地类型个体的空间界限。确切地说，景观法是一种在综合分析基础上，以地貌、植被、土壤等作为主导因素类划分土地类型的方法。该方法通过对地貌因素和其他因素之间相互作用的深入研究，一般能得到内容一致性较强的土地单元。景观法的特点是土地空间形态为主，很少考虑数量指标，这也是它的主要不足。但是景观法应用较方便，而且能准确地划分土地类型，所以现在已被广大土地工作者所接受并加以应用。

2) 参数法

参数法是根据土地成分的特征值划分土地类型的方法。该方法是传统的地理叠置法的定量化，即在选取的相对重要参数分类的基础上进行土地单位划分的方法。参数法的科学性取决于参数选取的科学性，依据参数的量化与分级方法的合理性。该方法具有定量的特点，适宜利用计算机进行处理。

3) 过程法

该方法通过对土地分异各主要过程以及过程动力学特点的研究，以土地内部的作用过程为依据，将不同成分过程效应在空间上的变化界限作为土地单位的边界线。这样在一定单位内，有一定过程发生并与其过程相互作用，进而产生土地单位一定程度上的独立性。过程法依据的是土地单位分异的本质原因，因而是真正的综合方法，但必须对土地分异的自然过程有深入的定量分析才能采用。在过程法研究不够深入时，土地单位的空间界限往往是模糊的，确定的土地单位内部其一致性也较差。因此，过程法在理论上虽然较其他方法更具有科学性，但往往由于在实际操作中难以对整个过程有全面透彻的了解，导致得出的结果也不符合实际。

1.2.5 我国的土地利用分类系统

土地利用分类系统是根据现有的土地利用方式、结构与特点的相似性和差异性以及程度，按照一定的原则和依据，划分为不同层次的类型结构体系。目前，国际上多数国家采用的是两级制的土地利用类型系统，如美国、英国等。日本由于土地利用调查工作较细，采用三级类型系统。我国自1978年之后，开展了全国性的土地利用现状调查研究工作，制定了多套全国性的土地利用分类系统，现简要介绍如下。

1980年的《中国1：100万土地资源图》分类系统，将土地利用分为二级类型层次，第一级层次共分为11个类型，第二级层次共分为42个类型。1984年，我国颁布的《土地利用现状调查技术规程》中制定了"土地利用现状分类及其含义"，它采用两级分类，其中一级类分耕地、园地、林地、牧草地、居民点及工矿用地、交通用地、水域及未利用土地8类，二级类分46类。当时我国土地详查和土地年度变更调查均采用该土地利用现状分类。从1984年颁布开始，一直沿用到2001年12月。

1989年9月，我国颁布的《城镇地籍调查规程》中制定了"城镇土地分类及含义"。城镇土地分类主要根据土地用途的差异，将城镇土地分为商业金融业用地，工业、仓储用地，市政用地，公共建筑用地，住宅用地，交通用地，特殊用地，水域用地，农用地及其他用地10个一级类，24个二级类。主要用于城镇地籍调查、城镇地籍变更调查以及城市总体规划的编制。从1989年发布开始，一直沿用到2001年12月。

为了满足土地用途管理的需要，科学实施全国土地和城乡地政统一管理，扩大调查成果的应用，在研究、分析"土地利用现状分类及其含义"和"城镇土地分类及含义"两个土地分类基础上，国土资源部制定了城乡统一的"全国土地分类"。全国土地分类包括《全国土地分类（试行）》和《全国土地分类（过渡期间适用）》两个版本。《全国土地分类（试行）》是城乡一体化的土地分类，适用于城镇和村庄大比例尺地籍调查。针对全国城镇与村庄地籍调查尚未全面完成的现实情况，国土资源部在《全国土地分类（试行）》基础上，制定了《全国土地分类（过渡期间适用）》，适用于土地变更调查和更新调查。

《全国土地分类(试行)》采用三级分类。其中一级分为农用地、建设用地和未利用地3类,也就是《土地管理法》的三大类。二级分为耕地、园地、林地、牧草地、其他农用地、商服用地、工矿仓储用地、公用设施用地、公共建筑用地、住宅用地、交通运输用地、水利设施用地、特殊用地、未利用土地和其他土地15类。三级分为71类。

《全国土地分类(过渡期间适用)》的整体框架与《全国土地分类(试行)》相同,采用三级分类。其中农用地和未利用地部分与《全国土地分类(试行)》完全相同,建设用地部分进行了适当归并。将商服用地、工矿仓储用地、公用设施用地、公共建筑用地、住宅用地、特殊用地6个二级类和交通运输用地中的三级类街巷,合并为居民点及工矿用地,作为二级类,在其下划分城市、建制镇、农村居民点、独立工矿、盐田和特殊用地6个三级类。

2007年7月1,我国正式颁布《土地利用现状分类》(GB/T21010-2007),该标准标志着我国土地利用现状分类第一次拥有了全国统一的国家标准。《土地利用现状分类》采用土地综合分类的方法,采用二级分类体系对城乡用地进行统一分类。一级类12个,主要以土地用途、利用方式和经营特点为依据,依据土地用途和利用方式,考虑到农、林、水、交通等有关部门需求,设定"耕地"、"园地"、"林地"、"草地"、"水域及水利设施用地"、"交通运输用地";依据土地利用方式和经营特点,考虑到城市管理等有关部门的需求,设定"商服用地"、"工矿仓储用地"、"住宅用地"、"公共管理与公共服务用地"、"特殊用地";为了保证地类的完整性,对上述一级类中未包含的地类,设定"其他土地"。二级类57个,主要以自然属性、覆盖特征、用途和经营目的等方面的土地利用差异为依据,对一级地类进行细化,同时尽可能使土地利用现状分类与统计部门和业务生产部门的名称、概念和含义相一致,以便各部门使用和相互衔接。

1.3 耕地的基本概念辨析

1.3.1 耕地的一般定义

耕地是土地的精华,是农业生产过程中不可替代的最基本的生产资料,是人类赖以生存和发展的物质基础。在不同历史阶段,耕地有不同的概念。如在1984年全国农业区划委员会制定的《土地利用现状调查技术规程》中,耕地指种植农作物的土地,包括新开荒地、休闲地、轮歇地、旱田轮作地;以种植农作物为主,"间有零星果树、桑树或其他树木的土地;耕种三年以上的滩涂和海涂。1999年,国土资源部出台规定,指出在农业结构调整过程中由耕地改用作果园、林地、人工草地、养殖水面的,但耕作层未被破坏或可复耕的,仍按耕地对待,这使得耕地的实际内涵进一步泛化。2001年发布的《全国土地分类》(过渡时期适用)规定耕地还包括复垦整理的耕地,其下分为灌溉水田、望天田、水浇地、旱地、菜地,"耕种三年以上的滩涂和海涂"变为"平均每年能保证收获一季的已垦滩地和海涂"。而在《土地利用现状分类》(GB/T21010-2007)中,耕地做为一级地类规定:耕地是指种植农作物的土地,包括熟地,新开发、复垦、整理地,休闲地(含轮歇地、轮作地);以种植农作物(含蔬菜)为主,间有零星果树,桑树或其他树木的土地;平均每年能保证收获一季的已垦滩地和海涂。耕地中也包括南方宽度小于1.0m,北方宽度小于2.0m固定的沟、渠、路和地坎(埂);临时种植药材、草皮、花卉、苗木等的耕地,以及其他临时改变用途的耕地。其二级地类为水田、水浇地、旱地。

从以上可以看出,耕地概念并非一成不变,它的外延随着生产发展实际和土地管理需要而不断拓展。从物质特性上理解,耕地内涵可以这样界定:耕地是指在当前技术条件下能够满足人类生活和发展需要而垦殖的具有一定土壤肥力的一类特殊的土地资源;这部分土地资源具有特殊的土壤结构与质量特性,能够为农作物生长供应和协调营养条件和环境条件,在当前社会生产条件下具备或潜在具备一定的粮食生产能力。

1.3.2 耕地的基本类型

作为国家重要的土地资源,对耕地类型的划分是国家掌握耕地资源现状、制定适宜的土地政策、合理利用耕地资源的基础工作。国外土地分类工作至今已有半个多世纪的历史,在20世纪60、70年代就出现了较为严整的土地分类系统。国内土地分类研究工作起步较晚,研究成果主要集中在改革开放以后。目前,国内相对权威的土地分类标准是2007年8月5日颁布执行的《土地利用分类》,即土地利用分类国家标准。对于耕地类型的划分,由于研究需求和应用目标的差异,划分标准并不统一,主要存在按耕地性质、使用情况、自然特征的划分方式。

首先,按照耕地的性质划分,耕地分为常用耕地和临时性耕地。①常用耕地:指专门种植农作物并经常进行耕种,能够正常收获的土地。包括土地条件良好的基本农田和虽然土地条件较差,但能正常收获且不破坏生态环境的可用耕地。②临时性耕地:又称"帮忙田",指在常用耕地以外临时开垦种植农作物,不能正常收获的土地。包括临时性种植农作物的坡度在25度以上的陡坡地,在河套、湖畔、库区临时开发种植农作物的土地,以及在废旧矿区等地方临时开垦种植农作物的成片或零星土地。根据我国《水土保护法》规定,现在临时种植农作物的坡度在25度以上的陡坡地要逐步退耕还林还草,在其他一些地方临时开垦种植农作物,易造成水土流失及沙化的土地,也要逐步退耕。因此,我们又可称这部分临时性耕地为待退的临时性耕地。

其次,按照耕地使用的情况划分,可以将耕地分为当年实际利用耕地和当年闲置、弃耕的耕地。①当年实际利用耕地:指当年种植农作物的耕地。②当年闲置、弃耕的耕地:指由于种种原因,当年未能种植农作物的耕地。包括轮歇地、休耕地、因干旱、洪涝及其他自然和经济原因农民未能种植农作物的耕地。

另外,按照耕地本身的自然条件,国土资源部2001年发布的《全国土地分类(试行)》将耕地分为:灌溉水田、望天田、水浇地、旱地和菜地五种类型。2007年8月5日作为国家标准颁布执行的《土地利用分类》按耕地自然条件将其简分为三种:①水田:指用于种植水稻、莲藕等水生农作物的耕地,包括实行水生、旱生农作物轮种的耕地;②水浇地:指有水源保证和灌溉设施,在一般年景能正常灌溉,种植旱生农作物的耕地,包括种植蔬菜的非工厂化的大棚用地;③旱地:指无灌溉设施,主要靠天然降水种植旱生农作物的耕地,包括没有灌溉设施,仅靠引洪淤灌的耕地。

1.3.3 耕地的确认标准

根据我国新颁布的全国土地利用分类与编码细则,具有以下属性的土地可以确认为耕地:①种植大田作物的土地;②在耕地上种植其他作物的土地;③因不同耕作制度种植农作物的土地;④新增耕地的土地;⑤由农业种植结构调整变为耕地的土地;⑥耕地被临时占用的土地;⑦耕地受灾而影响耕种的土地;⑧耕地被人撂荒的土地;⑨耕地用于水产养殖的土地;⑩调查时,在江、河、湖、海等围垦地上种植农作物的土地。除以上10类土地可以确认为耕地外,其他特殊类型的土地也可以被确认为耕地:①耕地上、或公路耕地上、或公路等线状地物两侧耕地上种植固定的用于绿化或起防护作用的花草、树木,未办理征地手续的土地;②由于农业结构调整,在耕地上挖了鱼塘后又废弃的土地;③耕地上修建简易温室、塑料大棚,常年用于培育秧苗,种植蔬菜、花卉、药材、果树(一般为矮化密植的草木本果树)的土地;④耕地中,不调查的其他零星地类;⑤退耕还林、还草地区,以种植、收获农作物为主的土地;⑥江、河、湖等常水位(一年中大部分时间的平稳水位,常水位根据当地水利部门资料确定。下同)以上的耕地;⑦水库常水位(按正常蓄水位确定)以上的耕地;⑧非牧区耕地上种植饲料的土地;⑨撂荒耕作制地区,调查时现状为耕种的土地;⑩耕地上种植过牧草后又废弃的土地。

以下耕地及情况不按耕地确认:耕地上,不论是否有完整、合法的用地手续(图件、批件等,下同),只要已开始实质性建设(以施工人员进入、工棚已修建、塔吊等建筑设备已到位、地基已开挖等为标志,下同)的土地;江、河、湖等常水位以下耕地;种植农作物的路、渠、堤、堰等的边坡、斜坡地、田坎;季节性、气候干旱、上游截流等造成坑塘、河流等暂时性干枯而种植农作物的土地;水库常水位(按正常蓄水位确定)以下的耕地;耕地上、或公路等线状地物两侧耕地上,有完整、合法的用地手续,种植固定的用于绿化或起防护作用花草、树木的土地;耕地已用于固定的林木、果树等苗圃的土地;牧区种植饲料的土地;撂荒耕作制地区,已经撂荒的土地;耕地上林农、果农等间作,不以收获农作物为主的土地;由于自然灾害造成耕地损毁的,由省国土资源部门组织专家论证为不能耕种的土地;由于人为因素,造成耕地被污染,地面塌陷,取土,长期堆放矿渣、垃圾、露天煤矿剥离土等,且有用地手续的土地;农民庭院中种植的农作物如蔬菜等的土地;退耕还林、还草地区,已停止农作物耕种,或不以种植、收获农作物为主的土地;耕地上,人工挖的鱼塘,用于长期、固定养鱼的土地;耕地上,改为用于长期、固定种植牧草的土地;由于工程需要、改善生存环境等因素,农民整建制或部门移民造成耕地荒芜的土地。

另外,根据我国新一轮《土地利用总体规划》中对于耕地保护区土地的划分,耕地包括禁止划入耕地保护区的现有耕地和应在规划中划入保护区的耕地。在《土地利用总体规划》中不能划入耕地保护区的现有耕地是:①划定的用于各项建设的耕地,包括根据需求预测和适宜性评价用于城市、村镇居民点、交通道路等各项建设的耕地。②大于25度的坡耕地:根据《中华人民共和国水土保持法》第14条规定,禁止在25度以上陡坡地开垦种植农作物;而且规定已在禁止开垦的陡坡地上开垦种植农作物的,应当在建设基本农田的基础上,根据实际情况,逐步退耕,植树种草,恢复植被,或者修建梯田。③其他严重退化、不宜耕作的耕地,包括:严重风蚀的耕地、严重水土流失的耕地、土层非常浅薄的耕地、严重污染的耕地。在《土地利用总体规划》中应划入耕地保护区的耕地是除上述不能划入耕地保护区的其他耕地：①现在种植各种农作物，包括种植粮食、油料、棉花、蔬菜等一年生农作物的耕地；②第一次详查时为耕地，后来经过农业结构调整，目前栽种果树、林木、花卉等多年生作物的土地；③第一次详查时为耕地，后来经过农业结构调整，用来养鱼、养猪、养鸡等养殖业，但没有进行地面固化，可以复垦的土地；④土地开发整理项目的新增耕地，无论其目前的用途是种植粮食、油料、棉花、蔬菜等一年生农作物，还是种植果树、花卉、林木等多年生作物。

1.3.4 耕地质量

对于耕地质量的认识，学术界有多种观点，没统一的定义。刘友兆认为耕地质量是构成耕地的各种自然因素和环境条件状况的总和，表现为耕地生产能力的高低、耕地环境状况的优劣以及耕地产品质量的高低，反映耕地质量下降的主要指标包括耕地次生潜育化、次生盐渍化、沙化、养分贫乏化、水土流失、耕层变浅、土壤容重增加以及耕地受污染等情况。李丹等提出耕地质量包括本底质量、健康质量和经济质量三个部分；本底质量是指耕地土壤的肥力状况与水文状况（水资源保证率）；健康质量是指耕地土壤环境状况（土壤受污染状况）和水环境状况（灌溉水受污染状况）；经济质量是指对耕地的投入水平和耕地的区位条件。吴群认为，耕地质量是耕地各种性质的综合反映，衡量耕地质量主要有三个方面的因素，即耕地适宜性、耕地生产潜力和耕地现实生产力。赵登辉等认为，耕地质量是耕地的综合属性，由耕地肥力和耕地位置两方面决定的。耕地肥力是指耕地提供和协调农作物生长和发育所需要的水分、养分、空气和热量的能力；耕地位置是指耕地所处空间位置，影响生产过程的劳动耗费和产品流通的便利性。倪绍详认为耕地质量包含本底质量和追加质量两个部分，本底质量由耕地的自然属性决定，追加质量是在人为的投入或改造、改善管理的条件下形成。张露等在分析土地质量时，认为土地质量应该包括三部分，即土地的生态环境质量、土地的经济质量和土地的管理质量。土地的生态环境质量是指土地的自然属性和环境状况；土地的经济质量指土地的经济属性，反映土地的产出能力和区位条件；土地的管理质量是指土地的社会属性，反映人类活动对土地的影响。

综上述，耕地质量是一个综合的概念，无论从哪个方面进行理解，影响耕地质量的因素都涉及到自然、经济、环境三个方面。耕地质量是指构成耕地的自然质量、经济质量、生态质量的总和。耕地自然质量是指耕作土壤本身的优劣状态，是耕地质量的基础，包括土壤肥力状况，地形地貌、地质、气候（光照、热量、降水等）、水文等环境状况。耕地生态质量是指耕地生态系统的可持续程度，反映耕地是否被污染物污染以及被污染的程度。耕地经济质量是指人类对耕地的影响程度，包括劳力、技术、资金、管理及其维护等经济要素投入带来的效益，体现耕地的综合产出能力和产出效率，实际上是各种因素综合作用的结果，是反映耕地质量的一个综合性指标。

一般认为耕地质量的内容主要包括：①耕地对农作物的适宜性大小，是指耕地用于某种特定用途时，是否适宜及适宜的程度。②作物生产力的大小（耕地地力），是在一定的外部条件下，作物生产所能达到的产量最大限值。它是由土地的自然潜力因素和经济潜力因素两方面决定的，即作物生长离不开光、温、水、土等自然因子的作用，同时人类对其投入和管理水平也对其有影响作用。③耕地利用后所带来的经济效益，即耕地的利用要追求经济效益和利润最大化。④耕地环境是否被污染，即耕地的生态环境对耕地质量有着重要的影响。

1.3.5 耕地利用现状

耕地作为可变性最强的土地利用类型之一，已成为保障我国食物安全的基础资源、保障区域建设发展的载体资源以及保障区域生态安全与改善人居环境的基础要素。然而过度开发利用会导致耕地生态环境的日益恶化。新中国成立以来，我们在土地利用过程中取得了有目共睹的巨大成就，开发出大量的耕地。建国初期，国家提出垦荒政策，仅1949—1957年间，耕地就增加了2.09亿亩，按照期间平均人口来计算，年均每人每年开发耕地0.37亩。1998—2004年间，国家投入大量人力物力进行土地开发整理，耕地增加亦十分显著。但是，不管是建国初期的垦荒还是新世纪初期的土地整理，我们所看重的仍然是耕地面积的增加，对于提高耕地质量和改善耕地生态环境关心甚少，这种违背自然生态规律的过度开发利用行为，必然造成严重的耕地生态环境失调问题，从而出现水土流失、土地荒漠化和土地破坏等问题。近年来，国家投入大量人力物力对水土流失和土地沙化进行治理，虽然取得了一定的成效，但当前水土流失和荒漠化程度仍较为严重。

同时，工业化与城市化进程中的各项建设势必要占用或多或少的耕地，保障耕地总量动态平衡十分重要。实现耕地占补平衡不仅要求数量上平衡，更要求质量平衡。然而在具体实施占补平衡目标时往往数量平衡容易实现,质量平衡却难以把握,以劣等耕地来补充被占用的优等耕地的现象时有发生。2011年度土地变更调查数据显示:2011年度,全国耕地减少532.7万亩,其中建设占用耕地485.0万亩,灾毁耕地33.5万亩,生态退耕14.2万亩;同期耕地增加483.7万亩,增减相抵,耕地面积净减少49.0万亩。2011年底,全国耕地保有量为18.2476亿亩。

随着经济的发展,大量的农村青壮劳力外出务工经商,使得农村土地长期处于粗放经营和低效利用状态,抛荒耕地面积不断扩大,闲置浪费情况严重。另外,随着近年来工业园区的过度建设,使得大量的农用地转化为非农用地,在利益的驱动下,地方政府、开发商、农民三方协同,巧立名目,占地、圈地,使得耕地面积急剧减少。我国农村土地中耕地数量不断减少,大量农业用地向非农用地的转变,土地较为分散,集约化程度低,土地利用率不高,耕地资源浪费严重,这一系列的因素导致在耕地利用中,一方面耕地资源奇缺,一方面耕地利用效率低荒芜浪费严重。

因此,进行耕地质量评价,一方面可以从数量和质量上为耕地占补平衡提供科学依据;另一方面,为合理开发利用土地提供科学依据,维持耕地生态环境可持续发展。耕地资源的维护与合理持续利用。而且,耕地质量评价成果有利于各级政府有效地建立耕地信息管理系统,进行动态监测,合理制定有关政策,促进耕地资源的集约利用和保护,提高耕地利用率。

1.4 耕地的基本性质

根据耕地的定义以及土地的基本性质,耕地存在以下基本特性:

1)区位性

耕地作为土地利用的一种方式,同样具有自然位置不可变动的特性,其在一片土地上的绝对位置是固定不变的。不同区位、不同质量的耕地之间在位置上是不可置换的。自然条件优越、区位条件好的耕地想要在其他地方找到同样质量的土地,需要投入大量的人力、物力、财力。很难在另外的地方补充出相同质量的土地。

2)生产性

耕地具有特殊的土壤结构和质量特性,能够为农作物生长供应和协调营养条件和环境条件,在当前社会生产条件下具备一定的粮食生产能力,可以满足人类的生产生活需求。

3) 综合性

耕地是自然经济综合体。在农业生产的过程中,气候、土壤、地貌、植物、动物和水温等自然要素,劳力、技术、资金、管理及其维护等经济要素均对农业生产施加一定影响。而且,这些影响不是孤立的,彼此相互联系相互结合。

4) 质量的差异性

耕地是自然的产物,不同的耕地地块所处的地理环境条件不一,所含的养分、水分、土壤质地也都不一样,所处地点的小气候条件、水文、地质状况也有很大的差异。同时,不同耕地的经济投入也不一样,使得耕地质量千差万别。

5) 供给的稀缺性

随着社会的发展、城镇化进程的加快,导致建设用地增长加快,而可供人类利用的土地又是有限的,因此产生了耕地的稀缺性。而且我国人口还将持续增长,对粮食的需求日益严峻,人口对土地的压力将长期存在,稀缺性日益加强。

6) 报酬递减的可能性

耕地供给的稀缺性要求人类集约利用耕地,由于"土地报酬递减规律"的存在,在技术不变的条件下对耕地的投入超过一定限度时,就会产生报酬递减的后果。因此,在农业生产过程中不能一味追求暂时的高产,应从可持续发展的角度出发,不断改进技术,防止出现报酬递减现象。

1.5 耕地质量评价国内外研究现状

1.5.1 国外研究进展

耕地是农业生产的基础,有关耕地评价的研究一直受到国际社会的关注。国外耕地质量评价有2000多年的历史,早在埃及、印度、古希腊、罗马古国等国的文献资料中就有关于土地等级划分的记载,其中,罗马古国的著名学者及农学家瓦罗就应用农地的价值大小进行了土壤的分级。

早期的耕地评价主要是为地租、土地税标准提供参考,侧重进行耕地自然质量的差异评价。如以合理征收地税为目的的耕地评价资料最早见于15世纪莫斯科公国的税册中，18世纪后的奥地利、法兰西、普鲁士等国也相继开展了以赋税为目的的耕地评价。1877年，俄罗斯著名土壤地理学家道库恰耶夫对黑钙土进行了科学考察，并同气象学家、经济学家等合作开展土地评价工作，查明了土地税与土地量值的关系。1886年俄罗斯道库恰耶夫"尼日格勒州土地的鉴定材料"的著作，是国外对耕地质量评价体系最早做出全面和系统阐述的，其方法体系目前仍在前苏联各国中应用。为确定土地税的征收标准和依据，德国早在180年前就开始了土地评价研究，1934年德国财政部提出《农用地评价条例》，是世界上最早提出土地评价系统的文献之一。此阶段的耕地质量评价主要应用于土地赋税，应用的评价方法主要是定性评价。

随着社会的发展，出现了以合理利用土地为目的的评价。20世纪30年代早期，在美国的中西部地区出现了严重的水土流失和土壤侵蚀状况，迫切需要根据影响耕地的地理因素来对土地利用和管理进行规划。因而为保持水土服务功能，在基于利用土地而不使环境退化的原则下，美国提出了以土壤分类为基础的土地利用潜力分类系统，并于1961年由美国农业部土壤保持局正式颁布了"土地潜力分类系统"，这一系统主要通过土壤的特征来对耕地潜力进行评价，最终分为潜力级、潜力亚级和潜力单元三个等级，它是世界上首个较为全面的土地评价系统。该系统易于掌握但不能说明土地对特定作物的适宜性和生产力，也未考虑社会经济及技术因素。在此基础上，加拿大和英国分别于1963和1965年制订了本国的土地潜力分级。20世纪70年代，世界各国相继根据本国实际情况制定了本国的耕地质量评价，评价体系及评价方法等都各不相同，耕地状况无法比较与交流。于是，1976年联合国粮农组织（FAO）颁布了"土地评价纲要"（Framework of land evaluation），该纲要从土地的适宜性角度出发，以土地的适宜性程度、土地的限制性因素和改良管理措施为评价依据，把土地分为纲、类、亚类、单元四级，一定程度上实现了耕地质量评价的全球可比化。但是FAO的《土地评价纲要》只是作为各类土地适宜性评价的提纲性指南，不能作为具体的评价方案使用，为此联合国粮农组织又陆续制定了《林业土地评价》和《灌溉农业土地评价和土地分类纲要》等文件，对土地评价起了明显的促进作用。此阶段的耕地质量评价主要应用于一般目的地合理利用土地，评价方法主要是定性评价。

20世纪80年代以来，随着计算机的发展，耕地质量理论与方法不断发展，耕地评价逐渐向综合化、精确化、半定量化方向发展，评价因子不再局限于土地的自然因素，而是综合考虑了影响土地质量的社会经济因素，评价目的也由一般目的的评价转向特定目的的评价如土地的最佳利用方式、适宜性程度、改良利用的可能性等。80年代末期，地理信息系统应用到土地评价的研究工作中，随着计算机技术和信息化技术的发展，耕地评价的理论和方法也不断向着定量化方向发展，指标体系更为系统合理。如1989年P.A.Burrough提出将土壤调查和土地评估相结合的数学方法，解决了土壤和土地评估分类数据库合并时造成的不均匀性，提高了针对空间变化的土地评价的准确性。

1991年荷兰土壤综合研究中心在地理信息系统的基础上使用定性和定量的评价方法，以小麦为标准作物建立生长模型，分析欧盟地区农业生产力，反映各国的农用地质量。随着3S技术和自动制图技术等高新技术的发展与广泛应用，土地评价在评价数据更新、耕地评价动态化、评价精确化、评价定量化等方面取得了很大进展，并能快速完成多维、多元评价信息复合分析，逐渐建立了一系列土壤管理信息系统。如FAO世界土壤图（SMW，1971-1981），世界土壤资源数据库（SDB，1989-1991），全球土壤数据库，加拿大国家土壤信息系统（CanGIS），澳大利亚SIRO土地利用规划信息系统、英国土地资源信息系统、美国土壤信息系统（NASIS）等。此阶段耕地质量评价定性与定量相结合，对土地资源的管理带来较高的效率。

从20世纪90年代开始，随着社会经济的发展，资源的不合理利用引发了大量相关问题，建立包括自然环境和社会经济综合影响因子的土地可持续利用的评价指标和方法逐渐成为研究热点。从可持续发展战略出发，土地评价研究进一步向多元化、生态化和动态化方向发展。曾敏等分析国外学者的研究发现不少学者就土地生态评价进行了初步研究，但土地生态评价还没有形成系统的理论与方法，其还在不断的蓬勃发展着。

近年来土壤退化和环境污染问题日益严重，"土壤质量"也渐渐成为土壤学研究的前沿和热点，这表明人们开始从单纯追求粮食产量为主要目标的用地方式，向以提高粮食品质、保护环境、实现人与自然和谐发展为主要目的的新的用地方式转变。土壤生物多样性及人为干扰对土壤生物多样性的影响，土壤质量退化与全球环境变化的关系，污染土壤的恢复重建等已成为土壤质量研究的主要内容。

1.5.2　国内研究进展

我国耕地评价研究具有悠久的历史，早在2000多年前就有按土壤色泽、性质、水分状况来识别土壤肥力和分类的记载。《管子·地员篇》是《管子》中论述土壤分类的专著,"地员者,土地高下,水泉深浅,各有其位"(唐,房玄龄)。它根据地下水位、自然植被、土壤性质和生产力差异,先将土地分为上、中、下三等,每一等又分十八类,而每一类则又依其不同的土色、性状和适宜的作物等分为五种,共九十种,是世界上最早的土地分类和土地评价的科学著作。《尚书·禹贡》一书则根据土壤肥瘠程度将九州土地分为上、中、下三等,每等又分为上、中、下三级,共九级,并按土地等级规定田赋标准。《周礼·地官司徒》中记载"以土宜之法,辨十有二土之名物,以相民宅而知其利害,以阜人民,以蕃鸟兽,以毓草木,以任土事;辨十二壤之物而知其种,以教稼穑焉"。将土壤分为十二类,要求弄清不同类型的土壤性质以及它所适宜种植的作物种类,要求人们以土宜之法,按照一个地区不同的土地类型,来安排相应的农牧林渔的各项生产。北魏《齐民要术》一书认为"地势有良薄,山泽有异宜,顺天时,量地利,则用力少而成功多"。这些都是世界上最早有关土地评价的著作。而且中国历史中的各个朝代,都采用各种不同的方式管理土地,进行土地分类和评价,作为制定税收的依据。在我国几千年的农业社会中,耕地的定级评价在理论和实践上都在不断的发展,但真正意义上进入科学大规模的农地评价研究和实施还是在新中国成立后。

20世纪50年代开展的荒地调查是我国较为系统研究土地评价的开端。1950年,国务院召开全国土壤肥料大会,非常重要的内容之一就是为了发展新中国的经济,保障4亿人民吃饭问题,决定要开垦荒地,并对全国中低产田的区域、类型、改良措施和途径进行研究,推动了新中国耕地评价工作的发展。1951年,财政部组织查田定产工作,用民主评议、逐级平衡的方法将全国土地划分类别,评定土地等级并制订其产量,以确定农业税收率。但评定方法过于简单,对等级的划分和地区间平衡的方法没有科学的规定。1958—1960年,我国开展了第一次全国土壤普查,在全国范围内对耕地进行调查和评价,以全国的耕地为主要调查对象,完成了除西藏自治区和台湾省以外的耕地土壤调查,总结了农民鉴别、利用和改良土坡的经验,编制了二百五十万分之一全国农业土壤图、四百万分之一全国土壤肥力概图、全国土壤改良概图、全国土地利用现状概图和农业土壤志。

20世纪70年代到20世纪80年代中期,受联合国粮农组织(FAO)颁布的《土地评价纲要》的影响,我国开始了大规模、综合的土地适宜性评价。1979年,国务院决定开展全国第二次土壤普查,主要对耕地基础性状和生产能力进行评价。随着两次全国土壤普查工作的开展,对我国土壤资源的特点有了初步的掌握,并根据调查结果，编制了全国1∶400万至1∶100万土壤图、土地利用图、土壤母质图、土壤养分图和土壤盐分图等专业图。1983年拟订的《中国1∶100万土地资源图》土地资源分类系统根据不同用途对土地适宜性进行了分类，将全国的土地按照生产力进行定级，分为潜力区（水热条件）、适宜类（适宜性）、适宜等（适宜程度）、限制型（限制因素）和资源单位（制图单元）等五个等级。该分类系统的提出，推动了我国土地评价研究的迅速发展，使我国的土地研究从荒地调查迈入到土地分类与评价研究，地区性研究与全国性研究相结合，但是在评价过程中未考虑土地的区位因素和社会因素对于耕地质量的影响，忽视了要素投入和经营状况的差异对耕地质量造成的影响。同期，遥感技术在土地评价调查与制图中也得到了比较广泛的应用。

20世纪80年代后期，土地质量评价区域研究从全国或省的大范围逐步过渡到中、小区域范围，利用第二次土壤普查成果资料，在全国范围内开展试点县市耕地质量评价。1986年，原农牧渔业部的土地管理局和中国农业工程研究设计院等单位依据国内外土地评价理论和在各地试点经验的基础上，研究制订了《县级土地评价技术规程（试行草案）》，主要以水、热、土等自然条件为评价因素，划分耕地自然生产潜力的级别。1989年原国家土地管理局拟定了《农用地分等定级规程（征求意见稿）》，并在全国组织了7个试点县开展农用地分等定级。

1996年农业部颁布了行业标准《NT/T309-1996全国耕地类型区、耕地地力等级划分》，把全国划分为7个耕地类型区、10个耕地地力等级。1997年赵其国院士首先将"土壤质量"概念引入我国，土壤质量评价理论成为土壤学研究的重点，推动了我国耕地评价工作的发展。1998年，在总结试点经验的基础上，国土资源部提出了《农用土地分等定级规程》（讨论稿），部分省、市（县）根据国土资源管理工作的需要，开展了的农用地分等定级和估价工作，提供了区域性的农用地分等定级与估价成果。2001年形成了《农用地分等定级规程》和《农用地估价规程》，并在16个省（区）试用。2003年，国土资源部对《农用土地分等定级规程》进行了修订，并正式颁布实施了《农用地分等规程》（TD/T1004-2003）、《农用地定级规程》（TD/T1005-2003）、《农用地估价规程》（TD/T1006-2003）三个行业标准，把农用地的自然质量从不同的角度反映出来，并评估耕地的利用水平及其社会经济价值，形成了具有中国特色的耕地评价等、级、价体系。2001年—2006年分年度分批部署开展全国31个省（区、市）的耕地质量等级调查与评定工作，并于2008年底全面完成了31个省（区、市）的农用地分等工作，建立了全国统一可比的1∶50万耕地质量等别数据库,编制完成《中国耕地质量等级调查与评定》。

随着耕地质量评价的理论和方法在不断进度,高新技术手段也越来越多的运用到耕地质量评价和管理中。主成分分析、模糊数学法、综合评判法等评价方法被广泛使用,同时,随着计算机技术和信息化技术的发展,计量方法及遥感、地理信息系统等高新技术在土地评价中得到日益广泛的应用,利用GIS技术可以实现耕地的自动分等,GIS技术成为了现今耕地质量评价的重要研究方法。而且,耕地质量的信息化管理系统也在不断探索之中。

1.5.3 中国耕地质量现状

粮食安全问题,无论何时都是中国的头等大事,也是中国社会稳定,参与全球化竞争的一个重大战略问题。我国人多地少、耕地资源稀缺、后备资源匮乏,工业化、城镇化的快速发展还将占用大量耕地,因此,稳定耕地数量、提升耕地质量、挖掘产能潜力成为确保国家粮食安全的必然选择。

"耕地质量"是一个比土壤肥力研究范围更宽、内涵更综合的概念,其核心是耕地的综合生产能力,是由气候因素、地学因素、生产利用因素、经济管理因素等共同决定的。1999年,国土资源部利用新一轮国土资源大调查专项,在全国部署开展了耕地质量等级调查与评定工作,以土地利用现状调查的耕地图斑为评价单元,从气候条件、立地条件、土地利用水平、投入产出效率等方面综合评定耕地质量等级。经过十年努力,首次全面查清了我国耕地质量等级及分布状况。

1)耕地质量总体平均中等偏下

依据全国耕地质量等级调查与评定成果,全国耕地评定为15个等别,1等耕地质量最好,15等最差,平均质量等别为9.8等。将全国耕地按照1-4等、5-8等、9-12等、13-15等划分为优、高、中、低等地,其面积分别占全国耕地评定总面积的2.67%、29.98%、50.64%、16.71%。可见,我国现有耕地中,中低等地所占比重较大,耕地质量总体平均处于中等偏下。同时,相当数量的耕地还利用不充分,基础设施条件差,所以提高土地利用水平,提升耕地质量等级,挖掘耕地产能的潜力很大。据估算,全国耕地可挖掘生产潜力为2.1亿吨,占2009年全国粮食总产的39%。

2)耕地质量区域差异显著

从全国耕地质量等级调查与评定划分的12个一级区来看,总体最优的前三位是长江中下游区、华南区、江南区,平均质量等别依次为6.37等、7.07等和8.18等;

总体最差的后三位是黄土高原区、青藏高原区和内蒙古高原及长城沿线区,平均质量等别依次为11.84等、12.17等和13.39等。从优、高、中、低等地在全国各省的分布来看,优等地主要分布在湖北、广东、湖南等省;高等地主要分布在河南、江苏、山东、四川、安徽等省;中等地主要分布在黑龙江、云南、吉林、辽宁、新疆等省(区);低等地主要分布在内蒙古、甘肃、山西等省(区)。从耕地质量等级区域分布特点来看,气候条件是决定耕地质量的支配性因素。

3)高等级耕地与城市化发展重点区域重叠

依据全国耕地质量等级调查与评定成果,圈定了全国51片优质耕地集中分布区域,约含10亿亩耕地,其中6亿亩可灌溉,平均质量等别为7.9等。通过分析发现,我国83个50万人口以上的大中城市中,有73个分布在这51片优质耕地集中区,也即我国最强劲的经济发展区域与最需要保护的集中连片优质耕地分布区域在空间上是重叠的。这些区域经济建设占用的多为优质耕地,而补充的耕地则分布相对比较零散,这在一定程度上加重了耕地的细碎化,制约了耕地的规模化经营,给优质耕地集中分布区的严格保护造成了很大的威胁,影响了这些区域耕地质量总体水平的稳步提升。

1.6 耕地质量发展趋势

1.6.1 耕地质量评价发展趋势

1)耕地质量评价的研究从综合化向专业化发展。现今的耕地质量评价不再是简单的土地类型研究,而是针对不同的实践目的进行质量评价,需要对具体区域的耕地质量做出等级评定,将耕地质量评价研究与土地利用规划等实践任务相结合。

2)在进行评价指标体系的构建时,对于选择评价因子时自然和经济特征综合考虑,定量与定性相结合。按目前各种自然和经济指标的可获得性,以相对宏观、概括性强的经济指标,结合相对易测的自然指标,共同体现不同耕地质量状况。同时,利用各种数学方法,如回归分析法、模糊数学法、层次分析法等计量地理方法对评价指标体系进行探讨,使耕地质量评价向合理化、规范化、精确化的方向发展。

3)耕地质量评价的研究手段广泛采用新技术。地理信息系统融计算机图形和数据库于一体,能够快速获取并准确处理空间信息,将地理位置和相关属性有机地结合在一起,已发展成现今社会不可或缺的信息设备。基于GIS构建"数字土壤"是我国农业、国土和环保部门的迫切要求,在"精细农业"、地理空间数据管理、土壤养分综合分析评价与模拟预测、地图制图中都有广泛应用。

4)耕地质量评价的研究目的为可持续发展服务。耕地质量评价将技术、政策、社会经济与环境关系相结合,力求保持或提高生产力的同时,降低生态风险,保护耕地自然潜力并防止耕地退化,使耕地生态系统可以持续发展,这是保障我国粮食安全的基础。

1.6.2 耕地质量提升发展趋势

1)大力推进农村土地整治,抓好耕地质量的建设性提升

依据《全国土地整治规划(2011-2015年)》,大力开展以田、水、路、林、村综合整治为主要内容的农村土地整治,加快推进高标准基本农田建设。坚持"政府主导、农村集体经济组织和农民为主体、国土搭台、部门参与、统筹规划、整合资金"的工作机制,创新实施方式,全面推进土地整治重大工程和示范省建设;在提升改造现有116个国家级基本农田保护示范区的基础上,着力开展500个高标准基本农田示范县建设,努力实现耕地增量、提质、增效的有机结合。确保"十二五"期间再建成4亿亩高标准基本农田,质量平均提高1个等级,粮食综合生产能力每亩约增加100公斤。

2)统筹做好建设占用优质耕地耕作层土壤剥离利用,抓好耕地质量的再生性提升

耕作层土壤是粮食生产的物质基础,具有不可再生性。建设项目确需占用耕地的,应因地制宜地开展耕作层土壤剥离利用。要坚持规划先行,对适宜开展耕作层土壤剥离的区域和利用的区域提前做出规划安排;坚持统筹实施,结合土地整治项目,建设占用耕地与剥离利用同步设计、实施和验收;坚持因地制宜,合理剥离利用,保护生态,防止造成水土流失和安全隐患。国土资源部已出台相关政策,明确耕作层土壤剥离利用的基本原则、重点区域、责任主体、实施管理、激励政策等,力争"十二五"期末全面对建设占用耕地耕作层土壤"尽数剥离、充分利用"。

3)持续加强耕地质量等级监测评价,抓好耕地质量的管控性提升

依托现有的全国耕地质量等级调查与评定成果,逐步建立耕地质量等级定期更新和动态监管制度。依据《农用地质量分等规程》(GB/T28407-2012),今后每6年

或10年开展一次系统性耕地质量等级调查评定工作;每年对耕地现状变化和耕地质量建设等突变性因素引起的耕地质量等级变化情况,开展年度更新评价;对大量耕地质量等级渐变区域,开展年度抽样监测评价,依据年度更新与监测评价结果,形成耕地质量等级与产能年度报告。同时,充分利用国土资源部农用地质量与监控重点实验室平台,加强耕地质量监控的科技支撑能力建设,实现对全国18亿亩耕地的科学、高效评价和监测,全面监控耕地质量提升过程和效果。

4)强化耕地数量管控和优质耕地保护,抓好耕地质量的替代性提升

参照耕地质量等级调查与评定成果,调整划定基本农田,调整划定后的基本农田平均质量等级不得低于原有质量等级,基本农田一经划定,任何单位和个人未经批准不得改变或者占用;加强规划管控,严格控制建设占用耕地特别是高等级耕地,切实落实土地利用总体规划确定的建设用地管制边界和管制区域,未经批准,不得擅自调整建设用地管制边界;严格落实耕地占补平衡,全面实行"先补后占"政策,积极探索"以补定占"机制,实现耕地占补面积、产能双平衡。

5)切实做好耕地的用养结合和培肥地力,抓好耕地质量的保育性提升

充分应用已有农业技术成果,有针对性地提出改良土壤的具体措施,消除土壤障碍因素,培肥地力和平衡土壤养分,加快补充耕地的土壤熟化进程,不断提高补充耕地质量;严格管控用肥,按照现代农业发展的要求,科学合理施肥,安全使用农药,有效控制面源污染;加强土地整治项目的后期管护,确保农田水利设施、林网、道路等基础设施完好,不断改善农业生产条件,积极探索土壤改良的有效途径,稳步提高耕地地力水平。

2 耕地质量评价概述

2.1 相关概念辨析

2.1.1 基本概念

耕地质量受自然、社会、经济和环境等因素的综合影响，因此耕地质量评价是个综合性的评价，根据评价目的的不同，评价指标体系、评价单元及评价方法也会有所不同。总而言之，耕地质量评价的重点还是质量，可以将耕地质量评价定义为：根据不同的评价目的，对一定区域范围内的自然、社会、经济和环境属性进行综合评定并阐明耕地质量的过程，将耕地按质的差异划分为若干相对等级，以揭示在一定的技术经济条件下，对于某种特定用途的生产能力和价值。耕地质量可以表现在耕地生产能力的高低、耕地环境状况的优劣以及耕地产品质量的高低等。

由以上定义可以看出，耕地质量评价除了具有目的性、用途针对性、综合性等基本特征以外，还存在以下两个方面的基本属性。

1) 耕地质量评价的时效性

传统的土地评价主要侧重于土地现状的评价，在评价中对时间因素考虑较少。实际上土地系统是一个高度的动力系统，它本身是不断发展变化的。因此，耕地质量评价必须要考虑时间因素。对此，可以理解为两个方面：其一是耕地质量评价应该是动态的，其二是要选择适当的耕地质量评价时间尺度。

另外，自从可持续发展的概念提出以来，可持续发展的理念就深入到各个学科和行业，对土地科学而言，就是土地可持续利用。研究耕地可持续利用的核心内容之一就是土地可持续利用评价。耕地可持续利用评价实际上是耕地质量评价的概念在时间上的延伸，因为可持续是一个动态的概念，是一个向可持续目标发展的动态过程,而不是一个终点。可持续必须在一定的时间尺度上考虑,离开时间,就谈不上可持续。FAO 以 7 年为尺度划分土地利用可持续和不可持续的界限。7 年以上为土地可持续利用,其中根据时间尺度又可以进一步划分为短期可持续(7~15 年)、中期可持续(15~25 年)和长期可持续(大于 25 年),7 年以下为土地不稳定利用。在实际工作中,耕地质量评价的时间尺度会根据评价对象、空间尺度、评价目的不同而有差异,例如在相对稳定的耕地系统中,由于引起土地适宜性退化的变化短期内尚未充分表现出来,时间尺度应该要长一些;而在生态脆弱区,时间尺度应该短一些。

2)耕地质量评价的空间尺度性

耕地是一个空间上的概念,离开具体的空间位置和空间尺度,耕地评价就没有意义。耕地评价的空间尺度包括两方面的含义:一是耕地评价空间范围的大小,二是评价单元的大小。

从耕地评价空间范围来看,评价尺度有全球尺度、大陆尺度、国家(区域、流域)尺度、景观尺度、地块尺度等。在不同空间尺度上,选择的评价单元是不同的。不同空间尺度的耕地评价,详细程度也不同。在评价过程中,一般依据地图的比例尺来反映评价的相对详细程度,大尺度上的评价往往是小尺度上耕地评价的综合,由于评价指标只反映评价单元环境特性的平均值,所以空间尺度越大,评价越具有概括性,评价指标所反映的环境特性的代表性也就越差。

不同空间尺度的耕地评价中,评价指标的选取和指标的权重是有差异的,即不同空间尺度下决定耕地潜力的主导因素不同。例如在小尺度的评价(景观或地块)中,影响耕地适宜性的指标中地形、土壤等因子很重要,在大尺度的评价(区域或国家)中,气温和降水的重要性会上升。一般而言,在小尺度评价中更多地考虑自然、生态因子,例如对一块农田的评价,主要考虑自然、生态因子,而在较大尺度上,需要加强社会经济因子,例如农场的土地利用评价就需要更多地关注土地的经济和社会效益。

2.1.2 评价目的

耕地质量评价是为认识耕地服务的,通过耕地质量评价达到合理耕地利用和强化耕地管理。不同类型的耕地质量评价都具有不同的目的,从而决定了评价的内容、方法和要求。耕地质量评价目的表现在以下几个方面:

1）监测国家和区域尺度内耕地数量和质量变化

如今耕地资源安全形势严峻,面临着"面积减少、质量下降"双重问题,耕地质量评价能动态监测耕地质与量的变化,以改进耕地管理政策,保障耕地资源可持续管理与利用。

2）为耕地资源的科学管理提供依据

耕地数量可以以数量指标来判定,但耕地质量由于缺乏有效的考核指标而不易衡量,耕地质量评价将其量化评价,从而对耕地进行有效管理、合理利用奠定基础,同时也是是实现耕地由传统的数量管理向质量管理转变的有力保障。

3）为土地整理奠定基础

土地整理项目直接影响着耕地面积及质量,耕地质量的评价可以以量化的形式评价整理前后耕地质量的改变,促进耕地资源可持续发展,为土地整理项目的规划提供参考依据,指导规划方向。同时其成果为土地利用总体规划、土地开发整理项目的可行性研究及日常土地管理工作提供思路和依据,实现土地管理的科学化、精准化。

4）为农用地结构调整提供依据

耕地质量能反映区域农业生产的现状,耕地质量评价对于农业结构调整具有重要的指导意义,耕地质量评价是从各个因素对耕地的产出能力作出全面的综合分析,因此可以引导政府根据当地的自然条件和区域特点进行统筹安排,调节农用地结构,充分发挥区域优势,因地制宜。

5）为高标准基本农田建设的服务

高标准基本农田是一定时期内,通过土地整治建设形成的集中连片、设施配套、高产稳产、生态良好、抗灾能力强,与现代农业生产和经营方式相适应的基本农田。高标准基本农田建设中涉及耕地质量的有两方面,一个是高标准农田建成后通过耕地质量等级调查评价予以分等定级;二是根据土地质量地球化学调查,对高标准基本农田里的元素进行检测和评定,动态监测耕地质量。

2.1.3 评价任务

耕地质量评价的任务主要包括:查清耕地质量,揭示耕地的生产潜力,为耕地的合理利用提供自然基础;充分考虑自然条件和社会条件,综合评定耕地的适宜性,确定耕地合理利用的方向和途径,为制定合理的用地结构提供科学依据;明确耕地利用的不利因素以及危害程度,以便提出相应的整治、改造和利用措施;编制耕地的质量类型评价报告,为生产和利用部门建立耕地档案、加强耕地管理提供依据。

2.1.4 评价原则

1)综合分析原则

耕地质量是各种自然、经济和社会经济因综合作用的结果。因此耕地质量评价应依据综合分析原则,综合分析影响耕地质量差异的各种决定因素,才能对耕地质量合理评价。

2)区域性原则

不同的区域,其自然、经济和社会调整都不一样,因此不同区域耕地质量评价应该有不同的评价依据,选取不同的评价指标,建立不同的评价体系。

3)主导因素原则

进行耕地质量评价时,应根据影响因素及其作用差异,重点找出对耕地质量及耕地生产力水平具有重要作用的主导因素,这即为主导因素原则。例如在丘陵山地区除了有机质含量、表层土壤质地、灌溉保证率和田间道路通达度,还有有效土地厚度、海拔高度和地下坡度。而山间盆地区剖面构型和排水条件则是影响耕地质量的主导因素。

4)土地收益差异原则

耕地质量评价既要反映出土地质量条件、土地利用水平和社会经济水平的差异及其对不同地区土地生产力水平的影响,也要反映出不同投入水平对不同地域土地生产力水平和收益水平的影响。

5)定量分析与定性分析相结合原则

耕地质量评价采用定量分析与定性分析相结合是必要的,因为有些评价因素可以定量分析,而有些无法定量的自然因素和社会经济因素则要采用必要的定性分析。在评价过程中应以定量分析为主,定性分析为辅,达到提高耕地质量评价成果精度的目的。

6)可行性原则

此原则强调评价的科学性和可行性。科学性反映耕地评价因素指标和方法符合实际情况,工作中便于操作,具有较强的普及和推广价值,若缺乏科学的可行性,此工作也就失去了真实性和使用性。

7)动态检验原则

在耕地质量评价工作过程中,要对每一步成果进行实地检验并进行相应的修正,同时要进行专家咨询、论证,确保成果与实际情况相符。

2.1.5 评价意义

耕地是人类赖以生存的基础和保障。中国作为一个人口众多的农业大国,必须保有一定数量的耕地,才能满足人口的吃饭问题。然而,面对耕地数量不断减少的现状,摸清各区域耕地质量状况,提高各区域耕地质量,是目前迫在眉睫的问题。土地的本质属性在于土地的质量,离开其质量而谈数量没有意义。质量管理是土地管理的重要内容之一,加强质量管理是土地管理的本质需要和客观要求。其中,加强耕地质量管理,对于提高耕地产能、保障粮食安全,具有十分重要的意义。

耕地质量评价全面摸清了区域耕地质量状况和分布情况,可全方位支撑耕地质量评价与潜力分区研究,支撑耕地质量保护与建设。不仅对高产农田规划空间布局具有指导性作用,同时为改善耕地质量、增加耕地数量、开展土地整理、调整划定基本农田、农村土地整治,防止耕地退化等工作提供了基础依据。

2.2 基础理论

耕地质量评价是依据耕地自然环境和社会经济属性,综合评定耕地质量高低。所依据的基础理论有土壤肥力理论、生态系统理论、马克思地租理论、区位理论和可持续发展理论。

2.2.1 土壤肥力理论

土壤能够不断地为植物供应和协调养分、水分、空气和热量的能力称为土壤肥力。土壤肥力分为自然肥力、人为肥力和前两者相互作用所形成的经济肥力。自然肥力是土地生产力的基础,由稳定的自然条件(光、温、水、土)作用的结果,必须经过人类的生产活动才能充分发挥作用,具有相对稳定性。人为肥力是在自然肥力的基础上,经过人类的耕作、灌溉、施肥等人类活动形成的土壤肥力。能够反映一个地区的生产投入和社会经济水平,主要存在于耕作(农田)土壤。经济肥力是自然肥力和人为肥力两者结合形成的,其形成过程凝结着人类劳动。

土壤肥力不是静止不变的,而是随着时间的推移和人类活动的发展处于动态变化之中的。因为土壤肥力受自然条件影响,也受耕作制度、栽培作物、灌溉施肥等农业技术措施以及社会经济制度和科学技术水平的制约。这些是耕地质量评价的客观依据。

2.2.2 级差地租理论

马克思分析级差地租时,认为级差地租是耕种较好土地的农业资本家向大土地所有者缴纳的超额利润。而且此超额利润是由优等地和中等地的农产品的个别生产价格低于按劣等地个别生产价格决定的社会生产价格的差额决定的。级差地租分为两种形式级差地租Ⅰ和级差地租Ⅱ。

级差地租Ⅰ是由于土地位置的差别和土地肥力高低的差别所引起的资本生产率的差别而形成的。在我国县域范围内耕地的肥沃程度存在着相当大的差异;从土地位置来看,距离中心城市的远近,交通便利程度也存在差异的。级差地租Ⅰ产生是由土地的自然生产力和人类劳动作用的结果,与土地投入的多少无明显关系。级差地租Ⅱ是指同一块土地上连续增加投资而引起不同资本劳动生产率产生超额利润转化成的地租。具体讲就是农用地在使用过程中,因投入资本的不同而产生不同的收益。主要是由于采用先进的农业技术和管理手段,实行机械集约化经营,加大物资和劳动投入,最终提高土地单位面积产量的结果。级差地租Ⅱ是以技术经济条件的差别为前提的,而级差地租Ⅰ是以土地的自然条件差异为基础的,由此可见耕地质量等别划分的理论依据为级差地租。地租对耕地质量评价具有较强的指导意义,级差收益往往是土地生产率等级不同收益的体现。

2.2.3 区位理论

区位是指人类行为经济活动的空间,分为自然地理区位和经济区位两大类,土地的自然区位条件决定着其上的人类社会经济活动,而人类社会经济活动又强烈的影响着土地的经济区位。由此可见。土地的自然地理条件与土地的空间配置结构结合在一起,共同决定着土地的区位质量。

在不同的土地利用中,位置的差异及空间分布的不同形成了土地级差和不同的使用价值和地价,直接影响了土地用途和利用效益。所以耕地质量等别划分时,应该重点考虑的是道路通达度、自然位置、距离市场远近等经济区位因素。因此,区位理论也是区域耕地等级体系建立的理论基础。

2.2.4 可持续利用理论

可持续发展在《我们共同的未来》被定义为:既满足当代人需求,又不对后代人满足其需要的能力构成危害的发展。可持续发展字面可理解为可持续性和发展两个概念,认为经济、社会、资源和环境形成相互依赖的系统,在发展经济的同时,要保护环境和自然资源。而土地资源可持续利用就是对人类生存所依赖的土地资源进行持续利用,尽可能减少破坏,在追求经济效益最大化的前提下,能够兼顾各代人的利益,使耕地资源产出能够满足当代人和后代人物质、文化等方面的要求,维持耕地资源在代际间的合理分配。它强调土地资源的生产能力和环境,要满足人类不断发展的需求。耕地资源是土地中的精华,耕地可持续利用的目标是持续、充足、稳定地为人类提供生存所需要的食物或农产品。所以在进行质量评价中应遵循持续利用原理,科学评价耕地质量。

2.2.5 生态系统理论

系统论研究系统的类型、性质、规律及系统的演化机制为研究对象的理论,系统一词源于古希腊语,是由部分构成整体的意思,系统论的方法就是把研究对象作为一个系统,分析系统的结构和功能。系统论主要包括两个基本原理,一是系统的整体性,认为任何系统都是一个有机的整体,不是各个部分的简单叠加,孤立部分的特征不能解释系统的组合特征,系统的整体具有组成要素所不具有的性质,即"整体大于部分之和"。二是系统的稳定性,指系统在一定的范围内具有自我调节功能,受到干扰后,通过系统的调节机制保持和恢复到原来的有序状态。

耕地质量包括众多的自然要素及社会经济要素,是一个十分复杂的系统,系统中各因素之间相互联系,而且存在复杂的相互作用,因此不能简单的将耕地质量系统看作单因素之间的组合,因此要想准确的评价耕地质量并提出更有效的措施,必须分析系统各组成要素间的相互作用。

2.3 耕地质量评价类型

根据耕地质量评价目的的不同,其侧重点各不相同,评价基本单元、评价系统框架、构成评价的基本要素和指标、评价程序和方法、评价结果应用等方面都存在着一定的差别。建立在近代科学方法基础上的耕地质量评价,由于学科、研究目的和管理目的不同,耕地质量评价可分为5类。

2.3.1 耕地生产能力评价

耕地生产能力,主要是以粮食产量水平为基础的评价。最常见的以粮食单位面积产量水平划分高中低产田。评价单元一般是以行政区(省、市、县)或者农户为基本单位进行统计分析。在此基础上,农业部制定《全国耕地类型区耕地地力等级划分》行业标准,结合常规的粮食单位面积产量水平和地力要素基础条件把全国划分为7个耕地类型区,10个耕地地力等级分等指标。一等地单产水平最高,十等地最低。以1500kg/hm²为等间距划分,如十等地小于1500kg/hm²,九等地是1500kg/hm²至3000kg/hm²,八等地1500kg/hm²至4500kg/hm²,依此类推。

2.3.2 土壤肥力评价

土壤是耕地的核心组成部分,耕地质量在很大程度上取决于土壤质量的优劣。耕地土壤质量评价,是以土壤肥力为基础的土壤理化性状及养分丰缺程度的耕地质量评价,主要是筛选与耕地质量相关的土壤理化性状要素如土壤有机质、氮、磷、钾和其他植物营养元素、土壤酸碱度、土壤质地、障碍层深度、土壤剖面构型等物理性状,土壤肥力评价着重于土壤肥力的研究。评价单元是土壤基层分类单元,如土种、变种和土属,也可以是耕地地块。评价结果可直接应用于农业测土配方培肥、耕地质量与沃土工程等。

2.3.3 耕地适宜性评价

耕地的适宜性评价是土地适宜性评价的一个最基础的重要组成部分,主要是考虑农业利用目标直接关联的适宜性和限制性因素等地形地貌、气候、植被类型等地学条件,评价单元是一般耕地类型单元或耕地调查图斑,评价结果主要用于土地资源调查、农业用地结构调整和农业布局。

2.3.4 农用地分等定级与估价

农用地分等定级与估价是在农业部门的土地评价基础上,通过光温(气候)生产潜力逐级修正,再结合人为利用因素(产量与成本)和经济(投入产出)逐级修正的过程,从偏重土地自然属性发展到综合考虑自然、经济、社会的"人地一体化资源价值管理评价"。评价单元是土地利用现状耕地图斑,运用GIS空间分析手段提取相关因素值,计算等别指数。成果目前主要应用于耕地占补平衡考核、基本农田保护区划定和土地利用规划等方面。

2.3.5 耕地生态风险评价

随着可持续发展战略的提出,越来越多的人想了解身边资源的利用状态及其在利用的过程中存在的不利因素,生态风险评价作为一种解决方法而出现,生态风险评价是环境生态评价的重要组成部分,其主要内容是研究污染物或风险事件存在或潜在存在对人类健康和生态系统造成的风险,并进行定性和定量评价,其目的是根据风险评价的结果,实施科学的风险管理,将区域的环境风险最小化,从而促进社会—经济—环境的可持续发展。耕地作为一种重要的资源,对其进行生态风险评价是极其重要的。

2.4 耕地评价思路与流程

耕地质量评价主要有三个部分组成,首先是准备工作,收集相关资料,包括文本、图件等资料,并进行野外考察,了解评价对象的基本情况;第二部分是定性定量的评价,也是整个流程的核心部分,包括建立评价指标体系(确定评价因子及其权重、分值)、确定耕地评价单元、计算评价单元分值、划分等级;最后是评价成果的验收和输出(详见图2-1)。

随着技术的进步,可以借助GIS、RS等软件,例如借助RS可以获得相关属性数据;借助GIS可以建立耕地质量评价空间数据库和属性数据库,通过空间分析获取影响耕地质量的各评价指标值,计算评价单元的总分值,分段统计,绘制分值频率图,依据频率图划分耕地级别。

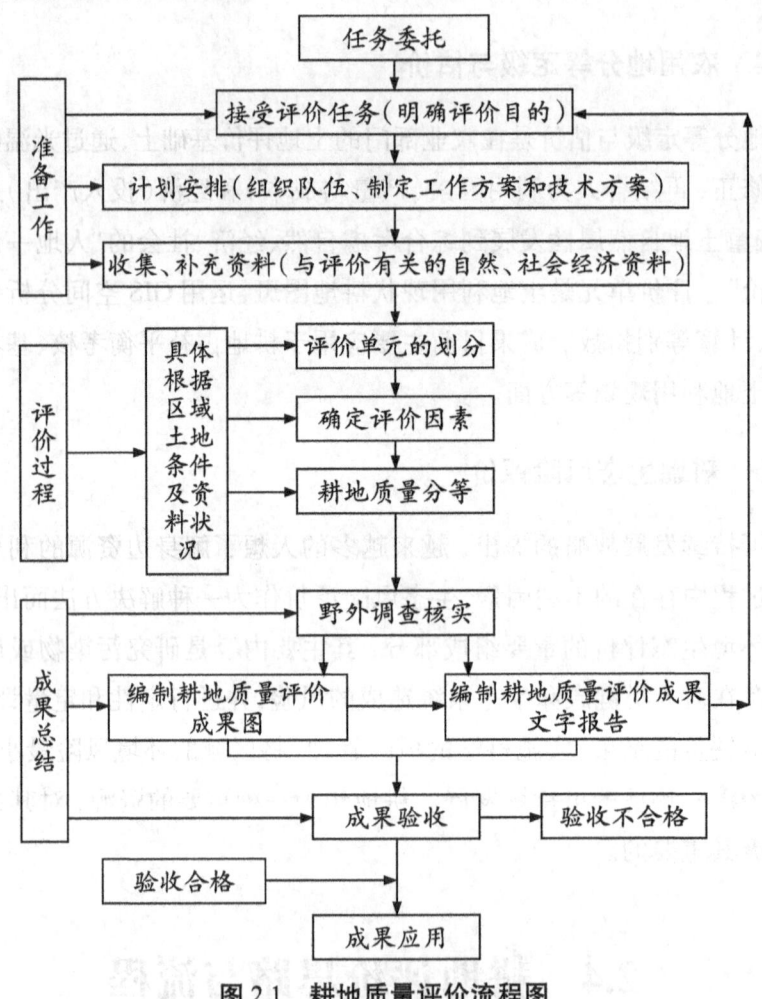

图 2.1 耕地质量评价流程图

2.5 耕地资源构成要素分析

2.5.1 气候要素

气候要素主要是指地球表面至10000~12000m高空以下的对流层的下部,即与地球表面产生直接水、热交换的大气层的各种统计状态(如积温、降水量等)和物理过程(升温、蒸发、焚风等)。影响耕地资源特征的最主要的气候要素是光(太阳辐射)、温(热量)、水(降水)三个方面。

1)太阳辐射

太阳辐射的电磁短波辐射是地球表面土地系统中一切过程(物理的、化学的和生物的)的能量基础;太阳辐射包括紫外线及其以下的短波波段、紫外线以上的可见光一级红外波段等,其中以可见光部分为主,约占50%;光照和热量是耕地资源形成和发展过程的两大气候要素。光照对耕地资源潜力发挥而言,主要是光照强度、光照长度和光照质量。

(1)光照强度

光照强度是正常人眼对0.4-0.7um可见光的平均感受程度。由于植物体的干物质总量中有90%-95%来自于光合作用,太阳的光照与作物关系密切,大多数作物生长发育需要一定的光照强度。一般情况下,强光有利于植物的生殖生长,如棉花、谷类需要强光;而弱光有利于植物的营养生长,如茶叶、竹子需要弱光照条件。反映光照强度使用日照时数表示,我国平均全年1200-3400h。

(2)光照长度

光照长度简称日长,它是指一个地区从日出至日没之间可能日照的时数,日长随季节、纬度不同变化着,这与作物引种关系密切。日长对农作物生长发育影响较大,根据对日长要求的不同,可将作物分为长日照作物和短日照作物。例如小麦、油菜等夏作物需要长日照条件才能进入生殖生长而成熟;玉米、棉花等秋作物在短日照条件才能进入生殖生长而成熟。

(3)光照质量

光照质量指太阳辐射中紫外线、可见光和红外线等部分的比例,随纬度、海拔高度、大气干燥度及季节的不同而异。此外,光照质量对农作物的品种也有较明显的影响,光照质量好,作物质量高,颜色鲜,果实大。

2)热量资源

衡量热量特征的指标较多,但与耕地利用及其生产潜力关系较为密切的指标主要有温度、积温和无霜期等。

(1)温度

温度的纬度变化是形成地表气候带的热量基础,地表及耕地资源利用的一切物理、化学和生物过程均由温度来控制。对农业成产而言,气温是作物生长发育必需的条件之一,作物的整个生长发育过程必需在合适的温度范围及其足够的持续时间条件下才能完成,否则作物的生长发育就会受到一定影响或者根本无法生存。

在农业生产上较有意义的温度指标主要有>0℃、>5℃、≥10℃、>15℃和>20℃的日平均气温。日平均气温>0℃表示土壤冻结或解冻,农事活动开始或终止;日平均气温0℃以上持续的日数称为农耕期。日平均气温>5℃表示早春作物开始播种;喜凉作物开始或终止生长,对冬小麦有人采用3℃;春季多数树木开始萌动;5℃以上持续日数称为生长期或生长季。日平均气温≥10℃表示春季喜温作物开始播种与生长,喜凉作物开始迅速生长;常称10℃以上的持续时间为喜温作物的生长期。日平均气温>15℃表示喜温作物积极生长,春季棉花、花生等进入播种期,可开始采摘茶叶;日平均气温16-18℃为冬小麦适宜播种的日期;水稻此时已停止灌浆;热带作物将停止生长。日平均气温>20℃是水稻安全抽穗、开花的指标,也是热带作物正常生长的界限温度。

(2)积温

积温是指日平均温度的累积。农业气象工作者把按作物物候期计算的积温,称为"生物积温";把以某一农业指标温度初、终日为界限计算的积温,称为"气候积温"。前者表征作物生长发育的热量要求;后者表征地区热量条件。

农业生产上,通常采用以下几种"积温":

>0℃积温(也称正积温)。日平均气温>0℃的持续日数可以用来评定一个地区农事季节的长短,而>0℃积温则表示这个地区农事季节的总热量。利用农事季节的长短和>0℃的积温,可以确定当地的耕作制度(即熟制)。

≥10℃积温。日平均气温≥10℃是喜温作物生长的起始温度,<10℃喜温作物光合作用显著减弱,并停止生长。一般以日平均气温≥10℃的持续日数反映大春作物生长季的长短。≥10℃积温反映大春作物生长季的热量资源状况。利用大春作物生长季的长短和≥10℃积温,可以确定当地大春作物的种植结构。

≥15℃积温。日平均气温≥15℃积温是喜温作物积极生长的温度,春季日平均气温上升到15℃是水稻、烤烟适宜移栽的下限温度;秋季日平均气温低于15℃,则影响大春作物正常灌浆成熟。利用日平均气温≥15℃的持续日数可以鉴定作物大田期积极生长季的长短,其≥15℃积温可反映作物大田期的热量条件。

活动积温。指作物在某时期内逐日活动温度的总和。即活动温度,一般指大于生长作物生物学下限温度的日平均气温。如某天日平均气温为15℃,而某作物的下限温度为 10℃,则当天该作物的活动温度就是 15℃。低于 10℃ 的日平均气温不为活动温度。活动积温在农业生产上常被广泛应用,它在一定程度上反映出农业与气候的关系,是评定地区热量条件的重要方面。

有效积温。指从生长期内每天日平均气温中减去对该作物生长无效的那部分下限温度,然后累加各日的差值所得到的积温。用有效积温评定地区气候(地区热量)的农业意义或预测作物生育期较活动积温更为准确。

(3)无霜期

无霜期是每年初霜期与终霜期之间的无霜天数,在农业上是个很重要的热量指标。无霜期与农作物生长期有密切关系,无霜期长,生长期也长。一般来说无霜期为 100 天,农作物的生长受到严格限制;100 至 130 天,可以种植喜凉作物。

3)降水

水分是土地利用的基本自然条件之一,光、热、水因素共同决定了一个地区气候生产力的高低。地球上的水资源分大气降水和地下水两部分。根据降水变化全国从东南到西北依次可分为湿润区、半湿润区、半干旱区和干旱区。

(1)降水量的时空变化

由于大气中的水分主要来自海面蒸发。因此,一般来说距海愈远,空气中的水分含量愈少。对降水量和降水频率来说,从海洋到内陆理论上是递减的,但实际上因地形等因子的影响,降水量和降水频率的分布规律并不如此简单和显著。实际降水取决于大气环流、海陆分布与地形条件等。

降水量的空间分布:年降水量 400mm 等值线所经过的地点,大体与夏季风在盛行季节影响的北界基本是一致的。这条线自大兴安岭起,向南偏西,经坝上草原,过陕北到兰州,再到拉萨,将全国分为东南半壁夏季风影响所及的湿润区域和西北半壁夏季风影响所不及的干旱区域。这是我国降水量最重要的一条界限,对于土地资源和土地利用有着极重要的意义。此线以西、以北降雨量较少,气候由半干旱逐渐向西过渡到降水不到 200mm 以下的干旱和荒漠区,是我国的主要牧区。该线以南、以东,季风盛行,雨量充沛,光、热、水配合较好,为湿润、半湿润区,是我国主要农业区。在东南半壁湿润区域,800mm 年降水量等值线,东自青岛起,向西到淮北,然后循秦岭经川西到青藏高原东南角。此线以南的华东和华南区,土壤往往偏酸性,以水田农业为主。这条等值线和 400mm 等值线之间,是夏季风影响较短的地区,一般仅限于 7 月和 8 月。土壤的矿质淋溶适中,旱作农业发达。

降水量的时间分布：①降水量季节分配不均。在夏季，秦岭淮河以北，降水量占全年总降水量60%以上，只有新疆的北疆因终年受到极地大陆气团带来的水汽较少，夏季雨量不足60%；陕西关中因为多秋雨，夏季不足50%；秦岭淮河以南夏季占40%。在春季，秦岭淮河以南因为夏季风来得早，使春季降雨较多，占全年总降水量的1/3；四川盆地位居内陆，夏季风来得迟，春季降水不及全年的1/5；昆明因春季西南季风仍未到，仅占全年12%。秋季，华西山地多秋雨，东部沿海台风经常出没，所以占全年降水比重较大。全国四季均以冬季降水最少。②多雨中心的季节位移。南方三、四月进入春雨季节，长江中下游六、七月份进入梅雨季节，而北方七、八月份才进入雨季。③暴雨的季节性。我国日降水量在50mm以上的暴雨，主要出现在夏季半年。一般来说，华南、华中起于4月至于10月；华北、华东起于5月至于9月。月暴雨日数等于1的等值线，5月份大体在江南；6月北扩至长江中游；7月北移到华北和辽东半岛，西伸到川西；8月和7月近似；9月急退至东南沿海和华南沿海；10月份退出大陆。

（2）湿润系数 K

湿润系数表示气候湿润程度的指标，用地面水分的收入量（大气降水量）与支出量（蒸发量）的比值表示：

$$K = \frac{大气降水量}{蒸发量}$$

根据 K 值划分为过湿、湿润、润、半干旱、干旱及极干旱六个等级，详见表2-1。

表2-1 干湿度分级表

干湿程度	K 值	干湿程度	K 值
过湿	1.5—2.3	半干旱	0.7—0.5
湿润	1.2—1.5	干旱	0.5—0.3
润（正常）	1.0	极干旱	0.2—0.1

2.5.2 地形要素

该要素主要是对研究区域内的地质、地貌规律的剖析，以及它们对耕地资源的分布规律和土地利用的影响。地形要素为区域性因素，主要是使区域内的光、温、水、土四大要素在大的气候规律控制下进行了重新的组合分配，从而产生了不同的土地资源类型和土地利用方式。

1)地形地貌条件

(1)海拔高度

表现在水热条件的再分布方面,气温随海拔升高而降低;在一定范围内,降水量随海拔升高而增多,到极大值后,则随海拔升高而降低。导致不同海拔高度生态环境变化,影响农业生产上作物布局以及耕作制度等。

表现在对人类活动的制约方面,由于随着海拔的上升,自然环境恶化的可能性增大,人类活动必然减少。海拔 > 3000m 不宜人类居住;海拔 1000-3000m 人类可以居住,但环境条件较差;绝大多数人均居住在海拔 < 500m 的地区。

(2)地貌类型

地貌按形态可分平原、山地、丘陵、高原和盆地五大类。不同地貌具有不同的特征,从而影响土地资源的类型、特性及其开发利用。山地和丘陵地势较高,土层较薄,坡度大,往往形成土地的垂直分异,在土地利用上也有垂直分异;土质较差,对农业生产的限制性很大。平原地区图层较厚,地形平坦,水源充足,土地质量较好,是重要的农区。高原和盆地由于内部构造和自然条件上的独有特征,其土地资源也明显不同于其他地貌条件下的土地资源。

(3)坡面坡向

坡向对耕地也有一定的影响,主要是通过光、温、水间接影响土地的质量,从而影响农作物的生长发育。阳坡光照时间长,温度较高,但是水分蒸发快;阴坡相反。在同一座山上,迎风坡的降水量要高于背风坡。在种植作物的时候要考虑作物的习性。

(4)地面坡度

地面坡度对耕地特性及其利用的主要表现在土壤侵蚀、农田基本建设、交通运输、灌溉和机耕条件以及建筑工程投资等方面。地面相对起伏大小不仅影响水土流失、农田水利化和机械化,也影响城市建设和交通道路的布局。地表起伏越大,坡度越陡,土壤侵蚀作用越强,沙土流失量在一定条件下增多。

2)地质条件

地球构造运动在整个地球演化中充当着重要的角色,它不断改造旧的、建设新的地质构造和地表地貌,控制着海陆分布、气候状况和生物的演化环境,进而影响到土地资源的利用。

(1)岩性及矿物组成

岩性及矿物组成对土地资源的影响是通过土壤和地下水而产生的,它是土壤形成的母质来源,对土壤的性状有一定的控制作用,影响地下水资源的储存条件与水质,对土地类型演化都有一定的作用。

(2)母质

母质是指岩石、矿物经各种风化作用使之成为疏松的、粗细不同的矿物质颗粒。它是影响土地的物质基础,因此,它影响耕地资源的特性和利用方式、利用效应。

2.5.3 土壤要素

土壤是指陆地表面具有一定肥力且能够生长植物的疏松土层。它既是自然地理环境中无机界和有机界相互作用过程中形成的独特自然体,又是生物尤其是植物和微生物生活的重要环境,还是土地组成中的一个重要成分。土壤是农作物生长的立地基础。

1)土壤剖面

自然土壤剖面一般可分为三个最基本发生层次,即A、B、C层。

A层是土壤剖面的表土层,是有机质积聚层。主要由地面上枯枝落叶堆积而成的枯枝落叶层(A0)和由土壤有机质腐烂、分解后再合成的腐殖质在表土中积聚并与矿物质结合形成的颜色较深的腐殖质层(A1)所组成。在强烈淋溶作用下,其下部可形成灰化亚层(E)。

B层位于A层的下层,是淋溶物质的淀积层或聚积层。淀积的物质主要有氧化铁、氧化铝、腐殖质、粘粒、石膏和碳酸钙等。A层和B层合称为土体。

C层为母质层,位于表土层、淀积层之下,由未受成土作用影响或影响较微的风化残积物或堆积物组成,是形成土壤的母体或基础,在母质层下则为未风化的基岩(用D或R表示)。

耕作土壤的剖面特点与自然土壤有些不同,其层次的分化和各层的性质主要受长期耕作活动的影响,通常可分为耕作层、犁底层和半熟化层、心土层(生长层)、底土层。其主要特征如表2-2。

表2-2 耕作土壤的剖面构造和特点

层次	代号	基本特征
耕作层	A	经长期耕作种植,熟化程度高,腐殖质含量丰富,暗灰色,土层疏松,以团粒结构为主
犁底层	P1	经长期反复压实,呈片状,层次结构坚实,腐殖质显著减少

续表

半熟化层	P2	受上层渗漏水淋溶作用明显,颜色不均匀,由于耕作时间及技术措施不同,厚度不一,对作物生长和肥力仍有一定影响,为A、B过渡层之一
心土层	B	熟化程度很弱,淀积作用明显,呈块、柱状或棱柱状结构,颜色与自然土壤的同层次相似,厚度变化大
底土层	C	几乎未受耕作影响,成土作用弱,保持母质的特点,常可出现潜育化现象

在土壤剖面中的一些特征层次,对土壤的水、肥状况有很大的影响,它代表了不同的土体内的水分、温度与养分的保持能力,以及作物根系生长和表层耕作的条件。

2)土壤的物理化学特性

(1)土壤的物理特性

土壤的物理特性主要指土壤温度、水分含量及土壤质地和结构等。

土壤温度是太阳辐射和地理活动的共同结果。不同类型土壤有不同的热容量和导热率,因而表现出相对太阳辐射变化的不同滞后现象。这种土温对地面气温的滞后现象对植物有利,影响植物种子萌发与出苗,制约土壤盐分的溶解、气体交换与水分蒸发、有机物分解与转化。较高的土温有利于土壤微生物活动,促进土壤营养分解和植物生长,动物利用土温避开不利环境、进行冬眠等。

土壤水分直接影响各种盐类溶解、物质转化、有机物分解。土壤水分不足不能满足植物代谢需要,会产生旱灾,同时好气性微生物氧化作用加强,有机质消耗加剧。水分过多使营养物流失,还引起嫌气性微生物缺氧分解,产生大量还原物和有机酸,抑制植物根系生长。

土壤中空气含量和成分也影响土壤生物的生长状况,土壤结构决定其通气度,其中CO_2含量与土壤有机物含量直接相关,土壤CO_2直接参与植物地上部分的光合作用。

土壤的质地、结构和土壤的水分空气和温度状况密切相关,并直接或间接的影响着植物和土壤动物的生活。沙土类土壤黏性小,气孔多,通气透水性强,蓄水和保肥能力差,土壤温度变化剧烈;黏土类土壤的质地黏重,结构紧密,保水保肥能力强,但孔隙小,通气透水性差,湿时黏干时硬;壤土类土壤的质地比较均匀,土壤既不太松又不太黏,通气透水性能良好且有一定的保水保肥能力。

(2)土壤的化学特性

土壤化学特性主要是指土壤化学组成、有机质的合成和分解、矿质元素的转化和释放、土壤酸碱度等。

矿质营养是生命活动的重要物质基础,生物对大量或微量矿质营养元素都有一定的量的要求。环境中某种矿质营养元素不足或过多或多种养分配合不当,都可能对生物的生命活动起限制作用。不同种类生物对矿质的种类与需求量存在较大差异,矿质在体内的积累量也有不同,如褐藻科植物对碘的选择积累,禾本科植物对硅的积累,十字花科植物对硫的积累,茶科植物对氟的积累,十字花科植物对若干种重金属盐的积累等。这些植物对有害的物质的耐性和积累,已在环境保护中得到广泛应用。

土壤有机质能改善土壤的物理结构和化学性质,有利于土壤团粒结构的形成,从而促使植物的生长和养分的吸收。土壤有机物也使植物所需各种矿物营养的重要来源,并能与各种微量元素形成络合物,增加微量元素的有效性。一般来说,土壤有机质的含量越多,土壤动物的种类和数量也越多,因此在富含腐殖质的草原黑钙土中,土壤动物的种类和数量极为丰富;而在有机质含量很少,并呈碱性的荒漠地区,土壤动物非常贫乏。

土壤酸碱度是土壤最重要的化学性质,因为它是土壤各种化学性质的综合反映,对土壤肥力、土壤微生物的活动、土壤有机质的合成和分解、各种营养元素的转化和释放、微量元素的有效性以及动物在土壤中的分布都有着重要的影响。土壤的酸碱度(pH值)直接影响生物的生理代谢过程,pH值过高或过低影响体内的蛋白酶的活性水平,不同生物对其的适应存在较大的差异。如金针虫在pH为4.0~5.2的土壤中数量最多,在pH为2.7的强酸性土壤中也能生存;麦红吸浆虫通常分布在pH为7.0~10.0的碱性土壤中,当pH<6.0时便难以生存;蚯蚓和大多数土壤昆虫喜欢生活在微碱性土壤中,它们的数量通常在pH=8.0时最为丰富。

土壤酸碱度(pH值)间接影响生物对矿质营养的利用,它通过影响微生物的活动和矿质养分的溶解度进而影响养分的有效性。对一般植物而言,土壤pH为6~7时养分的溶解度最高,最适宜植物生长。在强碱性土壤中容易发生铁、硼、铜、锰、锌等的不足;在酸性土壤中则易发生磷、钾、钙、镁的不足。

2.5.4 生物要素

生物要素主要包括植被和土壤生物。

1)植被

自然界中植物都是聚集成群，植物与植物之间存在寄生、附生和共生等关系，而且植被在生长的过程中对空间、光、土壤的水分和养分都存在竞争，尤其在这些生长要素缺乏的区域表现得尤为明显，体现了环境对植被生长的影响，然而植被作为一个整体对环境也存在一定的影响，例如它可以保土蓄水，固定养分，改善土壤结构和质量，还可以吸收有害气体，净化空气等。

2)土壤生物

土壤生物包括肉眼无法识别的微生物和可以识别的动物。土壤生物参与岩石的风化和原始土壤的形成，对土壤的生长发育、土壤肥力的形成和演变，以及高等植物营养供应状况有重要的作用。

2.5.5 水文要素

水是一种重要的生态条件，也是生物体重要的组成部分。没有水，就没有生命。土地资源的水文要素不仅是土地资源的重要组成因素，而且是与土地资源的利用与开发紧密相关。水通过正常条件的三相转换循环，既成为天气云雨变化的根源，又是地球物质和能量迁移与转化的重要媒介。同时，也是自然环境重要的外营力，制约着土地资源的形成与发展。

1)地表水

地表水是促使地壳，特别是温湿地带地壳变化、发展的一个强有力的地质动力，也是土地利用、人类生存的重要水源之一。

地表水是土地资源中水的重要组成部分，其质量直接影响土地资源利用。我国河川径流资源丰富，总的特点是南方多，北方少，沿海多，内陆少，耕地数量与水资源数量间的分布不平衡这一情况决定了南北方地表水开发利用程度不一。我国现代冰川面积约 5.7 万 km^2，总储水量近 3.0 万亿 m^3，年融水量约 504.6 亿 m^3；全国天然湖泊在 $1km^2$ 以上的有 2800 多个，总面积 8.0 万 km^2；沼泽总面积约 11.0 万 km^2，其中大部分为可开垦的荒地。

地表水质由于我国自然条件复杂，季节变化明显，随着时空变化差异较大，东南沿海向西北大陆,水矿化度逐渐提高,硬度增加。冰川融水矿化度低、硬度小,是西部干旱区各业用水的优质水源。

地表水资源对土地资源有很大的影响:地表径流的流水作用对地貌类型的形成具有显著的影响,因此地表径流的差异必然导致地面形态以及沉积物状况的不同;地表水的丰缺状况与农业灌溉用水以及干旱、洪涝灾害关系密切;地表径流的冲刷作用往往导致不同程度的水土流失。

2)地下水

地下水是水资源的重要组成部分,特别地表水源不足时更是如此。地下水包括包气带水、潜水、承压水(层间水)。包气带水指地表以下一定深度存在着地下水面。地下水面以上称为包气带,以下称为饱水带。包气带水是指存在于包气带中的地下水,主要包括土壤水和上层滞水。潜水是埋藏于地面以下第一个稳定隔水层之上的重力水。承压水(层间水)是指充满于两个稳定隔水层之间含水层中的地下水,具承压性是它的主要特点。

地下水对我国的土地资源利用具有重要影响,尤其在干旱和半干旱地区,寻找和合理开发利用地下水尤为重要,在利用地下水进行灌溉时,必须掌握地下水的水质、水量、分布规律及其与地表水的关系等,做到合理开发利用。

2.5.6 社会经济技术条件

如果单纯从其自然组成要素来分析,耕地是一种自然物质,但是耕地是人类生存的重要资源,其部分又是人类过去和现在的劳动产物,而且社会经济技术条件对耕地的影响十分强烈,它们对耕地演变速度的作用远远超过自然演化的作用。例如,经过高标准基本农田的建设可以极大地改善灌排条件;使用化肥和有机肥可改变耕地质量;土地开发和土地复垦可以将其他类型的土地转化为耕地等。所以,耕地是一个自然—经济复合体,有许多重要的经济特性,必须进行经济学的研究。

1)耕地的社会经济属性

影响土地资源社会经济属性的因素主要有:社会因素方面包括人口、社会需求、土地制度、土地政策与法规、资源与环境政策等;经济因素方面包括生产力水平、市场状况、经济结构和生产布局、区域条件、投入水平等;技术因素包括科技发展水平、生产管理水平、技术培训与维护、物质技术条件等。

区域社会经济水平评价主要包括以下几方面的指标。

(1)国民生产总值及其人均水平

国民生产总值是国(地区)内生产总值和国(地区)外净要素收入之和。国内生产总值是指一个国家(地区)领土范围内,本国居民和外国居民在一定时期内所生产和提供最终使用的产品和劳务的价值。从生产的角度来看,是国民经济各部门的增加值之和;从分配角度来看,是国民经济各部门的劳动者收入、福利基金(或公益金)、税金、利润和固定资产折旧等项目之和;从使用角度来看,是最终用于消费、固定资产投资、增加流动资产以及净出口的产品和劳务。国(地区)外净要素收入是指本国居民对国外从事投资和提供劳务所取得的要素收入,与外国居民对本国从事投资和提供劳务所取得的要素收入的差额。人均国民生产总值是区域国民生产总值与总人口的比值。

(2)国民收入与人均国民收入

国民收入即国民收入生产额,是从事物质资料生产的劳动者在一定时期内新创造的价值,也就是从社会总产值中扣除生产过程中消耗掉的生产资料价值后的净产值。农业、工业、建筑业、运输业的商业净产值之和就是国民收入。人均国民收入则是国家(地区)一定时期的国民收入与期末人口数的比值。

(3)社会总产值

社会总产值又称社会总产品,是以货币表现的农业、工业、建筑业、运输业、商业(包括饮食业和物资供销业)五个物质生产部门的总产值之和。社会总产值在实物形态上可分为生产资料和消费资料两大部类。在价值形态上可分为:①生产过程中消耗掉的生产资料转移的价值(物质消耗);②劳动者新创造的价值,其中包括相当于劳动报酬的那部分必要产品的价值和为社会创造的剩余产品的价值。

(4)农业总产值及其构成

农业总产值是以货币表现的农、林、牧、副、渔五业全部产品的总量。它反映一定时期内农业生产的总规模和总成果。农业产值结构是农、林、牧、副、渔五业的产值在农业总产值中的所占比重,反映了五业在农业生产中的重要性程度。

(5)工业总产值及其构成

工业总产值是以货币表现的工业企业在一定时期内生产的工业产品总量,它反映工业生产的总规模和总水平。

工业总产值按"工厂法"(以工业企业作为一个整体,按企业工业生产活动最终成果计算。企业内部不允许重复计算,不能把企业内部各个车间或分厂生产的成果相加)可划分为轻工业产值和重工业产值两部分。轻工业产值是指主要提供生活消费和制作手工工具的工业企业全部总产值。重工业产值是指为国民经济各部门提供物质技术基础的主要生产资料的工业企业全部总产值。轻、重工业产值在工业总产值中所占百分比，即为工业产值构成。

(6)居民收入和居民消费水平

居民收入是指居民家庭平均每人每年的全部收入额，但不包括各家庭间转移重出形成的收入额。

居民消费水平指城乡居民平均每人占有的年国民收入使用额中的居民消费总额。居民消费总额包括居民日常生活中消费的食品、衣着、鞋袜、家用耐用消费品、日用杂品、文教卫生用品、水、电、燃料以及住房磨损等物质消费，还包括直接为居民服务的文化生活服务性企业(如影剧院、理发馆、浴池、公共汽车公司等)的物质消费。计算方法为居民消费总额除以总人口数。

(7)教育科技文化水平

衡量区域教育科技文化水平的指标主要有：各级各类学校(包括普通高等学校、中等学校、普通中学、农业中学和职业中学、小学、幼儿园及盲、聋哑学校)数量、教师数、在校学生数、人口文化构成(具有大学、高中、初中、小学和文盲、半文盲文化程度的人口占总人口的比重)、小学学龄儿童入学率、独立研究与开发机构数、各类科技人员数等。

(8)其他社会经济指标

其他社会经济指标有：医院和医生数、每万人口医院床位数、社会福利事业单位及其收养人数、保险福利费用额等。

2)社会经济技术条件对耕地资源的影响

社会经济技术条件影响耕地资源，首先表现在：耕地作为一种自然资源，其质量主要表现为耕地的生产力，即耕地在一定条件下持续产出人类所需产品的内在能力。耕地生产力按其性质可分为自然生产力和劳动生产力。耕地的自然生产力由土地本身的属性所决定，即由耕地适宜性和限制性所决定。耕地的劳动生产力则是人类在劳动生产过程中，通过提高劳动生产技术水平，提高耕地适宜性和克服耕地的限制性所带来的。耕地生产力既因耕地自然属性而变，同时又对社会生产力发展水平有着极大的依赖性。在一定的生产力条件下，耕地的生产能力是有限的，不同的生产力发展水平下，耕地的生产力有很大差异。

其次，耕地作为一种自然资源被利用，其利用水平直接取决于社会经济条件。耕地利用是过去和现在人们长期顺应和改造自然的反映，也是某一地区、某一阶段开发耕地资源的客观记录，更是耕地现实生产力的表现和耕地社会属性的具体内容。在不同的社会经济条件下，人们对同样的耕地资源利用目的是不同的，因而，耕地的适宜性和限制性也不一样。不同的耕地利用方式形成不同的利用类型，各种土地利用类型及其在区域土地利用中所占比重即为土地利用结构。社会经济技术条件不同对土地利用结构影响很大。如人口分布、城市、工矿企业、交通网络布局等直接决定了区域土地利用的结构。

第三，社会经济技术条件是耕地承载力研究的重要依据之一。耕地承载力是指在一定生产条件下耕地资源的生产能力，以及一定生活水平下所能承载的人口数量，换言之，即耕地能提供给人类生存消费物质的能力，或在一定数量土地上可能达到的最大人口容量。耕地承载力的估算先根据合理用地结构和单产预测水平，计算出各主要农林牧产品的总产量，然后根据产品的总产量和消费标准估算出特定区域在某时期的最大人口容量。

3 耕地质量评价模型与方法

根据第二章耕地质量评价的基本流程,实际上耕地质量评价过程可分为评价指标体系构建、评价单元划分、评价单元各评价指标属性数据获取与量化、评价单元综合分值计算与评价结果划分等步骤,本章即根据这些步骤介绍其确定的的模型和方法,作为后续章节的基础。

3.1 评价指标体系确定模型与方法

由第二章第五节耕地资源构成要素分析可以看出,耕地质量评价的直接对象是耕地,不同的评价类型侧重于评价耕地的不同侧面,也即不同的构成要素。如耕地适宜性评价侧重考虑耕地的自然质量状况,即将耕地看作是由气候、土壤、地形等要素组成的自然复合系统;而农用地分等定级与估价则在耕地自然质量的基础上,更多地关注耕地的产出能力,即将耕地看作是由耕地自然属性和社会经济属性综合形成的自然、社会、经济和环境复合系统。耕地生态评价则是人类对耕地资源的利用过程中可能造成的生态安全影响进行科学的鉴定过程。总而言之,通过建立不同目的的耕地质量评价指标体系,衡量耕地质量变化,更好地掌握耕地质量变化情况及其驱动力分析,能为科学编制土地利用规划、土地整理、耕地保护与动态监测、落实耕地占补平衡等提供技术支持。由于耕地资源构成要素的多样、多层次性,需要结合评价目的和耕地系统的复杂特性来构建多角度、多方面的耕地质量评价指标体系,以准确反映不同评价目标的耕地质量状况。

3.1.1 指标体系构建的原则

评价指标体系的构建是耕地质量评价最重要的环节,直接关系到评价结果的准确性。选取评价因素主要有5个原则:

1)**主导性原则**:从影响耕地质量的众多指标中选择制约土地用途的主要因子,增强耕地质量评价的科学性和简洁性。

2)**差异性原则**:选择研究区内有明显差异,能够出现临界值的因子,客观地划分耕地质量等级,否则将有悖于评价目的。

3)**不相容性(独立性)原则**:即要求所选的指标体系能够尽量反映耕地的全部属性,指标间不能出现因果关系,避免重复评价。

4)**因地制宜原则**:我国地域差异较大,不同地区的耕地质量评价指标体系不同,应深入分析研究区域的地理条件和社会经济条件的特点,选择适合的指标体系。

5)**定量与定性相结合原则**:尽量把定性的、经验性的指标进行量化,以定量为主,必要时对现阶段难以定量的指标采用定性分析,减少人为影响,提高精度。

3.1.2 指标体系框架构建的模型

当前耕地质量评价强调土地生产力水平和土地持续利用的评价,并向综合化、定量化、精确化、多元化、信息化方向发展。因此可参考土地质量评价指标模型,结合耕地质量评价目标及特点,建立适用于耕地的质量评价指标体系框架。目前常用的模型包括PSR、DPSIR等。

1)PSR 模型

PSR(Pressure-State-Response)模型,即"压力—状态—响应"框架模型,最早在1970年由加拿大统计学家Anthony Friend提出,国际经济合作与发展组织(OECD)将其内容扩展到环境系统分析和评价中。PSR模型体现了人类与环境之间的相互作用关系,人类通过各种活动从自然环境中获取其生存与发展所必需的资源,同时又向环境排放废弃物,从而改变了自然资源储量与环境质量,而自然和环境状态的变化又反过来影响人类的社会经济活动和福利,进而社会通过环境政策、经济政策和部门政策,以及通过意识和行为的变化而对这些变化做出反应,如此循环往复,构成了人类与环境之间的压力—状态—响应关系。该模型分三类指标:压力、状态和响应。

A. 压力(pressure):描述为人为活动对土地资源造成的压力,如地下水的开采超过补给,木材砍伐超过再生,或者没有土壤保护的坡地开垦等。

B. 状态(states):描述土地资源状态以及土地质量变化,如地下水下降,森林退化或土壤侵蚀;也包括由于成功的采取管理措施,而使得土地质量得到改善的现象。

C. 响应(responses)：包括环境变化对系统和人类的影响之间的双向影响。描述社会(从农民到国家决策者等各个层次)对造成土地质量状态变化的压力的响应，既包括理想化的正向响应，如水资源利用率的提高或者土壤保护措施的应用；也包括非理想化的响应，如土地撂荒。

目前在耕地质量变化评价的研究中，PSR模型的应用较为广泛，它能够衡量耕地基础支撑系统所承受的压力、耕地实施能动系统对压力的响应以及它们综合作用下的系统状态。在耕地质量评价过程中，为明确反映出耕地质量变化的因果关系，为决策者采取合适的土地政策和管理措施提供依据，一般压力指标包括地形、坡度、耕地、人口等指标，状态指标包括土壤侵蚀强度、土地肥力、植被覆盖度、粮食作物产量和格局状态指标等，响应指标包括耕地利用和政策指标，如表3-1。有时压力指标、状态指标与响应指标之间并没有明确的界线，在分析解读耕地质量指标时应将三者结合起来。

表3-1 耕地质量评价指标体系参考框架

压力指标	状态指标	响应指标
土壤质量监测指数及其变化/人口数量/耕地占用面积/耕地障碍因子的出现/土壤环境污染及其对作物品质的影响	耕地基础地力产量/地力贡献率/地力级差/优等耕地占耕地总面积的比例/耕地后备资源总量/基本农田保护区面积/标准亩	耕地投入指数/中低产田改造及良种推广面积/耕作制度改良及平衡施肥策略/土地撂荒面积

2) DPSIR模型

DPSIR模型是欧盟统计局(EUROSTAT)和欧洲委员会欧洲环境机构(EEA)在有关环境系统分析和环境指标指定工作中，采纳并扩展了PSR模型后建立的新模型，称为"驱动力—压力—状态—影响—响应(DPSIR)模型"。

在概念模型中，"驱动力"是指引起系统发生变化的原因，可分为自然驱动力和社会经济驱动力；"压力"集中表现为社会经济"驱动力"在土地资源利用上与农业的竞争；"状态"是在各种"压力"下土地系统的现实表现，是驱动力和压力共同作用的结果；"影响"是用来描述农业土地资源系统状况变化的最终环境效果；为实现土地资源持续利用，人类必须调整自身行为，即人类社会的"响应"。该模型的基本思想是，由于人类经济活动的"驱动"给自然资源和环境施加了"压力"，改变了环境的

"状态"和自然资源的质量与数量，给系统内部和外部造成了"影响"，人类社会则通过调整环境与经济政策对这些变化做出"响应"，减缓环境压力、维持系统的持续性。因此，模型中各因素之间具有明显的因果关系，能够监测各指标之间的连续反馈机制，是寻找人类活动与环境影响之间因果链的有效途径，因而得到普遍认可与应用。总之，DPSIR概念模型提供了明确的思路，帮助选择相关要素和指标、组织数据或信息，能够保证关键要素和信息不被忽略，有助于系统分析环境或可持续发展问题。

A. 驱动因子(driving forces)：包括宏观经济、政策、科学技术、人口增长、贫富、土地利用期限状况、极端气象和气候变暖、自然灾害、水的压力等。

B. 压力(pressure)：土地自然环境条件、土地经营规模、地块区位、劳动力数量、家庭粮食需求、家庭收入、劳动力机会成本、土地产权制度等。

C. 状态(states)：土地利用方式、土地利用强度、土地利用程度；生产力下降、土壤退化、土壤污染、土壤侵蚀、土壤盐碱化、植被损失、生物多样性等。

D. 效应(impact)：土壤肥力、土地生产能力、土壤污染；生产力下降、贫困和移民、土地产品和服务、水循环和质量、固碳能力下降、生态环境破坏和生物多样性丧失、对人类本身状况的影响和其他影响等。

E. 响应(response)：主要是政府响应，包括制度措施和经济措施，如宏观经济政策、土地政策和政策手段、保护和恢复、预警和报警系统、在国际组织中承担的义务、土地和水资源投资等。

3) 其它基于PSR拓展的相关模型

孔祥斌等学者在《基于农户行为的耕地高质量评价指标体系的构建理论与方法》一文中，提出了PSIR即"压力—状态—效应—响应"模型，从土地利用的主体——农户出发，分析、探讨农户在不同的土地利用目标、利用方式和管理方式下，对耕地质量变化的影响作用。压力指标包括土地自然环境条件、土地经营规模、地块区位、劳动力数量、家庭粮食需求、家庭收入、劳动力机会成本、土地产权制度；状态指标包括土地利用方式、土地投入强度、土地利用程度；效应指标包括土壤肥力、土地生产能力、土壤污染；响应指标主要为政府响应，具体包括制度措施和经济措施。

所谓基于农户行为的"压力—状态—效应—响应"框架，就是指一方面自然、社会、经济、人口等给农户施加压力，并带来农户对土地利用目标的变化，进而导致农户土地利用行为的变化；另一方面，通过农户对土地的利用，影响土地资源或土地质量的变化，在此过程中，若不采取合理的保护措施，就会导致土地质量的退化。因此,需要通过政府的宏观调控措施,积极引导农户合理利用土地,达到土地质量的良性循环和提高。

所以,设计一个良好的"压力—状态—效应—响应"框架,就能找出耕地质量评价的指标体系,并能准确反映农户在耕地质量变化过程中的作用,从而有利于从农户行为的角度出发,提出相应的土地质量保护对策。

3.1.3 指标体系确定的方法

1)特尔斐法

特尔斐法(Delphi)由美国兰德公司于20世纪50年代初创立的,成为该公司驰骋世界地缘经济大战中的一张王牌,它是预测模型中最著名和应用最广泛的定性模型,主要以问卷形式对一组选定的专家进行征询,经过几轮征询使专家意见趋于一致而获得预测成果。它的关键在于能对大量非技术性的无法定量分析的要素做出概率估算,并能将概率估算结果告诉专家,充分发挥信息反馈和信息控制的作用,使分散的评估意见逐次收敛,最后集中在协调一致的结果上。

基本操作流程如下:

①确定预测的问题。

根据预测的最终目的,确定预测问题,以突出实用性和针对性为要求。

②选择专家。

特尔斐法的主要工作是通过专家对预测问题做出概率估计,因而专家选择是测定成败的关键。一般要求专家总体权威程度较高,对研究问题的认识有比较全面的认识,这样才能保证预测的准确性和科学性,同时专家人数以20-30人为宜。

③问卷调查表的设计。

特尔斐法的问卷调查表没有统一的规定。主要包括两个部分:向专家概括介绍所进行研究的项目和预测问题的详细内容,设计尽量简明扼要,紧扣问题。由于所有专家并不都熟悉特尔斐法,因此也应对特尔斐法的特点、实质、轮询反馈作用等问题做出说明。

④专家意见征询和轮回信息反馈。

专家征询一般分2-3轮进行。根据专家评估的结果进行数理统计分析,得出专家总体的评估结果的分布,求出均值和方差,将这些信息反馈给专家,并对专家进行再征询,专家重新评估时可根据前一次专家总体意见的倾向和分散程度(以均值和方差表示)来修改自己的意见,直到得到协调程度较高的评估结果为止。

⑤结果确定

通过对专家的评估结果进行分析,如果得到了协调程度较高的评估结果,即认定最后一次的征询结果即为该问题的结果。

2)层次分析法

层次分析法(Analytical Hierarchy Process,简称 AHP),是美国匹兹堡大学教授 A.L.Saaty 于 20 世纪 70 年代提出的一种系统分析方法,它综合了定性与定量分析,模拟人的决策思维过程,具有思路清晰、方法简便、适用面广、系统性强等特点,是分析多目标、多因素、多准则的复杂大系统的有力工具。

层次分析法的基本原理简单说就是用下一层次因素的相对排序来求得上一层次因素的相对排序。应用层次分析法解决问题的思路是:

首先把要解决的问题分出系列层次,即根据问题的性质和要达到的目标将问题分解为不同的组成因素,按照因素之间的相互影响和隶属关系将各层次各因素聚类组合,形成一个递阶的有序的层次结构模型。

然后对模型中每一层次每一因素的相对重要性,依据人们对客观现实的判断给予定量表示(也可以先进行定性判断,再予赋值量化),再利用数学方法确定每一层次全部因素相对重要性次序的权值。

最后通过综合计算各层因素相对重要性的权值,得到最低层(方案层)相对于较高层(分目标或准则层)和最高层(总目标)的相对重要性次序的组合权值,以此进行方案排序,作为评价和选择方案的依据。

3)典型指标法

由于选取指标较多,指标之间的信息重合程度也较高,因此可以选取较为典型的指标来代替重复的指标。其具体过程为:

①聚类分析

考虑指标较多,如果直接选取指标不仅数据量大,准确性也较低,因此首先进行聚类分析。为了使指标数据聚类更准确,首先将指标进行标准化处理,公式为:

$$D'_{ij}=\frac{D_{ij}-\min_{i}\{D_{ij}\}}{\max_{i}\{D_{ij}\}-\min_{i}\{D_{ij}\}} \quad (i=1,2,\text{L},m; j=1,2,\text{L},n)$$

$$D'_{ij}=\frac{\max_{i}\{D_{ij}\}-D_{ij}}{\max_{i}\{D_{ij}\}-\min_{i}\{D_{ij}\}} \quad (i=1,2,\text{L},m; j=1,2,\text{L},n)$$

第一个公式为正向指标标准化公式,第二个公式为逆向指标标准化公式。

标准化后可利用Spss17.0软件对其进行系统聚类,具体划分成几类可根据研究指标的属性情况而定。

②计算相关系数矩阵

设聚类过后同一类指标为N个(当$N=1$时,可直接选取该指标,不用经过这一步),分别为$a_1,a_2,\cdots,a_n$,计算N个指标的相关系数矩阵$\boldsymbol{R}$。

$$\boldsymbol{R}=\begin{bmatrix} r_{11} & r_{12} & \cdots & r_{1n} \\ r_{21} & r_{22} & \cdots & r_{2n} \\ \vdots & \vdots & \vdots & \vdots \\ r_{n1} & r_{n2} & \cdots & r_{nn} \end{bmatrix}$$

③计算相关系数平方

$$r_i^2=\frac{1}{n-1}(\sum_{j=1}^{n}r_{ij}^2-1)\ (i=1,2,\cdots,n)$$

④比较r_i^2大小

若$r_m^2=\max_{1\leq i\leq n}r_i^2$,则可取$a_m$作为指标$a_1,a_2,\cdots,a_n$中的典型指标,需要的话可以在余下指标中继续选取典型指标。

4)熵值法

熵值法是一种客观赋权法,是根据数据序列变异程度来确定权重系数。信息论中,熵值是系统无序程度或混乱程度的度量,系统的熵值越大,则它所蕴含的信息量越小;反之,系统信息熵值越小,所蕴含的信息量越大。其基本思想是某项属性的数据序列的变异程度越大,则它相对应的权重系数就越大。熵的概念源于热力学,表示不能用来做功的热能,其计算方式为热能的变化量除以温度所得的熵,后由申农引入信息论,在工程技术、社会、经济等领域得到了广泛地应用。信息论中,信息是系统有序程度的一个度量,熵是系统无序程度的一个度量,两者绝对值相等,符号相反,当系统可能处于几种不同状态,每种状态出现的概率为$Z_i(i=1,2,\cdots,m)$时,该系统的熵定义为:

$$E=-k\sum_{i=1}^{m}Z_i\ln Z_i$$

显然,当$Z_i=\frac{1}{m}(i=1,2,\cdots,m)$,即概率相等时,熵取得最大值,为:

$$E_{\max}=\ln m$$

设有 m 个待评项目，n 个评价指标，形成原始指标数据矩阵 $\boldsymbol{R}=(r_{ij})m\times n$，对于某个指标而论，$r_{ij}$ 有信息熵：

$$E_{ij}=-k\sum_{i=1}^{m}Z_{ij}\ln z_{ij}\ (i=1,2,\mathrm{L},m;j=1,2,\mathrm{L},n)$$

$$Z_{ij}=x_{ij}/\sum_{i=1}^{m}x_{ij},\ k=\frac{1}{\ln n}$$

显而易见，某个指标的信息熵越小，其指标值的变异程度越大，提供的信息量越大，在综合评价中所起的作用就越大，则该指标的权重也应越大；反之，其在综合评价中所起的作用就越小，则该指标的权重也应越小。

由上式，可得第 j 个指标的客观权重为：

$$w_j=(1-E_{ij})/\sum_{j=1}^{n}(1-E_{ij})(i=1,2,\mathrm{L},m;j=1,2,\mathrm{L},n)$$

显而易见，$0\leqslant w_j\leqslant 1$，$\sum_{j=1}^{m}w_j=1$。

5）组合赋权法

目前常用的指标权重确定方法主要有两类，一类是主观赋权法有特尔斐法、层次分析法等；另一类是客观赋权法，有最大离差法、类间标准差法、CRTIC 法等。特尔斐法考虑了专家的知识和经验，以及决策者的意向和偏好，但无法克服主观随意性较大的缺陷。熵值法则充分挖掘了原始数据本身蕴涵的信息，但却不能反映专家的知识和经验以及决策者的意见，有时得到的权重可能与实际重要程度不相符，甚至相悖。组合赋权法具有互相弥补缺陷、提高权重确定的准确性和评价结果的可信性的优势。

设有 m 个行政区，每个行政区有 n 个指标，则可获得评价指标矩阵

$$\boldsymbol{R}=(a_{ij})=m\times n$$

借助极值法等对指标属性值进行无量纲化处理，得到新矩阵 $\boldsymbol{R}=(r_{ij})=m\times n$。

设特尔斐法得出的权重向量为：$w'=(w_1',w_2',\mathrm{L},w_n')$，满足 $0\leqslant w_j'\leqslant 1$，$\sum_{j=1}^{n}w_j'=1$；

熵值法得出的权重向量为：$w''=(w_1'',w_2'',\mathrm{L},w_n'')$，满足 $0\leqslant w_j''\leqslant 1$，$\sum_{j=1}^{n}w_j''=1$；

则最终的主客观权重表示为：$w=\alpha w'+\beta w''$，其中 $\alpha,\beta\geqslant 0$，且 $\alpha+\beta=1$。

定义 d_i 为主客观权重的偏离程度，则 $d_i=\sum_{j=1}^{n}(\alpha r_{ij}w_j'-\beta r_{ij}w_j'')^2$，$i\in M$；$d_i$ 越小，主客观权重趋于最优，即：$\min D=(d_1,d_2,\mathrm{L},d_m)$。

于是上述公式可转化为如下模型,求解 α 与 β。

$$\begin{cases} \min Z = \sum_{i=1}^{m} d_i = \sum_{i=1}^{m} (\alpha r_{ij} w_j' - \beta r_{ij} w_j'')^2 \\ s.t. \alpha + \beta = 1, \alpha, \beta \geq 0 \end{cases}; 得 \begin{cases} \alpha = \dfrac{\sum_{i=1}^{m}\sum_{j=1}^{n} r_{ij}^2 w_j''(w_j' + w_j'')}{\sum_{i=1}^{m}\sum_{j=1}^{n} r_{ij}^2 (w_j' + w_j'')^2} \\ \beta = \dfrac{\sum_{i=1}^{m}\sum_{j=1}^{n} r_{ij}^2 w_j'(w_j' + w_j'')}{\sum_{i=1}^{m}\sum_{j=1}^{n} r_{ij}^2 (w_j' + w_j'')^2} \end{cases}。$$

3.1.4 基于典型指标法的指标体系确定实例

以某县耕地资源安全评价为例进行介绍,为减少数据工作,评价单元确定为乡镇行政域。

1)预选指标的确定

从耕地资源质量安全因素、耕地资源数量安全因素、耕地资源生态安全因素和耕地资源粮食安全因素四方面初步预选了53个对耕地资源安全影响较大的因素,经前述特尔斐法征询后27个因子入选某县耕地资源安全评价指标体系,但可能部分指标之间存在相互性,拟采用典型指标法(聚类分析)剔除相互性较大的指标,进而确定最终的入选指标。

表3-2 特尔斐法筛选后入选的评价指标列表

	指标类别	指标属性		指标类别	指标属性
D_1'	土壤质地	正向	D_{15}'	单位耕地面积化肥负荷	逆向
D_2'	有机质	正向	D_{16}'	人口密度	逆向
D_3'	有效氮含量	正向	D_{17}'	地均农业产值	正向
D_4'	pH值	正向	D_{18}'	粮食单产	正向
D_5'	土层厚度	正向	D_{19}'	人均粮食占有量	正向
D_6'	地下水埋深	逆向	D_{20}'	粮食作物播种面积	正向
D_7'	人均耕地占有量	正向	D_{21}'	农作物总播种面积	正向
D_8'	新增建设占用耕地面积	逆向	D_{22}'	粮食作物人均播种面积	正向
D_9'	基本农田保护率	正向	D_{23}'	灌渠密度	正向
D_{10}'	耕地年均减少率	逆向	D_{24}'	灌溉能力	正向
D_{11}'	耕地占农用地比重	正向	D_{25}'	农田基础设施完善度	正性
D_{12}'	土地利用率	正向	D_{26}'	水源条件	正向
D_{13}'	≤25°坡耕地面积比例	正向	D_{27}'	农村道路密度	正向
D_{14}'	>25°坡耕地面积比例	逆向			

2)数据获取和标准化

根据前述典型指标分析法的过程,采用多种方法获取各评价单元对应的评价指标的属性数据,然后按照一定的方法进行无量纲标准化处理。结果见表3-3。

表3-3 某县耕地资源安全评价各单元不同指标属性值标准化结果表

因子	凤山镇	大河岸镇	三里畈镇	匡河乡	白莲河乡	骆驼坳镇	大崎乡	平湖乡	河铺镇	白庙河乡	九资河镇	胜利镇
D_1'	0.5186	0	0.1331	0.2205	0.4517	0.8831	1	0.1909	0.3845	0.7592	0.1461	0.7216
D_2'	0.0587	0.0134	0.704	0.0977	0.7264	1	0.0819	0.7857	0.5879	0	0.2895	0.7587
D_3'	0.0335	0.2963	0.515	0.6566	0.847	1	0.7096	0.7127	0.2441	0.9657	0.0504	0.3904
D_4'	0.8722	0.6515	0.5815	0.9896	0	0.6023	0.0537	0.7206	0.4949	0.7115	1	0.591
D_5'	0.65	0.8028	0.6814	0.4507	0.3843	0.5096	0.6827	0.5274	0.285	0.9854	0.3761	1
D_6'	0.7611	0.3686	0.6113	0.7492	0.7857	0.8856	0.5713	0	1	1	0.7655	0.8366
D_7'	0	1	0.2725	0.3899	0.9982	0.4363	0.0848	0.2414	0.9429	0	0.847	0.2838
D_8'	0.5275	0.5646	0.7808	0.5556	0.8488	0	0.4084	0.7618	0.7678	1	0.7377	0.7858
D_9'	0	0.4427	0.3071	0.6108	0.6697	0.3539	0.5763	0.5676	0.6502	1	0.373	0.6378
D_{10}'	0	0.1808	0.9154	0.175	0.3036	1	0.1761	0.1889	0.2271	0.1819	0.1784	0.2016
D_{11}'	0.8359	0.666	0.8699	0.7843	0.7438	1	0.3542	0.1752	0.7353	0.3614	0	0.2876
D_{12}'	0.4273	0.9467	0.5092	0	0.6291	0.6424	0.6988	0.7387	0.8248	1	0.9857	0.9836
D_{13}'	0.4532	0.9302	1	0.7325	0.2155	0.9896	0.6999	0.7162	0	0.1322	0.1085	0.2318
D_{14}'	0.4532	0.9302	1	0.7325	0.2155	0.9896	0.6999	0.7162	0	0.1322	0.1085	0.2318
D_{15}'	0.809	0.963	0.2088	0.4635	1	0.4993	0	0.2114	0.9229	0.9822	0.918	0.4898
D_{16}'	0	0	0.4236	0.5559	0.9991	0.3971	0.1537	0.3843	0.9701	0.9923	0.9155	0.3877
D_{17}'	0.9479	0.4473	0.9791	1	0.2553	0.8676	0.642	0.239	0.3859	0.1289	0	0.2526
D_{18}'	0.6319	0.8672	0.7055	0.6147	0.3233	0.6487	1.0000	0.9043	0.6904	0.3889	0	0.9233
D_{19}'	0	1	0.1261	0.3998	0.1549	0.7103	0.4363	0.4095	0.3268	0.7115	0.1185	0.1631
D_{20}'	1	0.4195	0.4936	0.6942	0.0049	0.3618	0.2962	0.0037	0.4807	0.4628	0.3531	0.439
D_{21}'	1	0.4348	0.524	0.7093	0.2588	0.3906	0.2843	0.3059	0.529	0.3733	0.2204	0.3823
D_{22}'	0	0.8353	0.1294	0.4235	0.0224	0.7412	0.3647	0.36	0.3529	1	0.5412	0.1529
D_{23}'	0.3428	0.3447	0	0.0308	0.3139	0.2672	0.6984	0.5562	0.0021	0.8253	0.8966	1
D_{24}'	0.2766	0.3013	0.3471	1	0.5406	0.6595	0.5595	0.8583	0.0773	0.3611	0.9155	0.3877
D_{25}'	0.4701	0	0.7059	0.7245	0.4588	0.3646	0.406	0.7956	0.6993	1	0.5622	0.515
D_{26}'	0.9077	0.9948	0.89	0	0	0.7643	0.6118	0.7956	0.9761	0.7846	0.3623	0.6226
D_{27}'	0.2116	0	0.0563	0.2134	0.1892	0.1036	0.6118	0.558	0.1805	0.2988	0.741	0.4833

3）聚类分析

标准化处理后需要进行聚类分析，采用Spss17.0对27项指标进行聚类分析，采用皮尔森相关性方法。

聚类后单独指标为一类时可以直接选取，考虑到两个指标为一类时相关系数相同等原因，因此决定从20一处划分成四类，分别包括一类{D_2'、D_3'、D_5'、D_{10}'、D_{11}'、D_{13}'、D_{14}'、D_{17}'、D_{18}'、D_{24}'}；二类{D_4'、D_{20}'、D_{21}'}；三类{D_1'、D_6'、D_{23}'、D_{27}'}；四类{D_7'、D_8'、D_9'、D_{12}'、D_{15}'、D_{16}'、D_{19}'、D_{22}'、D_{25}'、D_{26}'}。

4）计算相关系数

对聚类分析法划分的四类指标，借助Spass 17.0分别计算各指标的相关系数（皮尔森相关性分析），剔除相关性较大的因子，以确定最终的耕地资源生态安全评价指标体系。以第一类指标为例进行说明，相关系数计算结果见表3-4。

表3-4　第一类指标的相关系数结果

指标	D_2'	D_3'	D_5'	D_{17}'	D_{10}'	D_{11}'	D_{13}'	D_{14}'	D_{18}'	D_{24}'	r_{ij}^2
D_2'	1	.586	.157	−.037	.636	.160	.098	.098	.108	.052	0.0923
D_3'	.586	1	.201	.325	.526	.330	.539	.539	.408	.619	0.1803
D_5'	.157	.201	1	.298	.061	.050	.454	.454	.609	.194	0.1049
D_{17}'	−.037	.325	.298	1	.413	.769**	.673	.673	.459	.513	0.2306
D_{10}'	.636	.526	.061	.413	1	.507	.543	.543	.051	.163	0.1895
D_{11}'	.160	.330	.050	.769**	.507	1	.429	.429	.331	.237	0.1626
D_{13}'	.098	.539	.454	.673	.543	.429	1	1**	.605	.543	0.3117
D_{14}'	.098	.539	.454	.673	.543	.429	1**	1	.605	.543	0.3117
D_{18}'	.097	.329	.636	.353	.026	.145	.503	.503	1	.436	0.1305
D_{24}'	.052	.619	.194	.513	.163	.237	.543	.543	.443	1	0.0617

**表示指标极显著相关。

表3-4结果显示，共有二组数据成极显著相关关系，因此需要在指标选择中去除其中两个数据，由于相关系数平方和D_{17}'>D_{11}'，因此去除指标D_{11}'；但D_{13}'与D_{14}'数据相同，经征询专家意见，认为D_{14}'与其他指标差异性较高，应去除指标D_{13}'。指标D_2'和D_{24}'数值较小，但D_2'专家认为具有典型意义，所以仅去除D_{24}'。在剩余指标中包含了所有目标层的指标，因此指标去除完成，剩下{D_2'、D_3'、D_5'、D_{10}'、D_{14}'、D_{17}'、D_{18}'}。

5）指标体系的最终确定

最终得到了包括18个指标的某县耕地资源安全评价综合指标体系。

3.2 评价单元确定模型与方法

评价单元是土地评价对象的最小单位,是评定土地质量空间差异的基本空间单位。虽然土地的各种形状在地面上的分布表现为无规律的连续变化,但在这一最小单位中则尽量达到相对均一,因此这一最小单位能够反映土地利用达到的某种水平。在同一评价单元中,土地的基本属性具有一致性,不同单元间具有明显的差异性和可比性。而耕地评价则是对各个评价单元差异性进行综合分析,由每个评价单元的评价结果的综合整理形成耕地质量评价的最终结果。也就是说耕地评价的最终结果要通过评价单元反映出来,因此评价单元划分是耕地评价的基础工作之一。

3.2.1 评价单元划分的原则

评价单元内质量相对均一、属性基本一致,单元间有较大差异是耕地质量评价单元界定的最基本的指标特征。为显化评价单元的这个特征要求,保证评价单元的科学性与可行性,在单元划分时应遵循以下相关原则。

1)**因素差异性原则**:影响耕地质量的因素很多,但各因素的影响程度不尽相同。在某一区域内,有些因素对耕地质量起着决定性作用,区域内变差较大;而另一些因素的影响较小,且指标值变化不大。因此,应结合实际情况,选择在区域内分异明显的主导因素作为划分单元的依据。如地貌特征、地下水、土壤条件、盐碱度、土地利用类型等。

2)**边界完整性原则**:单元要保证边界闭合,形成封闭的图斑,并且在实地明显可辨。

3)**界线分隔原则**:评价单元边界应采用控制区域格局的地貌走向线和分界线、河流、沟渠、道路、堤坝等线状地物和有明显标志的权属界线。

4)**相似性原则**:评价单元内的自然、社会经济因素特性相似,单元内同一因素的分值差异应满足相似性统计检验。

3.2.2 评价单元划分的方法

常用的土地评价单元有三种基本类型:土壤分类单元、土地资源分类单元和土地利用现状分类单元。在此基础上还有一些其他的诸如行政单元、地貌单元、基于多属性叠置分析的评价单元，以及适用于城镇土地评价的宗地单元，适于计算机分析处理的格网单元等类型。

1) 以土壤图为基础确定。以土壤图为基础，以土壤类型作为土地评价单元最先源于美国的土地潜力分类系统。该分类以土壤调查制图成果为基础，将对农业生产影响一致的土壤类型合并在一起，作为一个土地生产潜力单元。这种评价单元确定的方法适于各种比例尺的农用地评价，它既能充分利用土壤调查的资料，也能反映土壤对农用地评价的重要影响作用。但是这种评价单元往往与地面的地块边界和行政边界不一致，不利于评价结果的应用。

2) 以土地利用类型为基础确定。该方法将农业生产中利用方式相同的地块合并在一起，作为土地利用分类单元。这种方法确定的评级单元的界限与地面田块的分布相一致，便于评价结果的应用和土地利用结构的合理调整。但是，一个土地利用分类单元内的土壤自然属性、社会经济因素可能存在很大的差别，这样造成一个土地评价单元内对各影响因素的选取就很困难，同时使得评价结果与实际情况存在较大差异。

3) 以土地资源类型为基础确定。以土壤图、土地利用现状图、地貌图为基础的土地资源类型所确定的农用地评价单元是近年来发展的一种新方法。土地资源类型既反映了土壤这个自然综合体的全部自然属性，同时也体现了农用地其他要素和人为活动结果的相对均一性和差异性。因此，以土地资源类型作为农用地评价单元的划分方法更客观，更、科学，同时结果也更精确，便于农用地评价的合理利用和农业用结构的调整。

4) 以地理网格为基础确定。包括标准网格和非标准网格两种。考虑评价对象范围的大小和评价结果的精度要求，借助 ArcGIS 的 "Create Fishnet" 工具生成大小固定网格（比如 50m × 50m）作为土地资源评价的基本单元，以固定网格单元作为基本评价单元，既适于计算机系统处理，又保证了土地评价成果应用的后续性。另外就是以道路、地块界线等分割而成的不规则网格作为土地资源评价单元（比如进行城市土地集约评价时，往往采用道路分割形成功能区集约评价单元）。

5) 矢量叠置法。该方法是在土地资源类型为基础的三图叠置法上延伸发展起来的。即通过获取每个因素空间异质性的因子图，然后叠加所有的因子图，最后的图斑即作为评价单元，同步获取所有评价单元每个评价指标的属性数据。主要的缺点是矢量叠置法由于叠加的图层较多，会产生一定数量的小多边形需要处理。

3.3 评价数据获取模型与方法

影响耕地质量和利用状况的因素包括自然、社会、经济和环境等不同类型，并且不同因子对评价结果的影响也不相同，如何来获取和度量这些不同因素成为耕地质量评价的关键问题之一。根据耕地评价指标的空间形态来分，可分为点状、线状和面状因子，不同的空间形态因子其获取方法也不一样。

3.3.1 评价指标的类型

影响耕地质量的因子根据其空间的分布类型可分为点状因子、线状因子和面状因子。

1）点状因子

点状因子相对整个评价范围而言为点状分布，其对耕地质量的影响既与因子涉及的设施规模有关，又与距设施的相对距离有关，如中心城镇影响度、农贸中心影响度、土壤样点属性数据等，其数据获取方法包括缓冲区分析法、克里格插值等方法。

2）线状因子

线状因子主要是呈线状分布的影响设施，其对耕地质量的影响与点状因子类似，既与设施规模有关，又与距设施的相对距离有关，如道路通达度等，其数据获取方法包括缓冲区分析法、克里格插值等方法。

3）面状因子

面状因子呈片状均匀分布，具有全域覆盖性质。其对耕地质量的影响仅与因子指标有关系。如地貌类型、环境污染、土壤类型等，其数据获取方法包括叠置分析、三维分析、面状赋值等方法。

3.3.2 缓冲区分析法

缓冲区是对一组或一类地图要素按设定的距离条件，围绕这组要素形成具有一定范围的多边形实体，从而实现数据在二维空间扩展的信息分析方法。缓冲区分析是根据空间数据库中的点、线、面地理实体或规划目标，自动建立其周围一定宽度范围的多边形,也称邻近度。缓冲区建立的形态多种多样,主要依据缓冲区建立的条件来确定。对点状要素直接以该点为圆心,以要求的缓冲区距离大小为半径绘圆,所包容的区域即为所要求的区域;线状要素和面状要素则相对复杂,是以线状要素或面状要素的边线为参考线作其平行线,并考虑端点处的建立原则,建立缓冲区。

根据物体对周围空间影响度的变化性质,缓冲区分析一般有:线性衰减模型、二次衰减模型、指数衰减模型。

1)线性衰减模型

物体对周围空间的影响度 F_i,随距离呈线性形式衰减,其模型形式为:

$$F_i = f_0(1-r_i) \quad r_i = d_i/d_0 \quad 0 \leq r_i \leq 1$$

2)二次衰减模型

物体对周围空间的影响度 F_i,随距离呈二次形式衰减,其模型形式为:

$$F_i = f_0(1-r_i)^2 \quad r_i = d_i/d_0 \quad 0 \leq r_i \leq 1$$

3)指数衰减模型

物体对周围空间的影响度 F_i,随距离呈指数形式衰减,其模型形式为:

$$F_i = f_0^{(1-r_i)} \quad r_i = d_i/d_0 \quad 0 \leq r_i \leq 1$$

式中,f_0 表示参与缓冲带分析的一组空间的综合规模指数,一般须经最大值标准化后参与运算;d_0 表示该要素的最大影响距离;d_i 表示在该要素最大影响距离内的某点距该要素的实际距离。

3.3.3 克里格插值法

克里格插值(Kriging)又称空间局部插值法,是以变异函数理论和结构分析为基础,在优先区域内对区域化变量进行无偏最优估计的一种方法。它是由南非矿产工程师 D.R.Krige 在 1951 年提出来的。设在一区域内位置 x_0 处某一变量的估值为 $Z^*_i(x_i)(i=1,2,3,\Lambda,n)$,现通过这 n 个测定值的线性组合来求估测值 $Z^*(x_0)$,即:

$$Z^*(x_0) = \sum_{i=1}^{n} \lambda_i Z(x_i)$$

式中,λ_i 与 $Z(x_i)$ 位置有关的加权系数。要使估测最优必须满足:

(1)无偏估计,即

$$E[Z^*(x_0) - Z(x_0)]$$

(2)方差最小,即

$$\sigma^2[Z^*(x_0)-Z(x_0)]=\min$$

由以上几式,利用拉格朗日极小原理,可以导出λ_i与半方差之间的矩阵

$$\begin{bmatrix} r_{11} & r_{12} & \Lambda & r_{1n} & 1 \\ r_{21} & r_{22} & \Lambda & r_{2n} & 1 \\ & & \Lambda & & \\ r_{n1} & r_{n2} & \Lambda & r_{nn} & 1 \\ 1 & 1 & \Lambda & 0 & \end{bmatrix} \begin{bmatrix} \lambda_1 \\ \lambda_2 \\ \Lambda \\ \lambda_n \\ \varphi \end{bmatrix} = \begin{bmatrix} r_{10} \\ r_{20} \\ \Lambda \\ r_{n0} \\ 1 \end{bmatrix}$$

式中,r_{ij}为x_i,x_j间距$|x_i-j_i|$的半方差;φ为拉格朗日算子。求解上式方程组和φ值后,由上式可写出x_0点的最优估值$Z^*(x_0)$。

拉格朗日中值定理(吴逸飞,2002),如果函数$f(x)$在闭区间$[a,b]$上连续,在开区间(a,b)内至少有一点$\xi(a<\xi<b)$,使等式$f(b)-f(a)=f'(\xi)(b-a)$成立。

(3)精度估计

了解空间变量的估值精度,有利于改进插值条件以及插值结果的进一步应用。Kriging方法在提供无偏最优估计的同时,可以给出估值的精度(克立格方差),其计算方法为:

$$\sigma_E^2 = E[Z-Z^*]^2 \text{(注:式中}Z,Z^*\text{的含义同上)}$$

克立格插值可为空间格局(在空间上有规律的分布)分析提供从取样设计、误差估计到成图的理论和方法,可精确描述所研究的变量在空间上的分布、形状、大小、地理位置或相对位置,这在确定空间定位图式(格局)方面是比较有效的方法。

3.3.4 基于三维分析的属性数据获取实例

对于坡度、坡向、地貌类型等指标数据的获取,可借助ArcGIS的3D Analyst扩展模块来实现。3D Analyst模块为三维可视化、三维分析以及表面生成提供高级分析功能,可以用它来创建动态三维模型和交互式地图,从而更好的实现地图地理数据的可视化和分析处理。下面以矢量化等高线图层为基础获取坡度、坡向和地貌类型属性数据进行介绍。

1)表面模型TIN的生成:在ArcMap中加载3D Analyst模块,然后点击3D Analyst—Create/Modify TIN下的Create TIN from features命令;在Create TIN from feature对话框中逐一选入高程点文件(属性设为mass points)、等高线(属性设为hard line)等,

然后按"OK",生成 TIN 文件;ArcMap 中显示 TIN 图形文件。

2)三维 DEM 可视晕渲图制作:通过 ArcMap 中 Spatial Analyst—surface Analysis—hillshade 命令建立山体阴影图;通过 ArcMap 中 Effect 工具条的 Adjust transparency 命令对表面 DEM 图层进行透视处理;在 ArcMap 中显示三维 DEM 可视晕渲图。

3)生成坡度、坡向图,并分级显示:启动 ArcMap,打开 DEM 图;打开 Spatial Analyst 工具条,点击 Surface Analysis 下拉菜单的 Slope;在 Input surface 栏中,选择 DEM,将输出的坡度图保存到指定的文件夹;坡度图自动加到当前数据框中,坡度被默认分为 9 个等级,对等级的界限与等级数量都可以进行自定义与修改;点击 Surface Analysis 的下拉菜单 Aspect,然后出现求坡向的对话框,保存坡向图到指定文件夹,然后按"OK"。根据需要可以将生成的栅格格式的坡度图和坡向图转换为矢量格式。

4)等值线的提取:在 3D Analyst 模块中依次选择 Surface Analysis-Contour,然后在弹出的对话框中进行参数设置,可以得到通过栅格数据提取的等值线。

5)显示坡度大于 25 度的面积:右击 Slope 图层的下拉式菜单,点击 Properties 后,选择 Symbology 选项卡,在 show 窗口选择 Classified 项,然后点击 Classification 按钮;在 classification 对话框(下图)中,按 Exclusion;在 Data Exclusion Properties 中,在"Value"选项卡中输入"25-90"数值,在"Legend"选项卡的"Color"中选择要去除数据的表示颜色;在 ArcMap 中用蓝色显示坡度大于 25 度的区域。

6)统计坡度大于 25 度的面积:点击 Spatial Analyst 工具条中的 Reclassify 选项;在 Reclassify 对话窗,点击"Classification"按钮;在 Classification 对话窗,将坡度人为(Method 中选择"Manual")分成小于 25 度和大于等于 25 度,按"Ok";在 ArcMap 中显示坡度再分类结果图;打开坡度再分类结果图的属性表,即可获取坡度大于 25 度的面积。

7)利用 DEM 图生成地形图:打开 DEM 图层,点击 Spatial Analyst 工具条中的 Reclassify 选项,然后在 Reclassify 对话窗,点击"Classification"按钮。在 Classification 对话窗,将高程人为的(Method 中选择"Manual")分成 5 级(平原、岗地、低丘、高丘、低山),按"OK";在 ArcMap 中显示高程再分类结果图;在 Spatial Analyst 中将高程再分类结果栅格图转成地形矢量图 landform.shp 即可。

3.4 评价数据量化模型与方法

为了实现耕地质量评价结果的科学性和可比性,需要对各指标值进行量化,一般用 0 和 100 来表示耕地质量评价因素因子最差和最优的两种极端状态。然后依据各评价指标对耕地质量的影响特性,建立各评价指标的标准化模型或隶属度函数,计算标准化值或隶属度值,表征各项指标在土地系统中的状态。

耕地质量评价指标根据其属性数据的特点,一般可分为语言型、域值型和空间扩散型三类,其中土壤因素中表层土壤质地、剖面构型、土壤污染状况等因素均为语言型指标;有机质、pH值等因素为域值型;农贸中心影响度、道路通达度、排水条件、灌溉条件则为空间扩散型。根据不同类型的特点,分别建立不同的标准化模型。

3.4.1 语言型定性指标的量化方法

区域状态为语言表述的均质区我们称其为语言型均质区,如地貌类型、土壤类型等。一般以其基本类型为均质区分级数,对面积过小的可作适当调整,均质区界线以原类型界线为主确定。该类均质区由于缺乏可度量的数值,无法直接对其赋值,故常采用特尔斐打分或者采用各均质区与能够反映土地质量的可度量的指标关系两种方法来确定。

比如对土壤质地和剖面构型等指标,根据国家相关规程或规范,在征询专家的基础上,直接对各分级的属性进行标准化赋值,结果见表 3-4。

表 3-4 语言型指标属性数据的标准化结果实例

因素	值域	过程	备注
土壤质地	壤土	《农用地质量分等规程》(GB/T 28407-2012)、《土地评价纲要》、《土壤志》全国耕地类型区、耕地地力等级划分(NY/309-1996)及相关文献等	1
	粘土		0.9
	砂土		0.8
	砾质土		0.6
剖面构型	通体壤,壤/粘/壤	《农用地质量分等规程》(GB/T 28407-2012)、《土地评价纲要》、《土壤志》全国耕地类型区、耕地地力等级划分(NY/309-1996)及相关文献等	1
	壤/砂/壤,壤/粘/粘		0.9
	粘/砂/粘,通体粘		0.8
	壤/砂/砂,砂/粘/粘		0.7
	粘/砂/砂,砂/粘/砂		0.6
	通体砂,通体砾		0.5

根据相关指标来对语言型指标进行赋值的步骤是：先选取与所要赋值均质区有较高相关程度的土地质量指标，如土地产量、产值、土地纯收益等，计算所选指标在每级均质区域内样点加权和的均值，将均值标准化后，以相应的标准化数值作为该均质区赋值的依据（见下式）：

$$Q_i = 100(y_i - y_劣)/(y_优 - y_劣)$$

式中：Q_i——某因素因子第 i 个均质区的作用值；

y_i——某因素因子第 i 个均质区反映土地质量的标准化值；

$y_劣$——某因素因子最劣级均质区反映土地质量的标准化值；

$y_优$——某因素因子最优级均质区反映的土地质量的标准化值。

3.4.2　域值型指标的量化方法

耕地评价指标中大部分因子的原始数据，均为包含一定区域的域值，且已划分出若干级别，称其为域值型均质区。如有机质含量、pH 值等，通过分析其数值关系，对可以合并的进行合并，对域值区域跨度过大的进行分解，最终在原级别的基础上确定参评级别，并利用下式（极值法）进行赋值：

$$F_i = 100(T_i - T_劣)/(T_优 - T_劣)$$

式中：F_i——某因素因子第 i 级均质区的作用分值；

T_i——某因素因子第 i 级均质区域值中的中值；

$T_优$——某因素因子最优级均质区域值的中值，有上下界线的，直接取其中值，只有下界的依据级差确定；

$T_劣$——某因素因子最劣级均质区域值的中值，有上下界线的，直接取其中值，只有上界的依据级差确定。

另外，也可以根据评价指标的原始数据，采用下述函数进行标准化处理。

（1）域值型（抛物线型）：pH、粘粒含量等指标属于这种类型，量化模型如 $f(x_1)$。

$$f(x_1) = \begin{cases} 0.1 & x \leq a_1 \\ 0.1 + [0.5 + 0.5 \times \sin(\pi/(a_2-a_1) \times (x-(a_1+a_2)/2))] \times 0.9 & a_1 < x \leq a_2 \\ 1.0 & a_2 < x \leq a_3 \\ 0.1 - [0.5 - 0.5 \times \sin(\pi/(a_4-a_3) \times (x-(a_3+a_4)/2))] \times 0.9 & a_3 < x \leq a_4 \\ 0.1 & x > a_4 \end{cases}$$

（2）域值型（S 型）：有机质、人均耕地、土地效益等指标属于正 S 型，量化模型如

$f(x_2)$;而污染物含量等指标属于反 S 型,量化模型如$f(x_3)$。

$$f(x_2)=\begin{cases}0.1 & x<a_1\\ 0.1+[0.5+0.5\times\sin(\pi/(a_2-a_1)\times(x-(a_1+a_2)/2))]\times 0.9 & a_1\leq x<a_2\\ 1.0 & x\geq a_2\end{cases}$$

$$f(x_3)=\begin{cases}1 & x<a_1\\ 1-[0.5+0.5\times\sin(\pi/(a_2-a_1)\times(x-(a_1+a_2)/2))]\times 0.9 & a_1\leq x<a_2\\ 0.1 & x\geq a_2\end{cases}$$

3.4.3 空间扩散型指标的量化方法

对于扩散型的因素,如农贸中心影响度、道路通达度,随着距离的增加,其作用分值会按一定规律衰减(指数衰减、二次衰减或直线衰减),通过 GIS 的缓冲区分析等方法获取评价指标的属性后,各评价单元的 Fi 已经标准化为 0 和 1 之间的数值了,因此对于这类指标的关键是如何获取这类型指标的数据,而不需要再进行量化处理了。

3.5 评价等级划分模型与方法

3.5.1 评价单元综合指数的计算模型

评价单元综合指数是确定耕地质量评价结果的基本依据,是将全部单个因素对评价目标贡献的综合反映。目前,耕地质量评价中常用的综合指数计算模型包括加权求和模型、几何平均值模型和复合模型三种。

1)加权求和模型

$$H_i=\sum_{i=1}^{n}w_i\times f_{ij}\quad(i=1,2,\cdots p;j=1,2,\cdots n)$$

其中:H_i 为第 i 个评价单元的质量分值;i 为评价单元编号;j 为评价因子编号;w_j 为第 j 个评价因子的权重;f_{ij} 为第 i 个评价单元内第 j 个评价因子的分值。

2)几何平均值模型

$$H_i=(\prod f_{ij})^{1/n}\quad(i=1,2,\cdots p;j=1,2,\cdots n)$$

其中:H_i 为第 i 个评价单元的质量分值;i 为评价单元编号;j 为评价因子编号;$\prod$

为运算符;f_{ij} 为第 i 个评价单元内第 j 个评价因子的分值。

3)复合模型

$$H_i = F_j \sum_{i=1}^{n} w_i \times f_{ij} \quad (i=1,2,\cdots p; j=1,2,\cdots n)$$

其中:H_i 为第 i 个评价单元的质量分值;i 为评价单元编号;j 为评价因子编号;w_j 为第 j 个评价因子的权重;f_{ij} 为第 i 个评价单元内第 j 个评价因子的分值;F_j 为第 j 个限制性因子的修正值。

3.5.2　评价结果划分的方法

常用的评价结果划分方法主要有以下几种:

1)经验或行业准则法

比如参照相关土地利用管理评估标准资料,把土地集约利用类型分为三大类:过度利用类型(水平指数≥90%)、集约利用类型(初等集约利用:水平指数为 50~70%,中等集约利用:水平指数为 70~80%,高等集约利用:水平指数为 80~90%)以及粗放利用类型(低效粗放利用:水平指数为≤50%)。

2)等间距法

按照综合指数结果,每间隔一定的分值划分一个级别。

比如农用地分等时,按照 100 分为等间距划分农用地等别结果。

3)数轴法。

指把各评价单元的综合指数看成是一个一维变量,点绘在一维数轴上,按指数在数轴上的分布状况划分评价结果。

(1)建立综合指数数轴,在平面上建立一个一维数轴,在数轴的方向线上连续标注单元综合指数值的数值。

(2)每一个单元的综合指数,在数轴上有一个唯一的点与之对应。这样,将单元综合指数对号点绘在数轴上方如果一个指数值对应多个单元,则依次向上绘,形成高低不等的单元分值集中与分散分布图。

(3)划分耕地质量级别,并确定各级别分值区间。在完成(1)(2)步骤后,可通过对数轴的观察,根据数轴上点的分布稀疏与集中的情况,在相对稀疏处分开,把相对密集的地方划分成一个集合,定出其代表的级别,并绘出各级别的分值区间。

级别确定后,经实地勘察级别界线,进行级别合理性检验后,量算级别面积,进行汇总。数轴法有直观、简便易操作的优点，其不足之处是当评价单元很多时，需要很长的数轴，表达上不太方便。

4）总分频率曲线法

该方法的基本思路是：先将每个综合指数作为样本，对其进行频率统计，并绘制相应的曲线，然后按耕地质量优劣实际情况，选择若干频率曲线突变处，结合野外调查与定性分析，确定土地级别间的界线值和总级数。

（1）进行样点的分组，确定全距、组数、组限（组与组之间的界线）。

全距=最大综合指数-最小综合指数；组数n按经验规律判断确定；组距=全距/组数；最小值的下限=最小值-1/2组距；最小值的上限=下限+组距，依次类推其他组上、下限。然后制作综合指数频率值计算表。

（2）统计各组样本数，并计算频率。公式如下：

$$P = n_F / N$$

式中 n_F 为第 F 组的评价单元数，N 为评价单元总数。

（3）绘制频率曲线，横坐标表示样本分组，纵坐标表示频率大小。

（4）根据频率曲线线的突变点，结合实地考察定性分析，确定耕地质量级别间界限值，级别界线应划分在频率分布空白区域或者频率分布的低值区（一般是曲线的波谷处）。

（5）根据各评价单元的综合指数和级别界限值，判断各评价单元所属的级别。

5）聚类分析法

又称群分析，是根据"物以类聚"的道理，对样品或指标进行分类的一种多元统计分析方法，它们讨论的对象是大量的样品，要求能合理地按各自的特性来进行合理的分类，没有任何模式可供参考或依循，即是在没有先验知识的情况下进行的。聚类分析起源于分类学，在古老的分类学中，人们主要依靠经验和专业知识来实现分类，很少利用数学工具进行定量的分类。随着人类科学技术的发展，对分类的要求越来越高，以致有时仅凭经验和专业知识难以确切地进行分类，于是人们逐渐地把数学工具引用到了分类学中，形成了数值分类学，之后又将多元分析的技术引入到数值分类学形成了聚类分析。目前根据聚类距离计算的差异常采用直接聚类法、最短距离聚类法、最远距离聚类法等。

如采用最短距离法对各评价单元的综合指数进行聚类分析，然后划分耕地质量级别。用 d_{i1i2} 表示样本 $i1$ 与 $i2$ 间的距离，用 G_1、G_2 等表示类，定义 G_p、G_q 间距离 D_{pq}

为两类中各样本两两距离 d_{i1i2} 的最小值,即:

$$D_{pq}= \min_{i_1\in G_p, i_2\in G_q} \{d_{i1i2}\}$$

通过分析两类的相关系数,依据其突变位置确定一个适当的绝对阈值 d_0,凡 D_{pq} 小于该值的聚为一类,大于该值的则应分属两类。

3.5.3 基于总分频率曲线法的实例

选择合适的综合指数计算模型获取评价单元的综合分值后,即可根据总分值频率曲线法的原理划分评价的等级。

对所有耕地质量评价单元进行统计,综合分值区间在 61.17–97.49 之间,然后取 1 分为统计区间进行频率统计分析,得到如下表 3-5 的结果,并作总分值频率直方图如图 3-1。

表 3-5 某县耕地质量评价综合指数频率统计(单位:%)

分值区间	频率值	样点数	分值区间	频率值	样点数	分值区间	频率值	样点数
60.5~61.5	0.48	9	73.5~74.5	4.40	82	85.5~86.5	4.24	79
61.5~62.5	0.00	0	74.5~75.5	3.33	62	86.5~87.5	6.02	112
62.5~63.5	0.48	9	75.5~76.5	5.05	94	87.5~88.5	2.31	43
63.5~64.5	0.00	0	76.5~77.5	7.63	142	88.5~89.5	1.40	26
64.5~65.5	0.86	16	77.5~78.5	6.98	130	89.5~90.5	1.50	28
65.5~66.5	0.11	2	78.5~79.5	5.53	103	90.5~91.5	0.54	10
66.5~67.5	0.91	17	79.5~80.5	6.34	118	91.5~92.5	0.00	0
67.5~68.5	1.67	31	80.5~81.5	6.02	112	92.5~93.5	0.00	0
68.5~69.5	1.29	24	81.5~82.5	5.37	100	93.5~94.5	0.00	0
69.5~70.5	1.24	23	82.5~83.5	6.12	114	94.5~95.5	0.11	2
70.5~71.5	2.09	39	83.5~84.5	3.92	73	95.5~96.5	0.00	0
71.5~72.5	4.03	75	84.5~85.5	3.17	59	96.5~97.5	0.21	4
72.5~73.5	6.66	124						

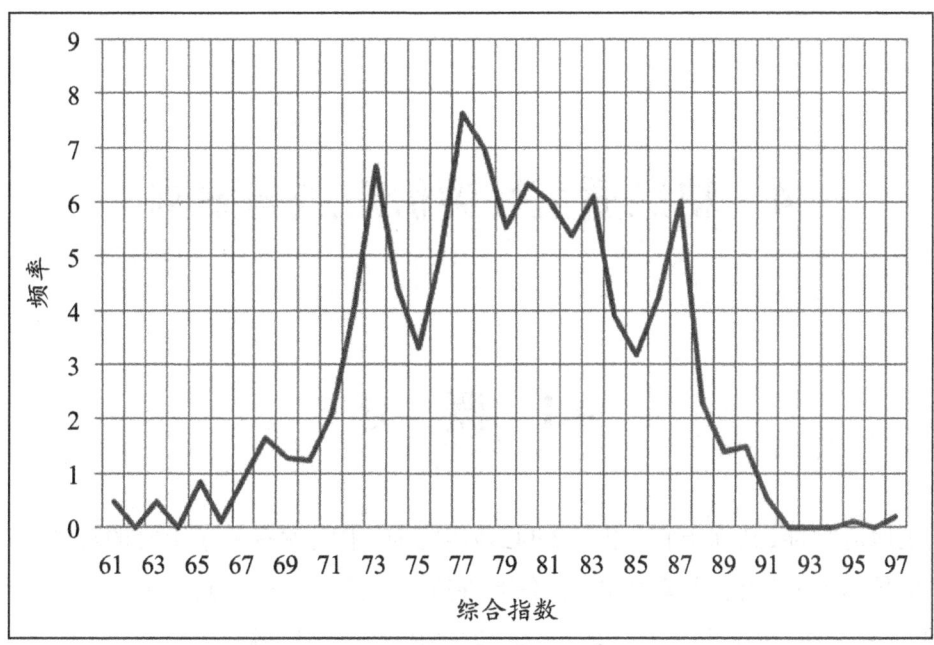

图 3-1 某县耕地质量评价单元综合分值频率曲线图

根据各分值段频率分布和评价对象的实际情况确定评价等级间距和界限线,选择频率图中明显的波谷作为级别划分依据,综合当地专家意见的基础上将某县耕地质量划分为 5 个级别(界线分别为 70,75,79,85)。

4 耕地适宜性评价方法与案例

4.1 概 述

土地适宜性,又称土宜。早在 2500 多年之前,中国就有关于土宜的记载,如《管子·地员篇》中指出:"凡草木之适,各有谷造"。《吕氏春秋》的《任地》、《辨地》等篇的"以土宜之法,辨十有二土之名物(即 12 种植物)……以毓草木,以任地事"也是土宜思想的反映。1961 年,吉本斯也指出:"对土地不能简单的按从'最好'至'最差'的尺度进行分类,而不考虑到它的利用方式。"因此,从一定意义上说,土地适宜性评价是土地潜力评价的进一步发展,其针对性较强,评价成果的实用性较大,得到日益广泛的应用。

4.1.1 土地适宜性与适宜性评价

土地适宜性是针对一定的土地利用方式而言的。这些特定的土地利用类型可以是土地利用大类,如农业、林业、牧业、城建、军事等;也可以是更详细的土地利用,如小麦、柑橘、杉木等。由于土地特性或土地质量是千变万化的,作物或土地利用方式的生态要求也是千变万化的。因此,这两者很难协调一致,这就是说某一种土地类型是很难完全满足作物生长或土地利用方式的,我们将某种土地类型满足作物或土地利用方式的生态要求的程度称为土地适宜性。土地适宜性分类是根据土地对不同作物或土地利用方式的适宜程度将土地进行分类,它实际上是土地适宜性评价的目标,也是土地适宜性评价结果的一种直观表示。概括起来,大致可分为两类:一类是根据不同的用途分为宜农、宜林、宜牧、宜渔、宜灌溉等;一类是根据作物或土地利用方式的适宜程度分为适宜、较适宜、勉强适宜、不适宜等。

土地适宜性评价是最普遍和最常用的一种土地评价,它是以特定土地利用为目的,评价土地适宜性的过程。具体来说,就是指某块土地针对特定利用方式是否适宜,如果适宜,其适宜程度如何,做出等级的评定。土地的用途及其质量的高低实际上是土地的自然要素和社会经济要素综合特性的具体表现。土地的自然要素和社会经济要素相互联系、相互制约、相互促进,推动着土地利用方式及其生产力的发展和演变。因此,土地适宜性评价的基本原理是在现有的生产力经营水平和特定的土地利用方式条件下,以土地的自然要素和社会经济要素相结合作为鉴定指标,通过考察和综合分析土地各构成要素对植物生长以及建设等用途的适应性和限制性,以此反映土地对各种用途的适宜程度、质量高低及其限制强度等,从而对土地的用途和质量进行分类定级。

4.1.2 适宜性评价的目的与任务

1) 目的

土地适宜性评价为合理利用土地资源、调查土地利用结构和布局服务,即在改变土地用途、调整土地利用布局前,先行了解土地对于某种新用途的适宜性和限制性,分析改变用途后可能产生的结果和影响,为减少不良影响而采取相应的措施,避免规划和决策失误。土地适宜性评价是编制土地利用总体规划的一项基础性工作。

2) 任务

土地适宜性评价的主要任务是在收集土壤、地形、水利、气候等资料的基础上,对评价范围内的所有土地针对一定的用途进行多层次的评价。具体任务主要包括四个方面:一是要了解土地评价单元对一定土地用途所要求的土地条件的满足程度,因此就需要知道土地本身的性质;二是使土地利用的目的达到该用途所要求的基本土地条件;三是要了解土地的性质是否满足一定土地用途对土地条件的要求,即需要对特定用途对土地条件的需求与具体评价单元的所提供的土地条件进行匹配;四是通过一定的标准确定土地性质与土地用途所要求的土地条件比较之后,进行土地对该用途的适宜性分类。

4.1.3 适宜性评价的原则

1) 针对性原则

要针对一定的土地用途或利用方式进行土地的适宜性评价。不同的土地用途或利用方式对土地的性质有不同的要求,土地的适宜性只是针对某种具体的用途或利用方式才有其确切的意义。例如,地势低洼的土地可以种植水稻,但对农业的其他利用或造林就不一定适宜。设立哪些评价用途是根据规划需要确定的。例如,要评价耕地后备资源潜力,就设宜耕荒地类、宜耕废弃地类。又如,要研究城镇建设用地的适宜发展方向,就设宜城镇建设土地类。

2) 持续利用原则

土地对某种用途或利用方式的适宜性,是指土地在长期持续利用条件下的适宜性。经评定的适宜用途,是指在该种用途和利用方式下土地能持续利用,不会导致土地退化或其他不良后果。例如,陡坡开荒种植农作物,在初期能够得到一定的产量,但随着土壤侵蚀,土层变薄,最后导致基岩裸露,完全不能利用,因此,从持续利用的角度来看,陡坡开荒是不适宜的。在评价中应考虑土地用途改变引起的土地质量的变化,考虑土地退化和土地污染的危险,避免短期行为。

3) 比较原则

土地评价是对土地质量的鉴定,有比较才有鉴别。评价中要重视三个方面的比较,一是土地利用的需求与土地质量的匹配。土地质量能否满足一定土地利用的要求,主要是将土地质量的指标特征值与土地利用要求的条件的指标进行匹配,土地质量的指标特征值高于土地利用的限制性指标而确定土地的适宜性的。例如,橡胶林地的选择,必须首先明确橡胶能否生长及割胶的生理生态指标,然后依此指标来寻找其适生环境,再根据其适生环境中土地质量来具体评价。二是土地投入产出率比较。几乎任何土地都可以用作任何用途。但只有产出大于投入,即土地利用可以带来效益或利润的前提下,才能说明土地适合于一定的土地利用。三是土地适宜的多种用途的各自效益比较。

4) 辩证原则

土地适宜性评价要采用综合分析与主导因素相结合,以主导因素为主。土地生产力和土地利用效益的高低受土地自然属性及社会经济、技术条件等多种因素的综合影响。因此,在土地适宜性评价中要全面考虑各种因素的作用,研究和分析各种因素的有机联系与综合效应,保证土地评价的准确性与可靠性。但是,影响土地质量的各个要素对土地生产力和土地利用效益的作用与影响并不能等量齐观,在评价中必须找出土地利用与土地质量匹配中的主要矛盾或主导因素。只有坚持综合分析与主导因素相结合,才可以保证其科学性与简捷性。

5)实践性原则

在一个地区的土地适宜性评价中,评价对象和评价范围的提出,必须从实际出发,充分考虑当地的自然、社会和经济条件。规划期间不改变土地用途的地块可不作评价。土地适宜性评价并非到处必须采用统一的尺度和指标。不同区域应根据生产实际,针对不同的土地利用需要,选取不同的评价指标,建立不同的评价体系。这样,才能更好地满足土地利用规划需要,实现合理利用土地的目标。

6)潜在适宜性原则

开展土地适宜性评价,不仅要评定某一土地单元在目前状态下对某种土地用途和利用方式的适宜性,即当前适宜性,还要根据规划需要评定土地在经过改良后的潜在适宜性。

4.1.4 适宜性的分类

通过对耕地评价单元的土地质量与土地用途要求的对比,只能得到二者相吻合情况的信息,而不清楚耕地对一定利用是否适宜及适宜性程度如何。为此,就需要对耕地进行适宜性分类。

耕地适宜性分类就是根据一定的标准,确定耕地对一定用途适宜与否以及适宜程度高低。根据耕地适宜性分类中是否采用量化的标准,可将耕地适宜性分为两类:

1)定性土地适宜性分类。它只是根据耕地评价单元的土地质量与土地利用的土地用途要求相比的吻合情况,定性地大致说明耕地对一定的利用是高度的适宜、中等的适宜、勉强的适宜或不适宜。其代表是FAO《土地评价纲要》中有关土地适宜性评价4级系统。

2)定量土地适宜性分类。它是用量的指标定量说明耕地对一定利用是高度适宜、中等适宜、勉强适宜或不适宜。该方法主要是通过一定的数学方法诸如指数和法、生态位适宜性指数等获取评价单元适宜性指数,然后再划分适宜性等级。

4.1.5 适宜性评价的分类

根据评价的目标不同,土地适宜性评价可以分为单项性评价和多宜性评价。单项性土地适宜性评价的主要任务是找出特定作物或土地利用方式的适宜区域和适宜程度,如柑橘的土地适宜性评价;综合性的多宜性评价则需要针对多种土地用途进行适宜性评价,如水田、旱地、菜地、果园、林业、畜牧和水产养殖用地等。

根据评价的预定用途不同,适宜性评价可分为土地的农业适宜性评价和土地的城市适宜性评价,通过评价阐明区域土地适宜于农、果、林、水产养殖等各业生产以及适宜于城市建设的土地资源及利用不合理的土地资源的数量、质量及其分布,从而为区域土地利用结构和布局的调整、土地利用规划分区等提供科学依据。

4.1.6 适宜性评价的工作程序

土地适宜性评价是一项技术性、综合性很强的工作,涉及多个学科,评价过程较为复杂。一般而言,土地适宜性评价可分为室内准备及资料收集、适宜性评价、成果整理三个阶段,具体进行土地适宜性评价的步骤如下:(1)明确的评价目的;(2)组织技术力量及准备评价用品;(3)评价对象的选择;(4)资料的收集;(5)评价因素的选择;(6)评价因子极限指标的确定与指标分级;(7)评价因子图的制作;(8)评价单元的划分;(9)评价因素权重的确定;(10)土地适宜类的确定;(11)土地适宜等的确定;(12)土地限制型的确定;(13)评价结果的核对;(14)面积量算、平差与统计;(15)土地适宜性评价的制作;(16)评价成果的分析与评述。

4.2 典型土地适宜性评价系统

4.2.1 FAO 的土地《土地评价纲要》

20 世纪 70 年代前后,世界上大多数国家已开展土地评价研究,并各自制订了土地评价的系统。由于这些评价系统很不统一,给国际学术交流带来了困难,因此有必要进行协商讨论,以求得土地评价方法一定程度的标准化。1972 年,在荷兰瓦赫宁根 FAO 拟定了《土地评价纲要》,然后经过多次讨论和大量实践,并于 1976 年正式公布。这是目前世界上影响最大、使用最广泛的土地适宜性评价方案。

4.2.1.1 4 级评价体系

《土地评价纲要》所规定的评价系统分为纲、级、亚级和单元四个等级(表 4-1)。

表 4-1 FAO《土地评价纲要》的评价系统

纲	级	亚级	单元
S（适宜）	S_1		
	S_2	S_{2m}、S_{2e}、S_{2me}	S_{2e-1}、S_{2e-2}
	S_3		
Sc（有条件适宜）			
N（不适宜）	N_1	N_{1m}	
		N_{1e}	
	N_2		

首先，分为适宜纲和不适宜纲，然后根据土地适宜性的程度（高度适宜、中度适宜和临界适宜），在适宜纲内划分适宜级，不适宜纲内分两级——暂时不适宜和永久不适宜；其次，在适宜级内，根据限制性因素的种类（如土壤水分亏缺、侵蚀危险等）划分适宜性亚级；最后，土地适宜性单元则表示土地的生产特征和管理要求，同一适宜性单元具有相似的生产潜力和相似的管理措施。

1）土地适宜纲

土地适宜纲表示土地对所考虑的特定利用方式评价为适宜（S）或不适宜（N）。适宜纲是指在此土地上按所考虑的用途进行持久利用能产生足以抵偿投入的收益，而且没有破坏土地资源的危险。不适宜纲是指土地质量显示土地不能按所考虑的用途进行持久利用。土地被列入不适宜纲可能有许多原因，提出的用途可能在技术上不能实行，例如，在裸岩上进行耕作；或者会引起严重的土地退化，例如，在陡坡地上耕种。但经济原因往往居多，即预期投资获得的效益小，得不偿失，土地的适宜与不适宜即以这些原则划分。

2）土地适宜级

土地适宜级反映适宜性的程度，可按照纲内适宜性程度递减的顺序用连续的阿拉伯数字表示。在适宜纲内，级的数目不作规定，最多约可分为五级，但一般考虑分为三级：S_1、S_2、S_3。

S_1 级：高度适宜，土地可持续应用于某种用途而不受重要限制，或受限制较小，不至于降低生产力或效益，并且不会将投入提高到超出可接受的程度。

S_2 级：中等适宜，土地有限制性，持久利用于规定的用途，会出现中等程度的不利，将减少产量和收益并增加所需的投入。但从这种用途仍能获得利益，虽尚有利可图,但明显地低于 S_1 级的土地。

S_3 级:临界(勉强)适宜,土地对指定用途的持续利用有严重的限制。因此降低产量和收益或增加必需的投入,收支仅仅勉强达到平衡。

适宜性程度的差别主要取决于投入和收益的相互关系。在定量分类中,投入(基建投资、劳力、肥料、能源等)和收益(粮食、畜产品、木材、娱乐)都必须用普通可计量的数值(一般用经济指标)来表示。

在不适宜纲内通常分为两级:当前不适宜类(N_1)和永久不适宜类(N_2)。

当前不适宜类(N_1)。土地有限制性,但终究可加以克服,而在目前的技术和现行成本下不宜加以利用;或限制性相当严重,以致在一定条件下不能确保对土地进行有效而持久的利用。

永久不适宜类(N_2)。土地的限制性相当严重,以致在一般条件下根本不能利用,这一级通常是陡坡、岩石裸露区或干旱沙漠区。

3)土地适宜亚级

土地适宜亚级反映土地限制性类别的差异,如水分亏缺、侵蚀危害等,亚级用小写字母附在适宜级符号之后的方法来表示,如 S_{2m},S_{2n} 等。S_1 无适宜亚级。在实际工作中究竟如何设置亚类,一般可遵循两条原则:①亚类的数目愈少愈好,只要能区分开适宜类(级)内不同质量的土地(即经营管理条件有明显差别及针对限制因素进行改良的可行性不同的土地)即可;②对于任何亚级而言,在符号中应尽可能少用限制因素,一般只用一个字母就够了,如果两个限制因素同样重要,就同时列出两者。

4)土地适宜单元

土地适宜单元是适宜亚级的续分亚级内所有的单元具有同样程度的适宜性和相似的限制性。单元与单元之间的生产特点、经营条件和管理要求的细节方面都有差别。适宜单元的划分对于农场一级土地规划很有意义。适宜单元用阿拉伯数字表示,置于适宜亚级之后,如 S_{2e-1},S_{2e-2}。

此外,在某些情况下还可能续加划分"有条件适宜"的类别。这是指在研究区内可能有些小面积土地,在规定的经营管理条件下对某种指定用途而言是不适宜的。但是如果实现了某些条件,这类土地可变为适宜,条件的变化可能与经营方式有关,或与所需的投入有关,或与作物选择有关。在有些情况下,设置"有条件适宜"的好处是如果土地用途发生局部变化或采取局部的改良措施,可不对土地重复进行适宜性评价。然而,为了避免给人们带来含糊不清,除了迫不得已,一般是尽量避免"有条件适宜"这一类别。

在具体评价中,究竟划分到哪一等级,即全部评出纲、级、亚级和单元,还是只评出纲、级和亚级,取决于研究区的范围大小和研究目的与深度。如果范围较小,目的较窄,那么需要划分到土地适宜单元;否则划分到纲、级和亚级就够了。

《土地评价纲要》既考虑了土地的自然属性,也考虑了土地利用方面的社会经济因素。在确定土地的用途及适宜性程度时不仅看到现在的适宜性,还看到了潜在的适宜性。对于关因素不只停留在定性描述上,还确定出明确的数量指标。由于它针对特定的土地利用类型评价土地资源,因此它适宜于单目标的土地资源评价,不适于多目标的综合土地资源评价。

《土地评价纲要》对土地适宜性评价分为以下几类:①定性评价和定量评价,前面已经介绍,此处不再赘述;②目前适宜性评价和潜在适宜性评价;潜在适宜性是指土地在未经重大改良的现状下对规定利用方式的适宜性;潜在适宜性是指土地在经过重大改良后对规定利用方式的适宜性。这种重大改良如大片湿地的排水和疏干,干旱或半干旱地区土地的灌溉工程和盐碱土改良等。对于那些计划进行重大土地改良的地区,如有可能,可分别开展改良之前的目前适宜性评价和改良之后的潜在适宜性评价,后者属于预测性评价,开展这类土地评价,有助于预测土地改良所带来的效益大小,从而给土地改良决策提供依据。

4.2.1.2 评价程序

《土地评价纲要》中规定,土地适宜性评价开始时是筹划阶段,接着同时开展两项工作:土地利用研究和土地调查。土地利用研究形成土地利用类型的鉴定和描述,然后阐明土地利用条件,如水分条件、养分供应条件和机械化条件等。土地调查是土地评价的一个组成部分。当然也可以在现行土地调查的基础上进行,其结果是对一组土地单元进行鉴定和制图,每一土地单元都具有一定的属性,如水分有效性、养分供应状况和机械操作潜力等。还要进行社会经济资料收集,便于日后分析。

将上述工作集中起来,进行土地利用同土地质量之间的比较,先从自然条件对比,例如,土地对水分的需求同水分有效性相比;机械化操作需求同机械化潜力相比;土地利用对养分的要求同养分供应状况相比等。随后进一步比较环境条件影响、经济分析和社会分析,这些工作导致了土地适宜性分级。在此分级中,将确定的土地利用类型对每一土地制图单元的适宜性进行归纳,划分适宜性等级:S_1高度适宜,S_2临界适宜,N_1目前不适宜,N_2永久不适宜。

最后以土地适宜性图和文字资料的形式表现土地评价成果。这类图可以是一套，也可以是单张。采用套图形式时，每一张图表示一种土地利用类型的适宜性。采用单张形式时，其图例可以用表格表示。

4.2.1.3 《土地评价纲要》的特点

《土地评价纲要》的土地适宜性评价建立在下述两个指导思想基础之上：①在一个土地单元内对各种土地利用方式做出评定。因为土地利用决策的做出，要建立在对土地对于不同利用方式的反响进行预测的基础之上，这种预测既包括投入产出的计算，也包括社会效益和环境效益的分析。②不同土地利用方式对土地有不同的要求。例如，水稻对水分状况的需求不同于其他谷类作物，多年生作物的温度和水分要求不同于一年生作物等。因此，对土地不能笼统地就其本身性质做出评价，而必须针对具体的利用目的做出评价。此外，《土地评价纲要》还有两个显著的特点。

1）评价时要使用土地质量

土地评价时不能简单地使用土地性质，而使用土地质量。土地质量不能直接测定，而需通过某些土地性质的结合加以确定。例如，水分足够性是一项土地质量，它必须通过水分损耗（潜在蒸发蒸腾）和水分供应（有效雨量、有效土壤深度及土壤水分供应能力）等土地性质的估测予以确定。土地评价中之所以不使用土地性质而使用土地质量，有两个原因：①同一土地性质对不同土地利用方式可施加不同的影响，甚至相反的影响。以地形坡度为例，坡度过大固然增加侵蚀危害，降低土地对于多数作物生长的适宜性；但是坡度过小，有时也可造成排水障碍，甚至造成泛滥危害，致使土地不适于栽种某些作物。②不同土地性质之间有相互作用，并可对土地质量产生叠加影响。以侵蚀危害这一土地质量为例，它不仅取决于坡度，而且还取决于坡长、土壤质地和雨量分布及强度等。因此，在衡量侵蚀危害这一土地质量时，必须同时考虑这些土地性质。如果仅用其中某一项土地性质估计侵蚀危害，所得结果与实际情况会有较大的出入。

2）评价时要考虑土地利用的管理水平

土地评价并不单纯地建立在土地的自然属性基础上，而且也相当程度上考虑到了土地利用的管理水平，尤其是为克服土地的固有限制性所需的管理水平及可能性。这方面的内容主要体现在"土地利用类型"的含义之中，这是与以往的土地评价方法的明显不同之处。

总之，FAO提出的土地适宜性评价方法，旨在为统一土地单元针对不同土地利用方式的适宜性做出比较，据此可为做出最佳土地利用决策提供依据。

4.2.2 《中国1:100万土地资源图》评价系统

《中国1:100万土地资源图》的评价系统是由中国科学院自然资源综合考察委员会于1993年拟定的，基本上属于土地适宜性评价系统范围，且是综合性土地适宜性评价。

4.2.2.1 5级评价系统

《中国1:100万土地资源图》评价系统由土地潜力区、土地适宜类、土地质量等、土地限制性和土地资源单位五个等级组成。

1）土地潜力区

土地潜力区以水热条件划分依据，作为土地评价的"零"级单位。同一区内，具有大致相同的土地生产潜力，包括适宜的农作物、牧草、林木的种类、组成、熟制和产量，以及土地利用的主要方向和措施。据此，将全国划分为九个潜力区：华南区、四川盆地—长江中下游区、云贵高原区、华北—辽南区、黄土高原区、东北区、内蒙古半干旱区、西北干旱区与青藏高原区。

2）土地适宜类

土地适宜类是在土地潜力区内依据土地对于农、林、牧业生产的适宜性划分，在划分时尽可能按主要适宜方面划分，但对那些主要利用方向尚难明确的多宜性土地，则作多宜性评价。据此共划分八个土地适宜类：宜农土地类、宜农宜林宜牧土地类、宜农宜林土地类、宜农宜牧土地类、宜林宜牧土地类、宜林土地类、宜牧土地类和不宜农林牧土地类。

3）土地质量等

土地质量等是在土地适宜类范围内反映土地的适宜程度和生产力的高低。按农、林、牧诸方面各分为三个等级，即一、二、三等宜农，一、二、三等宜林，一、二、三等宜牧，分别用阿拉伯数字1、2、3表示，不宜农林牧类用数字0表示。宜农耕地类用一位数字表示，其他均用三位数表示，第一位表示宜农等级，第二位表示宜林等级，第三位表示宜牧等级。如"1"表示一等宜农耕地；"233"表示二等宜农三等宜林宜牧土地；"010"一等宜林不宜农牧地。各等土地的具体内容是：

一等宜农地。对农业无限制或少限制，质量好。通常这类土地地形平坦，土壤肥力高，在正常耕作管理措施下，能获得好收成。若是未垦土地，则不需改造或稍加改造即可开垦农用，并在正常利用下不致发生土地在农业利用时发生土地退化和影响邻里生态环境等不良后果。

二等宜农地。农业利用受一定限制，质量中等。这类土地需采取一定的改良措施才能较好地农业利用；或者需要一定的保护措施，以免土地退化。

三等宜农地。农业利用受较大的限制，质量差。这类土地需要在更大改造措施之后才能农业利用；或需采取重要保护措施防止土地在农业利用时发生退化现象。

一等宜林地。最适宜于林木生长的土地，产量高质量好。这类宜林地无明显限制，在更新或造林时只需采用一般技术即可。

二等宜林地。一般地适宜林木生长的土地，产量和质量均为中等。这类宜林地受到地形、土壤、水分或盐分等因素的一定限制；造林时要求较高的技术措施。

三等宜林地。林木生长有一定难度，产量很低。受地形、土壤、水分或盐分等因素的较大限制，造林技术要求高，并需一定的改造措施。

一等宜牧地。最适宜于方木或饲料牲畜的土地。牧草品质好，产草量高。这类土地水土条件好，易于建设基本草场。

二等宜牧地。一般地适宜于放牧或死样牲畜的土地。牧草品质较差或产草量较低；或草场有轻度退化，但水土条件好，较易于改良和恢复。

三等宜牧地。勉强适宜于放牧或饲养牲畜的土地，其牧草品质较劣或产量很低，草场退化较剧烈，需大力改造。

4）土地限制型

土地限制型是在土地质量等内，按限制因素种类及其强度划分的。同一土地限制型划分为：无限制（o），水分和排水条件限制（ω），土壤盐碱化限制（s），有效图层厚度限制（1），土壤质地限制（t），基岩裸露限制（b），地形坡度限制（p），土壤侵蚀限制（e），水分限制（r）和温度限制（t）。土地限制型的表示方法为：用英文小写斜体字母居于右上角。例如，$333^{\omega 2}$，333表示三等宜农宜林宜牧，右上角ω2为水分与排水限制，限制程度为2级。

5）土地资源单位

土地资源单位，即土地资源类型，由地貌、土壤、植被与土地利用类型组成。土地资源单位用阿拉伯数字1、2、3…表示，放在土地质量等的右下角。按图幅的自行顺序编排。

以华南区为例,《中国1∶100万土地资源图》五级分类系统的实例见表4-2。

表4-2 中国1∶100万土地资源图分类系统实例(华南区)

土地潜力区	土地适宜类	土地质量等	土地限制型	土地资源单位
华南区	宜农土地类	1一等宜农地	1_0 无限制型	平地草甸型水稻土水田 平地潮砂泥土旱耕地
	宜林牧土地类	012一等宜林二等宜牧草地	012^{p_2} 坡地限制型	丘陵砖红壤禾草灌丛土地 山地红壤禾草草地
		023二等宜林三等宜牧地	023^{m_2} 土质限制型	海滨低地砂土草地
		033三等宜林宜牧地	033^{b_2} 裸岩限制型	山地石灰岩土壤丛草地

《中国1∶100万土地资源图》编图中,按照气候和水热条件来划分土地潜力区,土地资源单位的划分指标在各土地生产潜力区内不一致,土地适宜类、土地质量等和土地限制性与土地评价因素种类(按主要限制性因素划分型)和对农林牧业生产的限制强度有关,所以土地评价因素选择及其对农林牧业生产的限制性分级是该方法的关键。

4.2.2.2 评价系统的特点

《中国1∶100万土地资源图》的评价系统有如下几个特点:

1)划分土地潜力区,作为土地评价的"零"级单位。这种做法有利于解决不同地区、同一等土地之间的不可比性。中国幅员辽阔,各地自然条件差别甚大,例如,南方的一等宜农地与北方的一等宜农地在绝对量上差别甚大,而划分水热条件相对一致的潜力区,在一定程度上可解决这一矛盾。

2)评价体系与FAO的《土地评价纲要》有许多相似之处。例如,土地质量等相当于《土地评价纲要》的土地适宜级,土地限制性相当于《土地评价纲要》的土地适宜亚级,而土地资源单位也颇相似于《土地评价纲要》的土地适宜单元。

3)评价与制图结合得较好。评价成果在图上表示出来使人一目了然,而且通过在评价图上量算出各类、等、型土地的面积,可为土地利用调整和规划等提供宝贵的第一手资料。

4)采用土地类型与土地利用现状相结合的"土地资源单位"作为评价的基础,有利于将评价结果与利用现状进行比较,从而摸清现状土地利用的合理和不合理,这也有助于土地利用的调整。

4.3 适宜性评价模型和方法

适宜性评价是一项复杂、细致的工作,评价方法的选择至关重要。目前的土地适宜性评价主要包括限制因子法、指数和法、模糊综合评判法和生态位适宜度法等。

4.3.1 限制因子法

该方法也称条件判断法,其数学模型为:

$$R_i = \min(R_{ij})$$

式中,R_i代表第i个评价单元的适宜性分值,R_{ij}为第i评价单元第j参评因子分值。

该方法十分强调主导限制因子的作用,即把单项评价中的最低等级直接作为综合评价的等级。这种方法简单明了,适宜性广,但正确选择参评因子及限制强度分级是关键,否则容易造成分类质量的大起大落。

4.3.2 指数和法

该方法将参评因子按其对土地适宜性贡献或限制的大小进行经验分级或统计分级并赋值,然后给各参评因子赋予不同的权重值,通过计算各评价单元内的指数之和来表示土地适宜性的高低。其数学模型如下:

$$R_i = \sum_{j}^{n}(W_j \cdot R_{ij})$$

式中,R_i为为第i个评价单元的综合指数分值,W_j为各参评因子的权重系数,R_{ij}为第i个评价单元第j个参评因子的等级分值。

该方法可使非数量化质量性状质量化,又对所有因子不同计量单元实行无量纲化,这就使参评因子间有了明显的可比性。

4.3.3 模糊综合评判法

这种方法的原理是对参评因子和每个适宜性等级建立隶属函数,对参评因子的评价由参评因子对每一个适宜性等级的隶属度构成,评定结果是参评因子对适宜性等级的隶属值矩阵;参评因子对适宜性的影响大小用权重系数表示,构成权重矩阵;将权重矩阵与隶属值矩阵进行复合运算,得到一个综合评价矩阵,表示该土地单元对每一个适宜性等级的隶属度。

模糊综合评判法在确定了参评因子的各级标准值之后,通过对参评因素隶属度的计算和模糊矩阵的符合运算,得出评价单元对应于各等级的隶属度,其计算过程无需再掺入人为的因素,从而减少了主观性的干扰。且土地适宜性本身也是一个模糊的概念,评价的模糊性最主要表现在适宜性等级的综合定级划分上。根据以往的资料研究报道,将模糊综合评判法评价结果、指数和法评价结果及极限条件法评价结果分别与作物产量进行回归分析,综合评判法的相关系数要明显的高于其他两种方法。

4.3.4 模糊物元贴近度聚类分析模型

1) 模糊物元的概念

模糊物元就是以有序的三元组"事物、特征、模糊量值"作为描述事物的基本元,如果用 R 表示模糊物元,M 表示事物,C 表示事物 M 的特征,μ(X)表示与事物特征 C 相应的模糊量值,它即指事物 M 对于其特征 C 相应量值 X 的隶属度,于是有:

$$R = \begin{bmatrix} M \\ C, \mu(X) \end{bmatrix}$$

如果有 m 个事物用其共同的 n 个特征 $C_1, C_2, \cdots, C_n$ 及其相应的模糊量值 $\mu_1(X_{1i})$, $\mu_2(X_{2i}), \mu_m(X_{mi}), (i=1,2,\cdots,n)$来描述,则称为 m 个事物 n 维模糊复合物元,记作:

$$R_{mn} = \begin{bmatrix} & M_1 & M_2 & \cdots & M_m \\ C_1 & \mu_1(X_{11}) & \mu_2(X_{21}) & \cdots & \mu_m(X_{m1}) \\ C_2 & \mu_1(X_{12}) & \mu_2(X_{22}) & \cdots & \mu_m(X_{m2}) \\ \cdots & \cdots & \cdots & & \cdots \\ C_n & \mu_1(X_{1n}) & \mu_2(X_{2n}) & \cdots & \mu_m(X_{mn}) \end{bmatrix}$$

其中,R_{mn} 表示 m 个事物 n 维模糊复合物元,$M_j(j=1,2,\cdots,m)$表示第 j 个事物,$\mu(X_{ji})$表示第 j 个事物 M_j 的第 i 个特征相应量值 $X_{ji}(j=1,2,\cdots,m; i=1,2,\cdots,n)$的隶属度。

2) 关联函数及权系数确定

两事物间的关联性,可用函数关系来表示,称其为关联函数,记为 $k(X)$。由于模糊物元中经典域和节域重合,所以关联函数和隶属函数两者等价,可以互相转化,即:$K_{ji}=\mu_{ji}=\mu(X_{ji})$,$j=1,2,\cdots,m$;$i=1,2,\cdots,n$。

各评价指标对耕地适宜性影响的重要性程度主要通过指标的权系数来体现。权系数的确定方法较多,但大多掺入了人为因素的影响,通过对关联函数值进行标准化处理,即可得到各评价指标的权重 W。

$$W_i = \sum_{j=1}^{m} K_{ji} / \sum_{i=1}^{n}\sum_{j=1}^{m} K_{ji} \quad (j=1,2,\cdots,m;i=1,2,\cdots,n)$$

3)标准模糊物元和差平方复合模糊物元

以从优隶属度为原则,取各评价指标的隶属度的最优值 $u_{si}(i=1,2,\cdots,n)$ 构成 n 维标准模糊复合物元 $\boldsymbol{R}_{sn}$。

$$\boldsymbol{R}_{sn} = \begin{bmatrix} & M_s \\ C_1 & u_{s1} \\ C_2 & u_{s2} \\ \cdots & \cdots \\ C_n & u_{sn} \end{bmatrix}$$

若以 $\triangle_{ji}(j=1,2,\cdots,m;i=1,2,\cdots,n)$ 表示标准模糊复合物元 $\boldsymbol{R}_{sn}$ 和模糊复合物元 $\boldsymbol{R}_{mn}$ 各评价指标最优值与实测值隶属度差的平方,则构成差平方复合模糊物元 $\boldsymbol{R}_{\triangle}$,记作:

$$\boldsymbol{R}_{\triangle} = \begin{bmatrix} & M_1 & M_2 & \cdots & M_m \\ C_1 & \triangle_{11} & \triangle_{21} & \cdots & \triangle_{m1} \\ C_2 & \triangle_{12} & \triangle_{22} & \cdots & \triangle_{m2} \\ \cdots & \cdots & \cdots & \cdots & \cdots \\ C_n & \triangle_{1n} & \triangle_{2n} & \cdots & \triangle_{mn} \end{bmatrix}$$

其中,$\triangle_{ji} = (u_{si}-\mu_{ji})^2$,$j=1,2,\cdots,m$;$i=1,2,\cdots n$。

4)欧氏距离法计算各评价单元的贴近度

计算两模糊物元间的贴近度有很多方法,考虑耕地适宜性评价是依据多指标对耕地适宜性进行综合评价,采用先乘后加模型计算 z 欧氏贴近度 ρ_j。

$$\rho_j = 1 - \sqrt{\sum_{j=1}^{m} w_j \times \triangle_{ji}} \quad (j=1,2,\cdots,m;i=1,2,\cdots,n)$$

其中,ρ_j 表示第 m 个评价单元与标准复合物元之间的贴近度,其值越大,两者越接近,表明评价单元的适宜性越好,级别越高;反之,评价单元的适宜性越差,级别越低。

5)最短距离法聚类

采用最短距离法对各评价单元的欧氏贴近度值进行聚类分析,然后划分耕地适宜性级别。用 d_{i1i2} 表示样本 $i1$ 与 $i2$ 间的距离,用 G_1、G_2 等表示类,定义 G_p、G_q 间距离 D_{pq} 为两类中各样本两两距离 d_{i1i2} 的最小值,即:

$$D_{pq} = \min_{i_1 \in G_p, i_2 \in G_q} \{d_{i1i2}\}$$

通过分析两类的相关系数,依据其突变位置确定一个适当的绝对阈值 d_0,凡 D_{pq} 小于该值的聚为一类,大于该值的则应分属两类。

4.3.5 生态位适宜度模型

在 Hutchinson(1957)的"n 维超体积"生态位概念基础上发展起来的生态位适宜度,是指作物的现实资源位与其最适生态位之间的贴近程度,用于表征作物对其生境条件的适宜程度。以水稻为例,假定考虑与水稻生长有关的 n 个生态因子,如有机质、速效氮等,各因子实测值记作 $x_1, x_2, \cdots, x_n$,则 $X_i = (x_1, x_2, \cdots, x_n)$ 表示水稻的一个现实资源位;而与水稻需求有关的全部 X 构成 n 维资源空间中的一个"超体积"(E^n),其中存在某一点 $X_0 = (x_{10}, x_{20}, \cdots, x_{n0})$,达到水稻的最佳需求,则称 X_0 为水稻的最适生态位。则生态位适宜度值 $NF = \Phi(X_0, X_i)$,其中 $X_0, X_i \in E^n$;$\Phi(X_0, X_i)$ 表示 X_0 和 X_i 的贴近度,$NF \in [0, 1]$,值越大表示水稻对生境条件的适宜程度越高,反之越低。常用的计算 NF 值的方法有限制因子、加权平均、希尔伯脱空间等。

事实上,任何作物都生存在一定的环境中,它对环境资源的需求和环境资源条件的供给之间存在着动态的供需关系。环境资源的供给是一定的(现实资源位),而不同作物对环境资源的需求则不一致,不同作物中必定有一种作物能够最大限度的利用环境资源,对环境的适宜性程度最高,与最佳需求的环境条件越接近,也即 NF 值越大。因此,一定的生境条件下,通过对不同作物的 NF 值进行分析和比较,就能确定该环境下最适宜生长的作物。其主要的处理步骤为:①确定作物适宜性评价指标体系,通过理化分析获取各因子的实测值,构成作物的一个现实资源位;②获取满足各作物的最佳生境条件即相对作物而言各因子的最适值;③计算一定的环境中,各作物的生态位适宜度值;④通过比较生态位适宜度值的大小,确定该环境条件下的最适作物。

4.4 实例——基于生态位适宜度模型的耕地多宜性评价

本实例以江汉平原后湖农场流塘分场耕地为研究对象,从耕地的多宜性角度出发,以 50m*50m 栅格为单位,运用 GIS 技术和数理统计方法,对案例区水稻、油菜、小麦和棉花 4 种作物的生态位适宜性及限制耕地生产潜力发挥的因子进行分析。目的在于揭示各单元的最适宜种植作物、限制该区域作物生产潜力发挥的主要因子,探讨符合中国国情的精准农业实施方案,以期为农业生产实践、农业结构调整,以及合理规范管理耕地提供科学依据,促进案例区农业持续、稳定、协调发展。

4.4.1 案例区概况

案例区设在江汉平原腹地的潜江市后湖农场流塘分场(112°40′8″E 至 112°41′41″E,30°20′35″N 至 30°22′8″N),总面积为 1 035.12 hm²,其中耕地 535.95 hm²。样区受亚热带季风气候影响,光照充足,四季分明,雨水充沛,热量丰富;地形平坦,成土母质为第四纪河湖相沉积物与河流冲积物;地面高程主要在 26.8–28.1 米之间(1956 年黄海高程系),排灌条件好,不易发生旱、涝灾害;样区耕作制度为水旱轮作,当季作物为水稻和棉花。

4.4.2 耕地多宜性评价指标体系的确定

影响耕地适宜性的因子有很多,在参考有关资料的基础上,结合案例区的实际情况,确定评价指标选取的原则:①对耕地的适宜性有较大影响;②评价区内差异较大、相关性较小;③以稳定性因子为主,但对农业生产影响大、变化规律明显的不稳定性因子也应考虑;④为实现定量评价,尽可能选择可测量的因子。同时,流塘分场地势平坦,经过农地整理等工程,排灌和道路条件均满足作物生产的需求。基于上述原则和案例区实际情况,确定耕地适宜性评价指标体系(表 5-3)。

根据联合国粮农组织的《土地评价纲要》,分析参评因子对耕地作物适宜性影响的大小,主要根据权重的不同来体现,具有较大影响的因素应赋以较高的数值。参考《全国耕地类型区、耕地地力等级划分》(NY/T309-1996),采用层次分析法确定耕地多宜性评价指标的权重。为使评价结果更加合理,在确定各层次因子的权系数时应参考以下原则:①约束层各因子的权重大小应与该因子对耕地的作物适宜性等级的贡献率保持一致;②指标层各因子的权重大小应体现其在约束层中的相对贡献率;③计算权重时,各判断矩阵必须通过一致性检验。对于目标层(O,不同作物的适宜性),根据土壤学、作物栽培学、专家经验及相关知识,在约束层(C)中分别对养分状况(C_1)、物理化学环境(C_2)及相对应因子的重要性作出判断,得到各层次的判断矩阵,分别计算出约束层和指标层的权重,然后得到各作物每个评价指标的权重(表4-3)。

表4-3 不同作物耕地适宜性评价指标、权系数和最适值

项目	水稻		小麦		棉花		油菜	
	权重	最适值	权重	最适值	权重	最适值	权重	最适值
剖面构型	0.051	0.7	0.045	0.9	0.046	0.9	0.039	0.9
土壤质地	0.041	0.9	0.044	0.9	0.038	0.7	0.04	0.9
OM	0.126	22	0.125	16	0.13	18	0.124	18
AP	0.082	18	0.092	20	0.08	20	0.104	20
AN	0.106	140	0.102	150	0.111	160	0.104	150
AK	0.082	110	0.072	140	0.073	125	0.07	130
AZn	0.092	1.2	0.087	1.2	0.08	1	0.08	1
AFe	0.064	40	0.058	50	0.055	40	0.055	45
ACu	0.041	2.2	0.044	2.5	0.038	2.5	0.04	2.2
AB	0.074	0.4	0.089	0.5	0.091	0.6	0.088	0.6
CEC	0.083	28	0.082	28	0.096	30	0.084	30
pH	0.066	5.5-7.0	0.071	6.5-7.0	0.068	7.0-8.0	0.079	6.0-7.0
居民点影响度	0.092	0.6	0.089	0.45	0.094	0.45	0.093	0.45

单位(Unit):OM— g/kg; AN、AP、AK、ACu、AFe、AZn、AB— mg/kg; CEC— cmol/kg

4.4.3 评价指标最适值的确定

对作物而言,各指标一般有一个最适生态位值,其中pH值存在一个最适宜区间,偏大或偏小都将成为限制因子;其它指标则是越大越好,超过某一值,它的影响将越来越小。依据FAO《土地评价纲要》中关于土地适宜性评价的原则、方法,有关资料

和案例区样点实测数据的基础上,确定各指标的最适值(表5-3),用于计算 NF 值。

4.4.4 评价单元和属性数据的获取

评价单元是土地自然质量性状基本一致的独立的土地单元,它既是能完整反映耕地自身特性的基本地块,也是工作中获取数据的基本单元。目前确定评价单元的主要方法有叠置法、地块法、网格法和多边形法,本实例采用叠置法和多边形法相结合来获取评价单元及其属性数据。详细介绍如下:

①按照《土地利用现状分类》(国标)对全国土地利用现状分类的规定,从潜江市 1:10000 土地利用数据库中提取流塘分场耕地图层(包括水田、水浇地和旱地)和居民点图层;

②基于 Kriging 插值得到 OM、AN、AP、AK、AZn、AFe、ACu、AB、CEC、pH 空间分布图的基础上,获取 50m*50m 栅格单元和相应各指标的属性数据;

③通过缓冲区分析法获取案例区居民点影响度。

根据居民点影响的特性,拟采用线性衰减模型获取居民点对周边的影响程度 F_i。其模型形式为:

$$F_i = f_0(1-r_i) \quad r_i = d_i/d_0 \quad (0 \leq r_i \leq 1)$$

式中,F_i——影响度;f_0——综合规模指数;d_0——该要素的最大影响距离;d_i——某点距该要素的实际距离。将所设定的各点 d_i 代入公式,可算出各个等距离带内的 F_i 值,但这些值具有不可预测性,因此按 d_i 建立的缓冲带内的属性值是否满足用户的需求,难以控制。本实例把 F_i 根据实际情况分成几个典型等级,并根据 F_i 确定 d_i 的等级,在各等级内取平均影响度 F_i 作为该要素在这个等级上的影响分值。

取居民区的综合规模指数 f_0 为 1,居民区缓冲区分析是基于面状的缓冲区分析,其最大影响距离 d_0 则主要与居民区的总面积有关,采用下式计算。

$$d_0 = \frac{S_{研究区}}{4 \cdot n \sqrt{\frac{S_{居民区}}{n}}} = \frac{S_{研究区}}{4 \cdot \sqrt{n \cdot S_{居民区}}}$$

式中 $S_{案例区}$ 为案例样区的总面积(9584499m²),$S_{居民区}$ 为样区内居民区的总面积(521549m²),n 为居民点的个数(25个)。

求出流塘分场内居民区的最大影响距离为 664 米后,将 f_0、d_0 代入线性衰减模型中,可推算出 d_i 值随居民区影响度 F_i 变化的公式如下:

$$d_i = d_0(1-F_i) = 664(1-F_i)$$

根据实际情况,预先将居民区影响度F_i分为10级,然后求出与各级居民区影响度F_i对应的d_i值,见表4-4。

表4-4 各级居民区影响度F_i对应的d_i值

F_i	0.01	0.1	0.2	0.3	0.4	0.45	0.65	0.85	0.95	1
d_i	657	598	531	465	398	365	232	100	33	0

根据d_i值,以居民点图层为对象,分别作33米、100米、232米、365米、398米、465米、531米、598米和657米的缓冲区,叠加后,在各级缓冲带中赋予相应的影响分值F_i,得到最后的居民区影响度因子图(图4-1)。

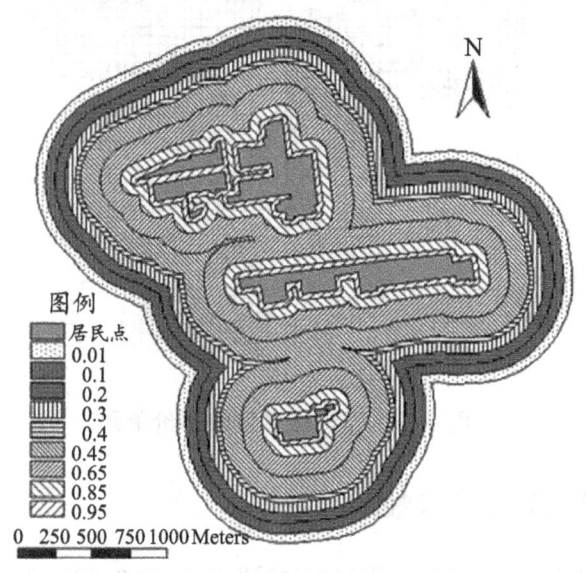

图4-1 居民区影响度因子图

叠加耕地图层、50m*50m网格图和居民区影响因子图,即得到流塘分场耕地多宜性评价单元图,共计4411个多边形(图4-2);由于各因子图层均有属性数据,因而通过叠加可同时获取每一个评价单元的因子属性数据。

4.4.5 计算作物生态位适宜度值

作物的NF值均处在[0,1]之间,其值越接近1,说明生境条件对作物需求的满足程度越高,供需关系越稳定和谐,也即评价地块越适合于种植该作物。在获取各评价因子的属性数据后,根据表5-3提供的不同作物各指标的最适值,采用加权平均模型计算各评价单元对水稻、小麦、棉花和油菜的NF值,其公式如下:

$$NF = \sum_{i=1}^{n} w_i \times \min\left\{\frac{x_i}{L_i}, 1\right\}$$

式中，NF 为作物生态位适宜度值，x_i 和 L_i 分别为第 i 个生态因子的实测值和最适值，w_i 为第 i 个生态因子的权系数，n 为生态因子数。根据指标特性，对 pH 值而言，x_i/L_i 变换为 $x_i/L_{i\min}$，1，$L_{i\max}/x_i$。

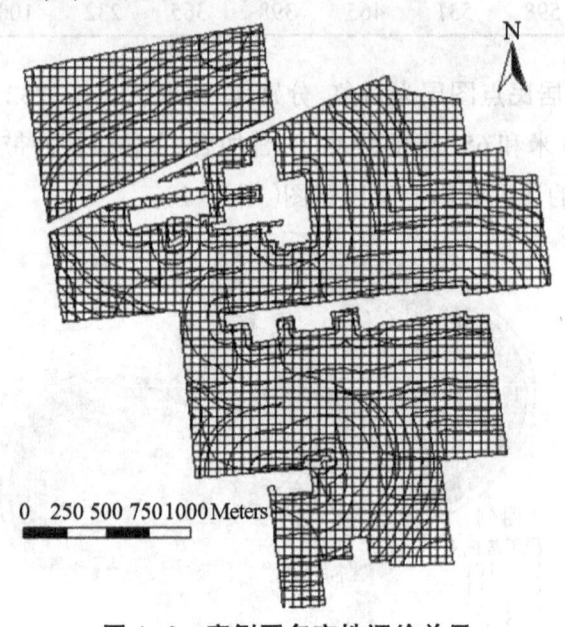

图 4-2 案例区多宜性评价单元

4.4.6 单作物耕地适宜性评价

通过计算得到各作物的 NF 值范围为：水稻为 0.6299~0.9219；小麦为 0.6122~0.8886；棉花为 0.6067~0.9028；油菜为 0.6002~0.8907。其值均在 0.6 以上，平均值接近 0.8，最大达到 0.9219，表明该区生境条件整体较好，基本能满足各作物的需求。

为划分单作物适宜性级别，以 4411 个评价单元的 NF 值为基础，采用频率直方图法确定各级别的界限。以 0.01 分为统计间距，获取各作物不同 NF 区间的个数和频率（表 4-5），根据频率曲线的变化规律（图 4-3），选取波谷的 NF 区间的中间值为级别界限（水稻：0.865，0.775，0.715；棉花：0.855，0.775，0.705；油菜：0.845，0.775，0.705；小麦：0.845，0.765，0.705），划分单作物适宜性级别。根据频率曲线变化规律将各作物的适宜性级别分为四级，分别为最适宜、适宜、临界适宜和不适宜，通过单元编码，将分级结果与空间数据库联接，借助 ArcGIS 得到案例区单作物适宜性评价结果图（图 4-4 ~ 图 4-7）和各级别的面积（表 4-6）。

表 4-5 各作物不同 NF 区间的单元个数和频率表

水稻			棉花			油菜			小麦		
NF	个数	频率	NF	个数	频率	NF	个数	频率	NF	个数	频率
0.61-0.62	0	0.00	0.60-0.61	6	0.14	0.60-0.61	5	0.11	0.60-0.61	0	0.00
0.62-0.63	1	0.02	0.61-0.62	13	0.29	0.61-0.62	15	0.34	0.61-0.62	7	0.16
0.63-0.64	10	0.23	0.62-0.63	20	0.45	0.62-0.63	27	0.61	0.62-0.63	16	0.36
0.64-0.65	19	0.43	0.63-0.64	30	0.68	0.63-0.64	38	0.86	0.63-0.64	23	0.52
0.65-0.66	21	0.48	0.64-0.65	37	0.84	0.64-0.65	45	1.02	0.64-0.65	36	0.82
0.66-0.67	39	0.88	0.65-0.66	45	1.02	0.65-0.66	45	1.02	0.65-0.66	45	1.02
0.67-0.68	53	1.20	0.66-0.67	60	1.36	0.66-0.67	82	1.86	0.66-0.67	40	0.91
0.68-0.69	71	1.61	0.67-0.68	82	1.86	0.67-0.68	76	1.72	0.67-0.68	76	1.72
0.69-0.70	95	2.15	0.68-0.69	75	1.70	0.68-0.69	77	1.75	0.68-0.69	81	1.84
0.70-0.71	124	2.81	0.69-0.70	86	1.95	0.69-0.70	76	1.72	0.69-0.70	104	2.36
0.71-0.72	95	2.15	0.70-0.71	61	1.38	0.70-0.71	59	1.34	0.70-0.71	71	1.61
0.72-0.73	103	2.34	0.71-0.72	80	1.81	0.71-0.72	97	2.20	0.71-0.72	84	1.90
0.73-0.74	124	2.81	0.72-0.73	85	1.93	0.72-0.73	96	2.18	0.72-0.73	85	1.93
0.74-0.75	160	3.63	0.73-0.74	96	2.18	0.73-0.74	147	3.33	0.73-0.74	111	2.52
0.75-0.76	194	4.40	0.74-0.75	160	3.63	0.74-0.75	185	4.19	0.74-0.75	223	5.06
0.76-0.77	221	5.01	0.75-0.76	317	7.19	0.75-0.76	251	5.69	0.75-0.76	308	6.98
0.77-0.78	188	4.26	0.76-0.77	334	7.57	0.76-0.77	336	7.62	0.76-0.77	272	6.17
0.78-0.79	353	8.00	0.77-0.78	307	6.96	0.77-0.78	322	7.30	0.77-0.78	298	6.76
0.79-0.80	359	8.14	0.78-0.79	323	7.32	0.78-0.79	386	8.75	0.78-0.79	323	7.32
0.80-0.81	343	7.78	0.79-0.80	354	8.03	0.79-0.80	317	7.19	0.79-0.80	327	7.41
0.81-0.82	314	7.12	0.80-0.81	273	6.19	0.80-0.81	289	6.55	0.80-0.81	360	8.16
0.82-0.83	307	6.96	0.81-0.82	293	6.64	0.81-0.82	256	5.80	0.81-0.82	298	6.76
0.83-0.84	249	5.64	0.82-0.83	238	5.40	0.82-0.83	200	4.53	0.82-0.83	215	4.87
0.84-0.85	193	4.38	0.83-0.84	208	4.72	0.83-0.84	201	4.56	0.83-0.84	226	5.12
0.85-0.86	171	3.88	0.84-0.85	187	4.24	0.84-0.85	157	3.56	0.84-0.85	177	4.01
0.86-0.87	134	3.04	0.85-0.86	126	2.86	0.85-0.86	178	4.04	0.85-0.86	218	4.94
0.87-0.88	143	3.24	0.86-0.87	132	2.99	0.86-0.87	210	4.76	0.86-0.87	199	4.51
0.88-0.89	146	3.31	0.87-0.88	136	3.08	0.87-0.88	166	3.76	0.87-0.88	159	3.60
0.89-0.90	142	3.22	0.88-0.89	158	3.58	0.88-0.89	71	1.61	0.88-0.89	29	0.66
0.90-0.91	35	0.79	0.89-0.90	76	1.72	0.89-0.90	1	0.02	0.89-0.90	0	0.00
0.91-0.92	4	0.09	0.90-0.91	13	0.29	0.90-0.91	0	0.00	0.90-0.91	0	0.00

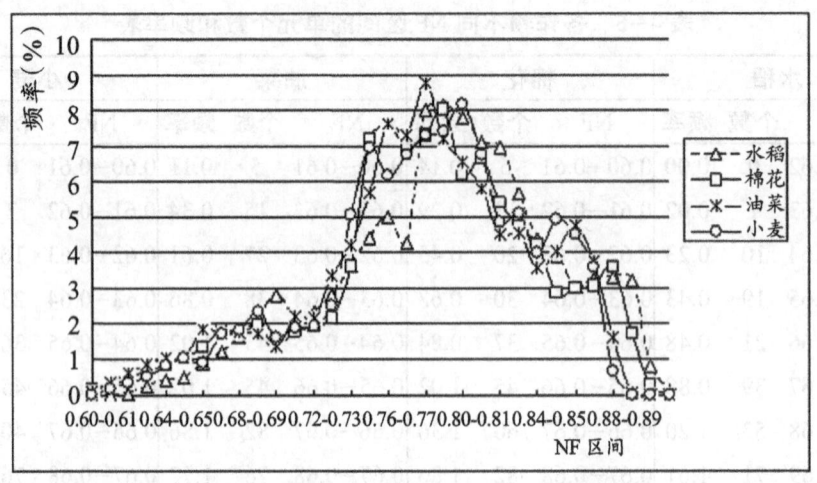

图4-3 案例区不同作物适宜性评价单元生态适宜度频率直方图

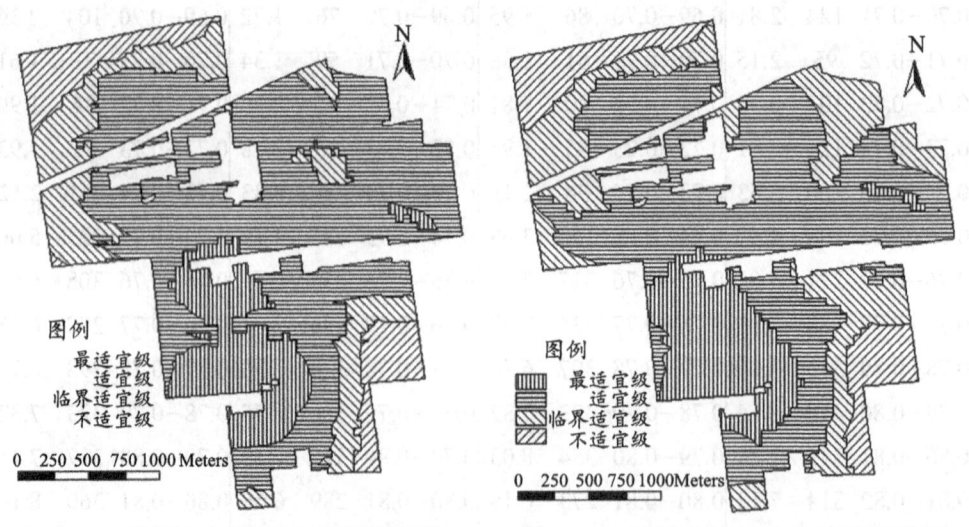

图4-4 耕地水稻适宜性评价结果图　　图4-5 耕地棉花适宜性评价结果图

样区最适宜和适宜种植水稻的区域占耕地总面积的72.06%,最适宜区域主要分布于样区的南部高家台大队;王家档大队的东南部以及流塘口大队的西部和北部水稻适宜性较差,主要的限制因子为有效锌、有效磷以及有机质;其余的区域均为水稻适宜区。

棉花的最适宜、适宜区域面积和占总耕地面积的65.23%,分布规律与水稻有相似的趋势,最适宜区域在有机质和氮素含量均较高的高家台大队,王家档大队的东南部、流塘口大队的北部廖家垸的东部棉花适宜性都较差,主要的限制因子为有效硼、有效锌,局部区域CEC、有效钾、有机质的单因子生态位值较低。

4 耕地适宜性评价方法与案例

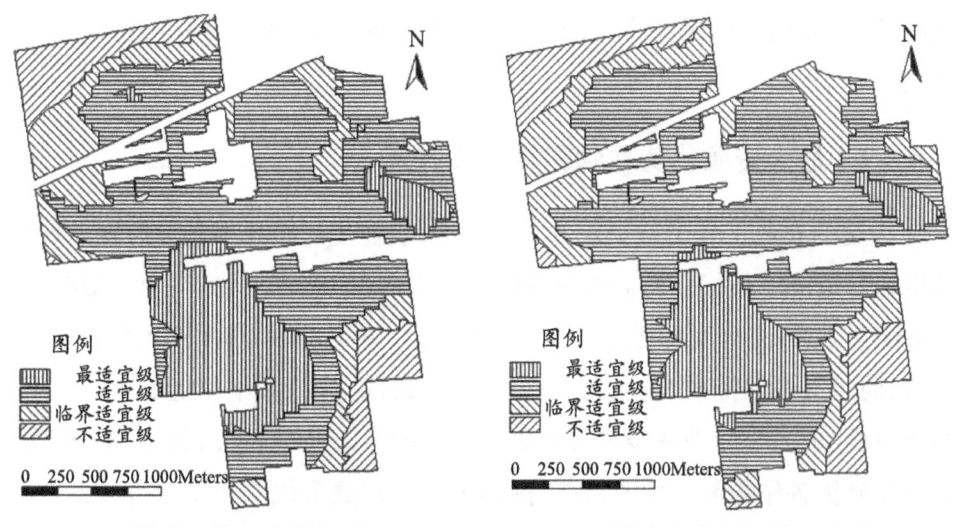

图 4-6　耕地油菜适宜性评价结果图　　图 4-7　耕地小麦适宜性评价结果图

样区最适宜和适宜种植油菜的区域占耕地总面积的 72.04%，最适宜区域主要分布于样区南部的高家台大队和东部姜家嘴大队的东部；王家档大队的东南部以及流塘口大队的西部和北部油菜的适宜性较差，主要的限制因子为有效磷、有效钾和有效硼。

小麦的最适宜、适宜区域面积和占总耕地面积的 69.37%，分布规律与油菜有相似的趋势，主要的限制因子为有效磷和有效钾。

表 4-6　各作物适宜性评价级别面积及百分比分布

作物	最适宜		适宜		临界适宜		不适宜	
	面积(hm^2)	(%)	面积(hm^2)	(%)	面积(hm^2)	(%)	面积(hm^2)	(%)
水稻	74.14	13.84	312.05	58.22	96.39	17.98	53.37	9.96
棉花	78.99	14.74	270.6	50.49	130.75	24.4	55.61	10.37
油菜	99.17	18.51	286.91	53.53	91.5	17.07	58.37	10.89
小麦	77.48	14.46	294.31	54.91	104.03	19.41	60.13	11.22

综合各作物适宜性评价结果，发现各单元对作物的适宜性级别没有明显的区别，适宜性程度略有差别，以 1、2 级为主；样区东南部和西北部的边界区域对各作物的适宜性均较差，对比分析原始数据发现其有效养分含量偏低是主要原因，极少地块有效磷和有效钾含量不到 6mg/kg 和 90mg/kg，有效硼的含量最大值仅 0.36mg/kg，居民点影响较差；因此，当地农民可根据各级别的具体分布，在改善整体的生境条件的同时，有目的、有重点的增加农业投入，改善土壤结构，提高土地质量，发挥

耕地的最大生产潜力，提高作物的产量，促进土地的可持续利用，防止作物生境条件变差。

4.4.7 最大资源优势作物耕种推荐方案

21世纪的农业正处于一个新的发展时期，农业生产将要摆脱原有的发展模式，转向生态与经济增长相互协调的可持续发展方向。为此，要找到适合当地的最优农业资源配置方式，充分发挥当地土地资源优势，以最低的成本，生产出尽可能多的农业产值，同时又可保持或改善生态环境。通过最优化配置，不仅能够满足人民群众的物质需要，也为今后进一步发展奠定了良好的生态基础。找出最优农业资源配置方式即在分析各作物与土地资源条件的基础上，构建最优农作物组合模型，提出合理布局方案，发挥区域土地资源优势。

本实例引入生态位理论，在系统分析江汉平原地区耕地与作物的相互关系基础上，根据水稻、棉花、小麦、油菜不同作物的生态位适宜度值和作物的生长时间，提出案例区不同地块的最优种植制度，以期为案例区农地结构调整、充分发挥土地利用潜力提供科学依据。

以4411个单元不同作物的NF值和级别为基础，通过比较不同作物的NF值，根据最大最优原则（即比较各作物的NF值，NF值大的为该单元推荐的适宜种植的作物）进行综合分析，确定各评价单元的不同季节最适宜种植作物和各地块最优种植模式（图4-8～图4-10，表4-7）。

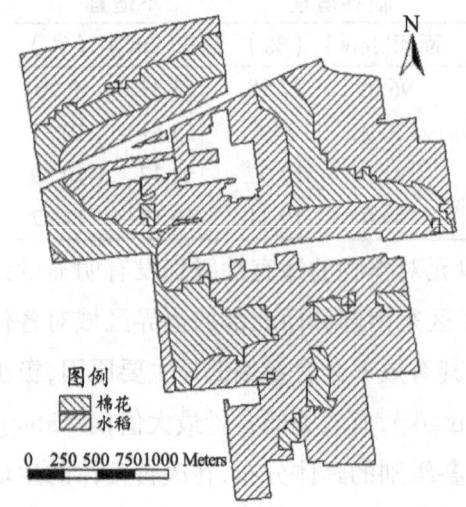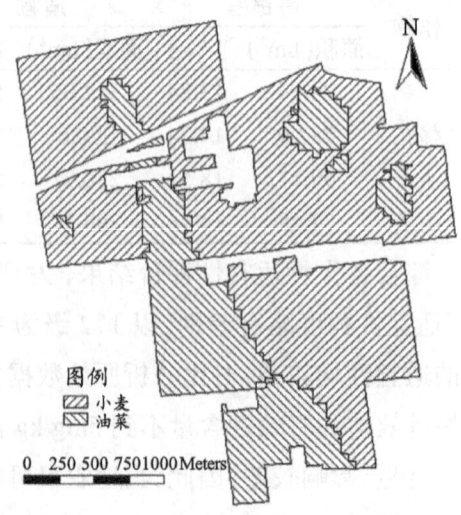

图4-8 水稻、棉花适宜性对比分析图　　图4-9 小麦、油菜适宜性对比分析图

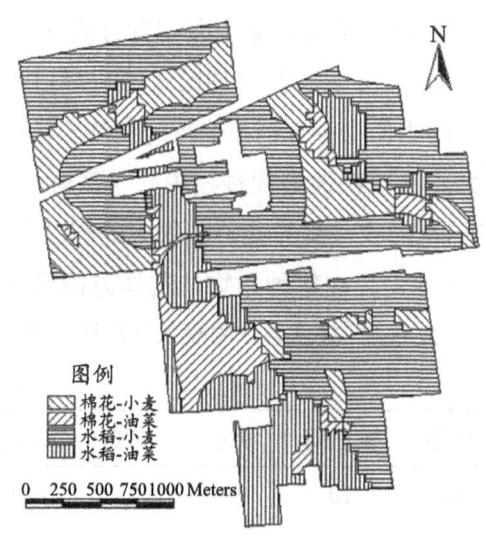

图 4-10 案例区耕地最优种植模式分布图

表 4-7 案例区耕地最优种植模式结果面积及百分比分布

项目	类型	面积(hm^2)	百分比(%)
同季作物对比	水稻	387.78	72.35
	棉花	148.18	27.65
	小麦	384.56	71.75
	油菜	151.39	28.25
最优轮作模式	棉花-小麦	96.93	18.09
	棉花-油菜	51.26	9.56
	水稻-小麦	287.63	53.67
	水稻-油菜	100.13	18.68

由结果可知，同季作物以水稻、小麦的生态适宜性较高适宜面积较大，分别占到 72.35% 和 71.75%。叠加两季的最适宜种植作物分布图，获取最大资源优势方案下的最优轮作模式图，以水稻—小麦轮作方式分布最广，约占总耕地面积的 53.67%，其次为水稻—油菜、棉花—小麦和棉花—油菜。该评价结果可直接用于农民的生产实践，同时对当地农业决策部门制定科学合理的农业结构调整战略具有很好的参考价值，因地制宜的发挥该地区耕地的最大潜能。

4.4.8 最高经济收益作物耕种推荐方案

我国农业实行的是家庭承包制为基础、统分结合的双层经营体制，农民享有对耕地的经营自主权,实现当地的最优农业资源配置方式和最佳的生态环境效益尚未构成主要的耕种管理目标,经济收益在耕种模式的选择过程中起了重要的作用。经统计(表4-8)发现,样区同季作物中水稻和棉花的收益差异较大,收益比近似1:1.5,而小麦和油菜差异不大。比较耕地最优种植模式与实际生产中的种植模式下的作物种植比发现,水稻和棉花的收益差异能够在很大的程度上影响农户对耕种作物的选择,而小麦和油菜的收益差异在耕种作物的选择方面影响不大。

表4-8 样区各作物投入产出统计表

单位:元/亩(Unit:yuan/mu)

作物	种子	化肥	机耕费	抽水	农药	人工费*	收入	纯收益
水稻	45	65	70	30	35	0	750	505
棉花	53	240	35	0	50	135	1250	737
小麦	20	0	0	0	0	0	204	184
油菜	9	65	0	0	0	0	275	201

注*:为雇佣人工费。

为满足农业生产实际需要,本实例通过对高适宜性耕地同级比较的方法确定最优经济收益种植模式。以4411个单元不同作物的NF值和级别为基础,通过比较水稻和棉花两种作物2级地(适宜)的NF值范围,确定2级地下限的最小值V_1,以V_1作为临界点,水稻和棉花的生态位适宜度值大于该点的地块,从作物的经济收益考虑,认为同级别内棉花为最优推荐作物,低于该临界值的地块(临界适宜及不适宜)则认为该地块对作物的适宜性较低,调整作物将承担很大的减产风险,因而仍根据NF值的大小确定该单元推荐的最优种植作物。根据单作物适宜性评价的级别界限,确定V_1为0.765,然后对比分析各评价单元水稻和棉花的NF值和级别,确定基于地块潜力的最高经济收益作物推荐方案(图4-11,表4-9)。然后根据各地块最高经济收益作物,按照轮作方式的组合,给出案例区耕地作物最优轮作模式(图4-12,表4-9)。

结果表明,最高经济收益方案与近年来生产轮作方式的吻合度很高,适宜耕种棉花的耕地面积分别占总耕地面积的69.33%和75.01%,充分说明经济收益因素对农户选择耕种作物的品种有重要影响。同时,在局部区域存在违背土壤资源耕种潜力种植高收益作物的区域,经实地调查校验,主要位于王家档和新建队南部、廖家垸东北部的局部区域。两种方案下小麦的耕种面积均占总耕地面积的71.75%，和实际生产中的72.48%相差非常小，说明在油菜和小麦的耕种选择上受利益驱动很小。

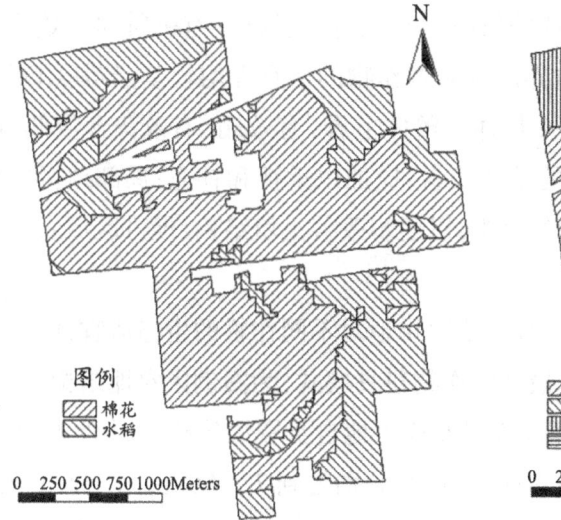

图4-11 最高经济收益下水稻、棉花耕种分布图

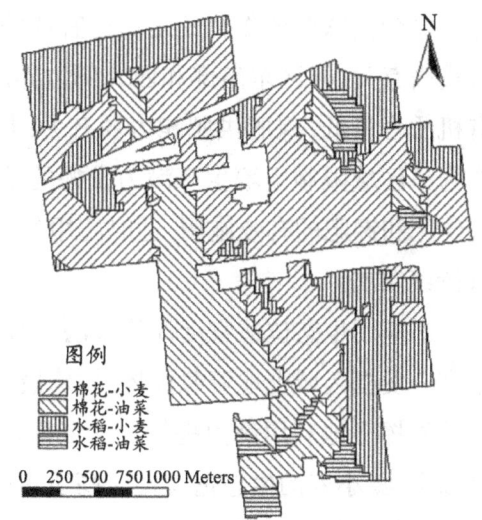

图4-12 最高经济收益下耕地最优种植模式分布图

表4-9 案例区最大经济效益下耕地最优种植模式结果面积及百分比分布

项目	类型	面积(hm²)	百分比(%)
同季作物对比	水稻	164.38	30.67
	棉花	371.57	69.33
	小麦	384.56	71.75
	油菜	151.39	28.25
最优轮作模式	棉花-小麦	244.6	45.64
	棉花-油菜	126.98	23.69
	水稻-小麦	139.97	26.11
	水稻-油菜	24.4	4.56
生产轮作模式	棉花-小麦	301.50	56.26
	棉花-油菜	100.50	18.75
	水稻-小麦	86.95	16.22
	水稻-油菜	47.00	8.77

4.4.9 小结

1) 案例区生境条件整体较好,各单元对作物的适宜性以 1、2 级为主;样区西南部高家台大队对各作物的土壤适宜性均较高,与其土体结构好、有机质和有效养分含量高有关;样区东南部和西北部边界区域对各作物的适宜性均较差,与其 CEC 和有机质含量低,保肥供肥能力弱有关;从样区整体上看,有效硼、有效锌含量低,已成为该区域限制土壤生产潜力发挥的重要因素,应加以重视和补充;局部地区应重视磷肥和钾肥的有效施用,适时施用有机肥,以逐步改善土壤结构,促进区域农业的可持续发展。

2) 应用生态位适宜度评价方法可有效获取耕地对不同作物的生态适宜性,有助于充分发掘区域土地资源优势,构建最优农作物耕种模式,为案例区农地结构调整、充分发挥土地利用潜力提供科学依据。依据发挥土地自身资源优势的原则,同季作物以水稻、小麦的生态适宜性较高适宜面积较大,分别占到 72.35% 和 71.75%;根据最大最优原则获取最优轮作模式图,水稻—小麦轮作方式分布最广,其次为水稻—油菜、棉花—小麦和棉花—油菜。

3) 由于我国农业的发展尚不能全面实施基于"依据资源优势,减少肥料投入,注重提高经济效益和资源环境效益"原则的生产潜力方案,因而本实例在最大资源优势方案的基础上,考虑经济收益对农民生产行为的驱动性,提出了不违反自然生产潜力规律的最大经济收益农地耕种模式。该方案与农业生产实践布局有高度的吻合性,能够反映农户的目标追求,在我国现阶段的农业耕作中具有很强的现实指导意义;同时,有利于发现农业生产中违背自然生产潜力规律的、不利于农业可持续发展的耕作行为,对于农业区域管理与调控具有重要的参考价值。

综上所述,生态位理论在耕地适宜性评价中的应用可以有效度量某一地块对作物的适宜性程度,有利于从不同的目标出发综合调控农业生产管理模式,发现生产管理中的问题,且通过该方法可发现各区域的限制因子,对于有针对性的改良土壤、逐步提高土壤的农业生产能力具有重要的意义。

5 耕地分等方法与案例

5.1 概 述

5.1.1 农用地(耕地)的概念

农业生产是国民经济各部门生产和发展的基础,土地则是生产过程中不可替代的生产资料。一般来说,凡是用来作为农业生产的土地,即可称为农用地。由于农业生产的意义和范围不同,所以农用地一词也有广义和狭义之分。广义的农用地是指直接用于农业生产的土地,包括耕地、园地、林地、牧草地、农田水利用地和养殖水面用地等;狭义的农用地则专指耕地,即种植业用地。为与相关国家技术规范保持一致,本章所谈的农用地主要指狭义的农用地,即耕地。

土地是农业生产的主要生产资料,其质量的优劣直接决定着农作物的产量和经济效益,因而农用地具有以下特点:

1)农用地既是劳动对象,也是劳动手段,是不可替代的生产资料。在人类社会发展的历史长河中,随着社会文明的不断进步,不仅没削弱人类对土地依赖性,还将愈来愈强化其间的关系,目前日益重视的人地矛盾就是其具体的反映。作为农用地的土壤,不像其他部门的生产资料,时至今日,还没有找到一种可以完全取代土地的替代品来生产农产品。

2)农用地资源,只要利用得当,不仅有自行恢复和再生的能力,而且可以永续利用。

3)土地的自然肥力是农用地质量的基础。土地肥力是指土地能够提供和协调作物生长、发育所需要的水分、养分、空气和热量的能力,它直接影响着作物的生命活动,决定作物的产量和质量,是形成土地质量差异的主要原因之一。其中自然条件决定的肥力是整个土地肥力的基础。

4)农用地受自然环境的影响显著。农用地所利用的自然环境因素是多元的,功能是综合的。它既利用土地本身,又利用土地的环境条件和地下构成因素。其中的任何一个因素都对农作物的生长和发育有制约作用,而这些因素的综合作用对农业生产的影响就更为重要。

5.1.2 耕地分等内涵

农用地(耕地)分等是确定耕地质量等别的综合评价过程,不包含园地、林地等其他农用地的评价,它主要从大的宏观尺度来衡量农用地质量,综合采用了自然和经济评定的方法。农用地分等体系基于高度综合的模块集成思想,将土地自然评价、利用评价和经济评价模块化处理,然后通过标准耕作制度区、指标区、评价单元等区别空间的横向耦合,用等别指数进行纵向集成。土地自然评价模块用光温生产潜力指数和土地自然质量分来反映光温生产潜力指数分作物按产量比折算成基准作物的标准粮,体现出土地的生产潜力。土地利用评价模块用利用系数建立,用于反映评价单元实际生产量占区域最大生产力的相对水平,理论上可以认为是区域生产能力的相对利用率。土地经济评价模块用经济系数构建,采用不同地区投入与产出的相对指数表示,反映了地区间经济水平的相对差异,体现了对加大投入者的鼓励和公平待遇。不同评价模块得到多层次的成果——自然质量等指数、利用等指数和综合等指数,这些成果反映了不同层次上农用地本身及所在系统的质量状况。

5.1.3 分等目的

农用地分等项目是新一轮国土资源大调查"一项计划、五项工程"中所确定的《土地资源调查监测工程》的重要组成部分。建立国家级农用地等别评定标准体系和技术标准体系,同步完成全国重点县级行政区农用地定级与估价工作,可以为国家依法、科学、合理、统一管理农用地、深化农村土地使用制度改革和培育土地市场,提供科学、完整的农用地等级和价格体系标准。其主要研究目的如下所述:

1)为贯彻落实《中华人民共和国土地管理法》和对农用地进行科学、合理、统一、严格管理提供基础依据;

2)科学量化土地的数量、质量及其空间分布状况,为实施数字国土工程奠定基础;

3）为较好地落实耕地补偿制度,实现耕地占补平衡目标,耕地总量动态平衡以及耕地保护制度提供定量化标准和依据;

4）为理顺土地价格体系、培育完善土地市场,促进土地资产合理配置,开展土地整理、土地征用补偿、农村集体土地使用权流转等工作提供依据;

5）为土地利用结构合理规划和管理提供科学依据,提高农用地资源集约利用水平。

5.1.4 分等意义

在2000年全国国土资源厅局长会议上,温家宝副总理指出:"发达国家管理保护土地资源,已经跨过了数量管护、质量管护两个阶段,正向生态环境管护的更高层次发展,而我国耕地数量管护还处在初级阶段。"《新一轮国土资源大调查纲要》明确提出要"开展农用地分等定级为实现农业税费改革、合理利用农用地服务";《土地资源监测调查工程》也提出了要"开展农用地分等定级为规范土地市场行为和建设有中国特色的城乡统一的土地市场机制奠定基础",要"开展农用地分等定级,现势性的掌握农用地质量状况"。1999年启动的"数字国土工程"的第四部分土地资源基础数据库建设也提出了要建立全国农用地分等定级数据库。因此农用地分等定级与估价工作顺应国家对加强土地资源管理的大政方针,既对土地资源管理、规划、税收、合理用地等方面具有重要的意义,还对发挥市场机制、有效配置土地资源产生积极影响。

1）为土地使用制度改革奠定基础

城市土地使用制度改革进行了17年,评价、流转等各项工作已相对成熟,进入良性循环。农地如何流转,如何作为资产、作为一种财产进行经营,就需要有等、级、价的界定,而恰恰这是我们目前的弱项。建设用地和农用地之间反差极大,农用地要进入市场,作为可经营的资产流通,还不具备基本条件。农用地使用制度的改革酝酿了许多年,正面临突破,现在做好农用地分等定级与估价工作,就为制度创新奠定了基础。

2）有利于征地制度改革

征地制度已实行许多年,但如何体现科学内容仍然是一个大难题。从发展趋势看,征地补偿与安置应以土地价格为基础,农用地分等定级与估价工作的开展将有效解决这个难题。耕地保护司也在等待这一成果的早日应用。

3）土地整理

土地整理、产权重划、土地交换、基本农田保护等项工作都离不开评价，土地整理前后都应该对土地质量进行评价。

4）小城镇建设

"十五大"提出"小城镇、大战略"，城镇建设能否发挥聚集效益，首先要解决好土地置换问题，不能乱开口子，平铺摊子，搞"社会主义新农村"，要按照土地等级与价格，进行等质交换、等价交换，等价交换尤其重要。而分等定级与估价工作是这个行为的基础。

5）其他方面的应用

农用地分等定级与估价的成果还可以在许多领域得到应用，比如规划、税收、生产力评价、土地承载力研究等，这些工作与土地管理密切相关，是农用地分等定级与估价成果直接应用的重要领域，应该说，农用地分等定级与估价成果的应用前景非常广阔，对土地科学的发展也是十分有益的。

5.1.5 分等原则

1）综合分析原则

农用地质量是各种自然因素、经济因素综合作用的结果，农用地分等应以对造成等别差异的各种因素进行综合分析为基础。

2）分层控制原则

农用地分等以建立不同行政区内的统一等级序列为目的。市（县、区）级农用地分等将为省级农用地分等提供基础，因此其分等评价成果必须兼顾区域内总体可比性和局部差异性两方面的要求。

3）主导因素原则

农用地分等应根据影响因素因子的种类及作用的差异，重点分析对土地质量及土地生产力具有重要作用的主导因素的影响，突出主导因素对土地分等结果的作用。

4）土地收益差异原则

农用地分等既要反映土地自然质量条件、土地利用水平和社会经济水平的差异及其对不同地区土地生产力水平的影响，也要反映出不同投入水平对不同地域土地生产力水平和收益水平的影响。

5)定量分析与定性分析相结合原则

农用地分等中尽量把定性的、经验的分析进行量化,以定量计算为主。对现阶段难以定量的自然因素、社会经济因素采用必要的定性分析,将定性分析的结果运用与农用地分等成果的调整和确定阶段的工作中,提高农用地分等成果的精度。

5.1.6 分等工作程序

根据《农用地质量分等规程》,农用地分等工作分为四个阶段:第一阶段为准备阶段,主要完成项目任务书的编制、技术人员培训、列举资料收集清单、设计分等资料收集表格;第二阶段为资料收集整理阶段,主要完成了相关外业资料的调查实测、内业资料的收集整理,并形成初步的中间成果,完成各分等参数的测算,为分等技术工作的开展奠定基础;第三阶段完成农用地分等的内业处理工作,形成最终成果;第四阶段为成果整理校验、汇总和验收(图5-1)。

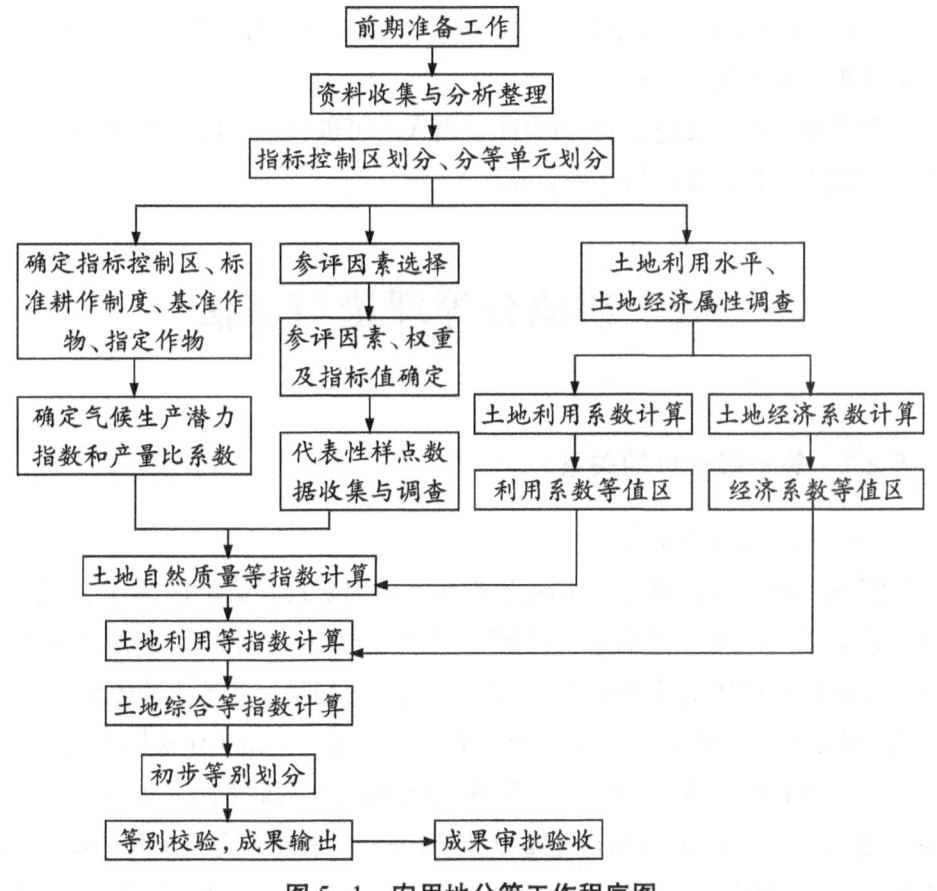

图5-1 农用地分等工作程序图

1）准备阶段

（1）组织及物质准备

成立了农用地分等工作领导小组，落实了工作专班，为农用地分等准备了一支素质较高的专业队伍。

（2）资料需求设计

自然、经济条件基础资料；农用地利用实测与实地调查样点的确定；农用地分等资料整理及中间成果所需的表格；分等所需的各种图件资料等等。

2）资料收集整理阶段

农用地分等工作所需的基础及技术资料和基本图件准备，资料整理形成相应的中间成果。具体资料内容及资料分类整理原则见技术报告相应条目。

3）内业处理阶段

主要包括对资料的细分与整理、图件和数据处理、按照国家《农用地质量分等规程》和相关技术规范进行农用地等别划分，并形成农用地分等的初步成果。

4）成果整理与校验阶段

对分等成果进行实地校验，对有明显出入的可进行适当的调整。撰写成果报告并报上级国土资源管理部门统一验收。

5.2 耕地分等理论与方法

5.2.1 等—级—价的关系

1）"等—级"之间的关系

"等"是具有宏观控制性、全国可比性和参评因素具有稳定性、偏自然的农用地质量表述术语；而"级"是具有中观控制性、县级区域内可比和参评因素具有易变性、偏社会经济的农用地质量表述术语；"等"和"级"之间是相互独立的体系，可单独开展工作，即分等不必考虑定级、定级也不必考虑分等。但由于定级因素包括分等因素，所以"等"和"级"之间又有密切的联系，分等和定级结果之间虽然不是完全一致，但它们之间是正相关关系；为避免重复劳动，开展了农用地分等工作的地区可以应用分等结果，通过定级因素修订得到定级结果。在成果应用上，农用地分等成果主要为县域之间、省域之间耕地质量的异地占补平衡、农用地生产力核算、农用地税费征收等工作服务;农用地定级成果主要为县域内耕地质量的异地占补平衡、农用地基准地价评估、农用地流转等工作服务。在成果更新方面,农用地分等成果更新速度应比农用地定级成果更新速度慢。

2)"等—价"之间的关系

在宏观上、大区域范围内,农用地"等"应对农用地"价"有一定的控制作用,即两者应该呈正相关关系,但两者不可能完全一致。在国家跨县域建设项目征地补偿中,为避免占用优质耕地、低价格,而劣质耕地、高价格问题的出现,必须同时考虑农用地分等成果和农用地估价成果。

3)"级—价"之间的关系

农用地"级"是用"级别"反映农用地质量;而农用地"价"则是用货币反映农用地质量和供求关系。农用地定级是农用地估价的基础,在当前缺乏农用地市场交易资料的情况下,农用地估价更离不开农用地定级这一基础工作的支持。由于农用地"价"不仅反映农用地质量,而且还反映农用地供求关系,所以农用地的级别和价格不可能完全一致,但两者应该呈正相关关系。在成果应用上,农用地"级"主要为县域内耕地占补平衡、农用地直接交换、集中规模经营等不需要体现货币的农用地流转工作服务;农用地"价"则主要用于农用地租赁、买卖、征地补偿等需要体现货币的农用地流转工作服务。在成果更新方面,农用地估价成果更新速度应比农用地定级成果更新速度快。

5.2.2 耕地分等方法

我国农用地分等主要根据耕地的生产力提出来的,借助AEZ的理论,作物的产量主要由土地的自然要素决定,即光、文、水、土再加上地形等要素对进行修正后得到作物产量的理论潜力;再结合农户个人对田间投入管理水平的差异获取可实现的或实际的产量。农用地分等以建立全国性的等别体系为目标,因此首先根据气候条件(主要考虑对作物影响较大的光照、温度)修正得到全国范围、连续的作物生产量(光温生产力潜力和气候生产潜力修正),并以此作为土地质量下垫面或土地质量背景值曲面来测算我国耕地资源的生产潜力,其主要公式如下:

$$G_i = \sum(\alpha_{ij} \cdot C_{Lij} \cdot \beta_j \cdot K_{ij} \cdot K_{cj})$$

其中:α代表作物光温生产潜力或气候生产潜力指数;C_{Lij}为农用地自然质量分(通过选择影响研究区农用地质量的指标进行量化采用加权平均法获取);然后通过作物产量比系数β_j对土地质量背景曲面进行修正,得出$\alpha \cdot C_{Lij}$,即得到农用地自然质量等指数;再根据研究区域基准作物和指定作物的产量和投产产出水平分别计算获取相应作物的土地利用系数K_{lj}、土地经济系数K_{cj},对$\alpha \cdot C_{Lij}$进行修正,最终得到各分等单元的利用等指数和综合等指数G_i。

耕地分等的过程可以描述如下:

农用地分等首先将土地(农业)生产力形成过程中四组相对独立的变量,就是在调查标准耕作区的光温生产潜力(气候)、土地自然质量(土壤、地质水文条件)、利用系数(土地利用状况)、经济系数(农业生产投入状况)的基础进行打分,并采用国际上流行的乘法体系法综合评价研究区农用地质量等别的空间差异。由于农用地分等需要全国可比,因此统一了标准耕作制度,并划分指标区分别计算了基准作物作物和指定作物的光温生产潜力指数和气候生产潜力指数,以此为基础修正农用地自然质量来计算指定作物和基准作物的理论产量并评定土地自然质量基准作物然后再各区域农用地产量状况、农户投入产出水平等逐级修正,得到农用地利用等、综合等等不同层次的等别成果。

第一,光温生产潜力和气候生产潜力指数(α),通过该两个指数修正的产量是指研究区农用地除了光照、温度外,不存在任何自然要素限制、农户管理水平最高、农用地养分和水分能得到充分保障的情况下所获得的产量。鉴于该产量仅由太阳辐射、温度两种因素所确定的作物生产潜力,称之为理论最高产量。在农用地分等过程中以县为评价单元,按统一确定的耕作制度,分基准作物和指定作物分别测算具体的最高产量,其成果也称之土地质量下垫面或土地质量背景值曲面,作物后续计算的基础。

第二,自然质量等指数和等别(R)。它是以光温生产潜力或气候生产潜力指数为基础,考虑到农用地其它自然地理要素属性值的差异(C_{Lij}),比如各分等单元的自然地理要素存在差异,需要借助这些因素加以修正,才能得到自然质量的差别,同时借助产量比系数β_j将指定作物的指数折算到基准作物指数后求和得到分等单元的自然质量等指数。公式如下:

$$R_i = \sum (\alpha_{ij} \cdot C_{Lij} \cdot \beta_j)$$

式中自然质量分（C_{Lij}）是采用几何平均法或加权平均法评价土壤及地质水文条件（表土层质地、土体构型、障碍层深度、有效土层厚度、土壤pH值、土壤有机质含量、土壤盐碱化程度、地下水位）对作物生产潜力发挥的限制作用。土壤有机质含量、土层厚度、剖面构型、土壤质地、土壤污染状况等土壤因素对作物气候生产潜力有着不同程度的限制性。在一般情况下，几何平均法会放大某些因子对作物生长的限制作用，而加权平均法会掩盖某些因子对作为生长的限制作用。农用地分等工作中基本上都采用加权平均法，其计算公式为：

$$C_{Lij} = \sum_{k=1}^{m} w_k \cdot f_{ijk}/100)$$

如果 $C_{Lij} = 0$ 时，表示分等单元 i 对指定作物 j 具有极端性限制作用，也就是分等单元 i 因其土壤条件、地质水文条件太差，绝对不适宜作物 j 的生长发育；即如果 $C_{Lij} = 1$ 时，则表示分等单元 i 的土壤条件、地质水文条件最优，完全适宜作物 j 的生长发育，这种极端情况属于小概率事件，在实际大田的土壤及地质水文条件总会或多或少对农作物生长发育产生各种影响。因此，在一般情况下，$0 \leq C_{Lij} < 1$。

第三，利用等指数或等别（Y），它反应了分等单元的可实现生产能力。在 R 的基础上，首先根据区域基准作物和指定作物多年最高产量计算得到各作物的土地利用系数等值区（K_L），然后对 R 进行修正得到分等单元的实际（反映平均利用水平条件下的）标准粮产量。农用地分等规程中给出了几种土地利用系数等值区的计算方法。①分指定作物计算，其计算步骤为：一是确定分等单元 i 所在国家标准耕作制度二级分区中指定作物最高单产，一般由省级土地行政主管部门确定，用 Y_{jmax} 表示；二是确定分等单元区指定作物 j 的实际单产（Y_j），通过分等调查而得到；三是计算分等单元内指定作物 j 的土地利用系数，即 $K_{Lj} = Y_j / Y_{jmax}$。②综合土地利用系数计算，其核心是首先根据确定的基准作物、指定作物及产量比转换系数，计算分等单元标准耕作制度下的标准粮产量，$Y = Y_j \cdot \beta_j$，式中 Y 为分等单元的标准粮产量，Y_j 为指定作物的实际产量，β_j 为产量比系数；然后以作物的最高单为基础产，根据种植模式比如中稻—小麦，结合 β_j，可以得到相对于基准作物的产量，即 $Y_{max} = Y_{jmax} \cdot \beta_j$，式中 Y_{jmax} 为第 j 种指定作物各省二级区内的最高单产，β_j 为产量比系数；三是计算综合土地利用系数，$K_L = Y/Y_{max}$。

第四，综合等等指数或等别（G），它是以 Y 为基础，根据区域土地投产产出水平的差异计算获取土地经济系数等值区，然后获取分等单元的土地经济系数，对 Y 进行修正得到分单元在平均投入产出水平条件下的标准粮产量。它主要反映的是各分等单元在所在指标区和标准的耕制度下，农用地平均投入产出水平下的农用地质量等指数。

通过农用地分等，得到上述多层次的农用地质量成果，它的实质是光、温、水、土、农户等不同层次的潜力的表现形式。光温生产潜力或气候生产潜力表现的是分等单元在光照、温度、降水最优情况下可实现的生产潜力；自然质量等指数或等别则考虑了各分等单元自然条件差异（主要是土壤、地形、排水和灌溉条件）下的农用地的本底生产能力；利用等指数或综合等指数则考虑因农户的个人管理行为造成了分等单元在产量、投入水平所有不同而出现的现实生产能力的差异，其结果对农用地产量的挖潜具有直接指导作用。由上分析可知，农用地分等过程及成果体现形式实质上反映了农用地生产潜力形成的机理，因此将农用地分等成果尤其是自然质量等指数和利用等指数用于科学测算农用地的生产能力，就能够揭示农用地生产能力及其空间分布的规律，分析农用地自然、社会、经济属性对生产能力的驱动机制，获取影响农用地生产潜力发挥的限制性因素，开展区域农用地利用强度和潜力的评价，从而为耕地质量保护、农地整治、耕地质量提升以及制定粮食安全政策提供科学依据。同时应该指出，土地属性与土地生产能力之间的关系不是一成不变的，在不同时空条件下，随着农业生产水平的差异，其土地属性与土地生产力之间的关系也会随之而变。

5.3 分等标准样地设置

5.3.1 标准样地及标准样地体系

标准样地是指在农用地分等的区域内，当技术与管理水平一定或处于区域的平均状况时，从该区域内常种植作物产量水平属于最高范围的那一类土地中随机选取出的若干农用地分等单元。一般情况下，标准样地的农业生产条件最好，它们在本内区域所处位置的气候、地形地貌、土壤、灌溉与排水等条件的综合特征最优。

采用样地法开展农用地分等工作的地方，其县级基准样地，以及依据该基准样地确定的乡（镇）行政区内的样地，经过规定的程序验收后，可以被确定为县级标准样地。同样,县级标准样地经过规定的程序验收后,可以被选择、确定为省级标准样地;省级标准样地可以被最终选择、确定为国家级标准样地。

标准样地体系包括两项基本内容:一是农用地分等标准样地的分级体系;二是能够具体综合描述并表达农用地分等标准样地特征好坏的因素体系。

根据我国目前开展农用地分等工作的实际情况,其分级体系包括三层:中央政府设置国家级标准样地;省政府设置省级标准样地;县政府设置县级标准样地。由于农用地分等的基本组织实施范围为县级行政区,成果完成后直接进行省级汇总,因此,不必设置地市级标准样地。可用于描述并表达农用地分等标准样地特征好坏的因素体系包括两个方面:一是标准样地的实际产量水平;二是土地构成因素,主要包括气候因素、土壤因素、地形地貌因素、水文因素、灌溉与排水条件、农田基本状况等,根据因素进一步细化到因子。

5.3.2 标准样地设置的原则

依据标准样地的涵义,农用地分等标准样地的设置,可依以下五项原则进行:

1)层次设置的原则

(1)标准样地分别设置为国家级、省级和县级;

(2)国家级标准样地依据耕作制度、光温条件、水分条件、土壤条件的宏观差异,分省布设,每省设置10–15块;

(3)省级标准样地依据耕作制度分区、水分条件、土壤条件、地形地貌条件、土地利用条件的差异,分县布设,每县设置5–10块;

(4)县级标准样地依据影响农业生产的微观差异,分乡布设,每乡1–2块;乡内地貌条件、耕作制度差异较大时,可适当增加标准样地数目。

2)生产条件最好的原则

标准样地必须是区域内农业生产条件属于最高范围的那一类土地中随机选取出的农用地分等单元。

3)单位面积农用地的产量水平最高

4)构成农用地的土地因素的综合特征最优

5)永久性标志的原则

标准样地应该是土地利用总体规划中列为永久性农用地的地块。

5.3.3 标准样地特征描述

1)气候

一月平均温度、七月平均气温、大于等于零度积温、大于等于10度积温、降水量、蒸发量、无霜期、灾害气候等因素。

2)土壤

土壤类型(黑土、红壤、盐碱土等)、有机质含量(表层土壤、耕地指耕层有机质)、土壤质地(表层土壤、耕地指耕层质地)、土层厚度(土壤A和B层的厚度)、土壤盐碱状况、土体构型(障碍层次数量、主要障碍层的厚度及埋深)、土壤侵蚀状况(土壤风蚀与水蚀状况)、土壤养分状况(表层土壤、耕地指耕层土壤的养分状况)、土壤污染状况、土壤保水供水状况、土壤中砾石含量等。

3)地形地貌

地貌类型(山地、丘陵、平原等)、海拔、坡度、坡向、坡型、地形部位(在坡的上部、中部、下部)、潜水埋深,潜水水质,地面平整状况。

4)农田基本建设情况

灌溉条件(水源保证率、水源水质、灌溉保证率)、排水条件、田间道路条件、田块大小及平整度等。

5)产量

基准作物和指定作物产量等。

6)土地利用和土地经济

区位、交通、集约经营水平等。

标准样地的特征描述因素可以通过量化和无量纲处理的办法加以详细描述。

5.3.4 标准样地设置的程序

5.3.4.1 标准样地设置方法

农用地分等标准样地的信息主要包括"定量"资料、"定位"资料和"定质"资料。

"定量"资料。国家级标准样地要求各省设置10-15个;省级标准样地要求每县设置5-10个标准样地。

"定位"资料。选作为标准样地的土地,应在土地利用现状图或农用地分等定级单元图上表明,形成标准样地分布图,图件的比例尺为1:50万。同时每个标准样地坐标要输入属性数据表中,并注明到标准样地分布图上。

"定质"资料。"定质"资料主要包括标准样地典型地段的产量水平和描述标准样地特征的因素状况。描述标准样地特征的因素又包括"基本因素"和"地方性补充因素"。在收集这些资料的同时,还要拍摄标准样地典型地段的景观照片和土壤剖面照片。

图片应该单独保存,并命名。样地属性和图片通过是属性表中的景观图片和剖面图片两个字段进行连接。图片名和属性中的两个字段一一对应。

属性表和"定位"资料通过坐标或其他关键字段进行连接。

1)省级标准样地依据气候、地形、土壤、灌溉排水、土地利用、农业生产条件等综合最优的原则,分县布设,每县设置5~10个,并将农用地标准样地属性数据表中的"级别"字段值设为"省级";

2)标准样地编号规则:省级行政代码(2位)+地级市行政代码(2位)+县级行政代码(2位)+标准样地流水编号(2位)。行政代码按《中华人民共和国行政区划代码》(GB2260-91)执行。标准样地流水编号不足2位前面补0。标准样地流水编号按本级别标准样地指定作物标准粮单产(公斤/公顷)之和从高到低进行排序(注:标准耕作制度为两年三熟的情况,将各指定作物标准粮单产之和除以2);

3)绘制省级标准样地分布图;

4)内挖一个 $2m \times 1m \times 2m$ 的土壤剖面(土层薄的地方,剖面长、宽不变,深度到土壤的母质为止);同时必须按照土壤剖面的挖掘规范进行操作(包括观察面的设置,表土、底土的堆放,注意垄沟走向等);

5)确定剖面点位置时,还要注意:①有一个相对稳定的土壤发育条件,即具备有利于该土壤主要特征发育的环境,否则土壤剖面缺乏代表性;②不宜在人为干扰较大的地方挖掘剖面;③如果发现母质或人为熟化等未预料的因素,使土壤发生变化,则应改变剖面点位,或重新设置剖面;

6)土壤剖面形态的观察与描述。按照《规程》要求的条目,并参照土壤调查制图的原理与方法进行观察、描述与记载;

7)土壤剖面图片命名规则为:标准样地编号+"剖面"+序列号(1位).BMP;

8)土壤剖面所在位置景观照片命名规为:标准样地编号+"景观"+序列号(1位).BMP;

9)所有图片必须提供BMP格式电子文件。

5.3.4.2 标准样地设置步骤

标准样地设置主要分为前期准备、外业调查和资料收集、内业处理、成果整理和报告撰写、成果验收等五个阶段进行。

1）前期准备阶段

资料收集表格设计和分等相关参数确定；各试点县(市、区)业务技术骨干培训；

2）外业调查和资料收集阶段

根据湖北省农用地分等技术小组关于农用地分等数据收集表格和要求，各试点县(市、区)完成分等基础数据的收集。

3）内业处理阶段

将属性数据输入计算机，建立样地属性数据库；

4）整理成果和撰写报告阶段

在分等初步成果的基础上，征询有关单位领导和专家的意见，对成果进行校验，修改完善初步成果；撰写报告；整理图件成果和数据表格，形成相应的分等数据库。

5）成果验收阶段

省、市国土管理部门和专家对分等成果进行验收，并申请国土资源部的验收。具体工作流程如图5-2。

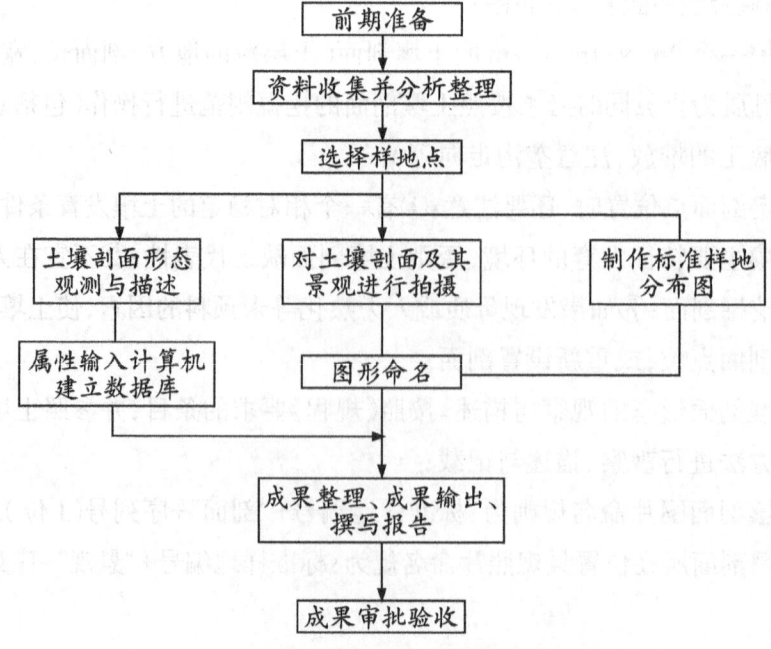

图5-2 农用地标准样地设置技术路线框图

5.3.5 标准样地检验的方法

农用地标准样地验收与确认的具体方法与程序：

1）各县（市、区）应设置 5~10 个省级标准样地，若数量不符合要求，验收不予通过；

2）省级标准样地的产量（这算为标准粮的产量）水平在本县（市、区）内应属于最高范围，标准样地的产量（折算为标准粮的产量）水平与各县级行政区近 3~5 年的统计资料进行对比，若不属于本县内最高范围的，验收不予通过；

3）省级标准样地的自然质量分在所处的县内应属最高范围，若不属于最高范围，验收不予通过；

4）省级标准样地在县级、乡（镇）级土地利用总体规划中应被确定为永久性农用地，若在土地利用总体规划图中不属于永久性农用地，验收不予通过；

5）应拍摄省级标准样地的土壤剖面照片和景观照片，若无照片或照片不能反映实际情况的或与实际情况不符的，验收不予通过；

6）省级标准样地不应遭受任何污染，若已经或将遭受污染的，验收不予通过；

7）省级标准样地特征描述内容应完整、正确，验收组随机抽 2~3 个省级标准样地，到实地查看所填写的内容是否完整、正确，若描述不符合实际情况的，验收不予通过；

8）省级标准样地应设置标志牌，未设置标志牌或所设置的标志牌不符合要求的，验收不予通过。

5.3.6 标准样地的管护

5.3.6.1 标准样地标志的设置与保护

国家级、省级、县级标准样地确定后，要设立标准样地标志牌，注意事项如下：

1.设在醒目的位置，应在分等单元的边界上；

2.标明标准样地在县内的位置概图；

3.标明标准样地编号、等别，并注明是国家级、省级或县级标准样地；

4.标明标准样地的规划用途；

5.制作标志牌要适用、坚固、美观。

6.标准样地受国家法律保护，其变更需报国务院土地行政主管部门批准。

省级、国家级标准样地采用红砖作底料,以 30mm 厚的花岗岩石作标志面,上刻标准样地的相关信息(图 5-3),标志牌上的信息主要包括样地编号、位置、地点、等别、规划用途等(图 5-4)。

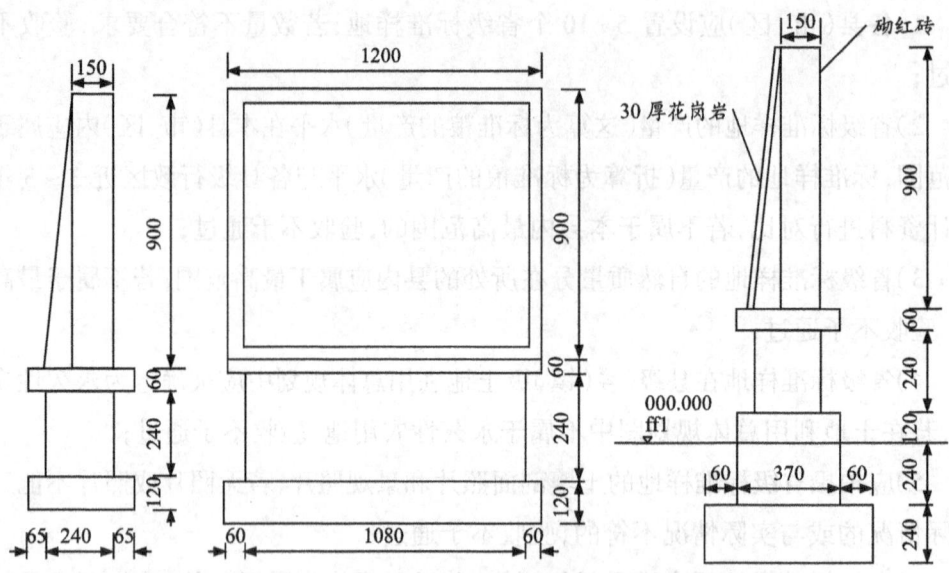

图 5-3 省级标准样地标志牌的侧面、正立面和剖面图

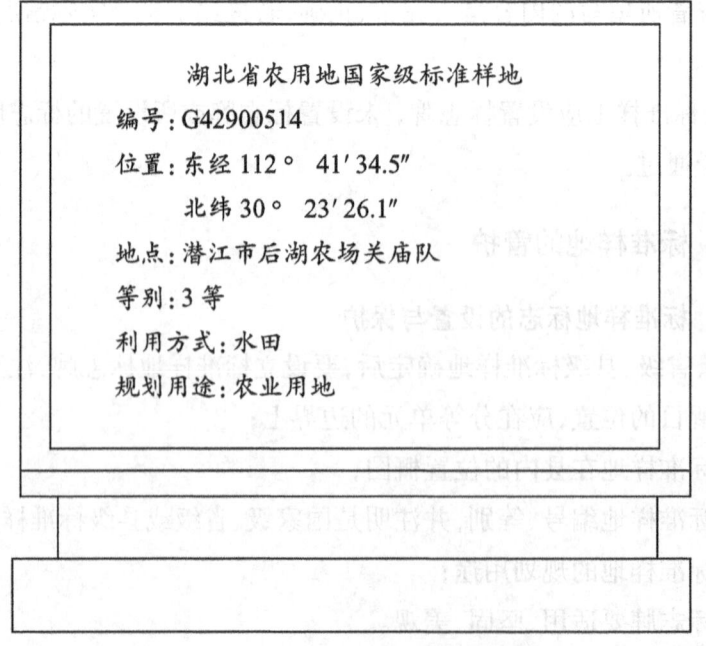

图 5-4 国家级标准样地标志牌示例

5.3.6.2 标准样地档案管理

1.国家级、省级和县级农用地分等定级成果档案中设立标准样地专卷;

2.标准样地档案中记载本行政区内标准样地的分布、特征和管理情况;

3.各级土地行政主管部门负责对本行政区内标准样地的情况进行动态监测和管理;

4.各级土地行政主管部门负责编印本行政区内标准样地图集。

5.4 实例——基于 GIS 的宜都市农用地分等

5.4.1 案例区概况

宜都市原名枝城市,位于鄂西南部,长江中游南岸,地跨东经111°05′51″~111°36′40″,北纬30°05′54″~30°35′56″,系鄂西山区向江汉平原过渡地带,属大陆季风湿润气候。地貌因受历次地壳运动的影响,明显地呈现出由西南向东北倾斜的变化特征。土壤类型以水稻土、潮土、红壤为主,土壤质量因利用状况、成土母质等不同而有差异,但总体上,土壤质地以中壤为主,酸碱度基本适中,有机质含量中等。该区土地总面积1 356.50 km^2,其中耕地459.78 km^2,以中稻、小麦、油菜等农作物为主。

5.4.2 分等技术路线

采用 GIS 技术来进行农用地分等,要经过数据收集、数据编辑、分等因素确定、分等单元划分、等别划分、面积量算统计和成果输出等过程(图5-5)。首先利用GIS的空间数据输入功能将土地利用现状图、土壤图、地形图、地貌图、行政区划图矢量化,建立空间数据库;根据分等因素和因素分级标准收集数据,采用 Access 建立属性数据库,通过用户编码导入到行政区划图中,作为多边形的属性数据存储;通过多图层叠加分析后,生成分等评价单元并获取单元属性数据;通过"指定作物—分等因素—质量分"关系表对单元数据进行量化处理,然后根据分等因素权重和相关参数,求算分等指数;最后采用总分值频率直方图划分单元等别,进行不同等之间的面积统计,实现等别图的输出。

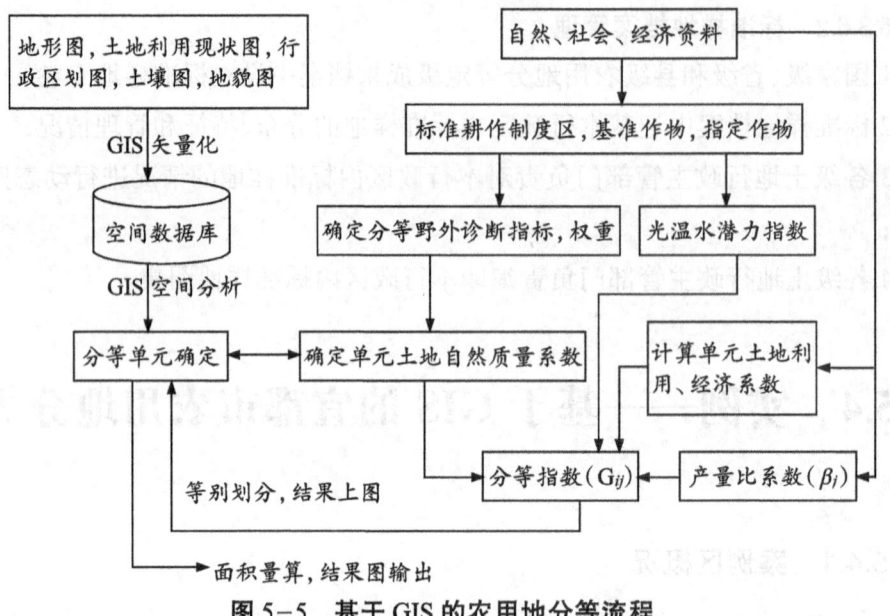

图 5-5 基于 GIS 的农用地分等流程

5.4.3 分等参数的确定

5.4.3.1 标准耕作制度、标准作物和指定作物

根据宜都市热量、水分、地貌及社会经济条件和农作物耕作历史,确定宜都市属于长江中下游沿江平原二级区,耕作制度为一年两熟或一年三熟,复种类型为油—稻—稻或麦—稻。本次评价选定一年两熟方式,基准作物为中稻,指定作物为中稻和油菜。

5.4.3.2 分等诊断指标体系的确定

分等诊断指标是指在野外可以鉴别的影响农用地质量的地形、土壤、灌溉、排水等因素建立农用地分等诊断指标体系工作,包括确定农用地分等诊断指标,指标级别,不同级别的分值,诊断指标的权重。

影响农用地质量的因素很多,所以必须选取对土地的适宜性影响大,稳定性强并且能确切反映土地质量差异的因素因子来评价农用地质量的优劣,一般应遵循以下几个原则:(1)评价因素选择应综合考虑水田、旱地两大主要农用地类型的特征;(2)选择性质相对稳定的评价因素;(3)突出主导因素;(4)土地评价因素之间的相关性要小;(5)土地评价因素的自身变化能对农用地生产力产生显著的影响。根据以上5个原则以及地貌学、土壤学、作物栽培学等的知识和生产实践经验,采用特尔斐法确定宜都市农用地分等诊断指标体系如表5-1。

表5-1 宜都市农用地分等因素及权重

因素	表层质地	剖面构型	有机质	pH值	障碍层深度	排水条件	灌溉保证率	土壤污染状况	地下水埋深
权重	0.12	0.15	0.09	0.06	0.04	0.20	0.23	0.06	0.05

5.4.3.3 编制"指定作物—分等因素—自然质量分"规则表

"指定作物—分等因素—自然质量分"规则表的编制是建立在分等因素与农用地对指定作物的适宜程度研究的基础上而划分出的农用地质量分值的区段。通过分析评价因素与农用地质量的关系,建立起各因素与土地利用效益的相关模型,计算相关系数,以此确定各因素质量分值的具体测算方法。为了便于数据处理,农用地分等中质量分采用0~100分的封闭区间,因素指标的优劣均在0~100分内计算其相对分值,最优的条件取值100,相对最差的条件取值0分。作用分值的配置与分等因素的显著作用区间相对应,如土壤pH值,只在5.0~8.5,变动时才对农用地的质量起显著作用,因此将该区段进行细分,而对超过该区域部分只划为一档。根据《农用地质量分等规程》关于农用地分等因素分级方案,在查阅宜都市相关资料、实地调研和征询农学、气象、土壤等专家后,确定"指定作物—分等因素—自然质量分"规则表见表5-2和5-3。

表5-2 "中稻—分等因素—自然质量分"规则表

分等因素	等级、描述	评分	备注
土壤质地	壤土	100	
	粘土	80	
	砂土	70	
	砾质土	50	
剖面构型	通体壤,壤/砂/壤	100	
	壤/粘/壤	90	
	砂/粘/砂,壤/粘,壤/砂/砂	70	
	砂/粘/粘,粘/砂/粘	60	
	通体粘,粘/砂/砂	60	
	通体砂,通体砾	50	

续表

有机质(%)	2.5—3.5	100
	3.5—5	90
	1.5—2.5	80
	1—1.5	70
	<1 或>=5	50
pH 值	6.5—7.0	100
	6.0—6.5,7.0—7.5	90
	5.0—6.0,7.5—8.0	70
	<5,>8	50
障碍层深度(cm)	无或>=100	100
	50—100	90
	20—50	80
	<20	50
排水条件	1 级	100
	2 级	90
	3 级	80
	4 级	50
灌溉保证率(%)	>=10(或1级)	100
	6—10(或2级)	90
	2—6(或3级)	80
	<2(或4级)	50
土壤污染状况	无污染	100
	轻污染	70
	重污染	40
地下水埋深(cm)	>100	100
	60—100	70
	<60	50

表5-3 "油菜—分等因素—自然质量分"规则表

分等因素	等级、描述	评分	备注
土壤质地	壤土	100	
	粘土	80	
	砂土	80	
	砾质土	60	
剖面构型	通体壤,壤/砂/壤	100	
	壤/粘/壤	80	
	砂/粘/砂,壤/粘/粘,壤/砂/砂	80	
	砂/粘/粘,粘/砂/粘	70	
	通体粘,粘/砂/砂	70	
	通体砂,通体砾	50	
有机质(%)	>=1.5	100	
	1.0−1.5	90	
	0.6−1.0	70	
	<0.6	50	
pH值	6.5−7.0	100	
	5.0−6.0,7.0−8.0	80	
	<5.0,>=8.0	50	
障碍层深度(cm)	无或>=100	100	
	60−100	80	
	30−60	60	
	<30	40	
排水条件	1级	100	
	2级	80	
	3级	70	
	4级	50	
灌溉保证率(%)	>=5(或1级)	100	
	2−5(或2级)	90	
	0.5−2(或3级)	80	
	<0.5(或4级)	60	

续表

土壤污染状况	无污染	100
	轻污染	70
	重污染	40
地下水埋深(cm)	>100	100
	60—100	80
	<60	70

5.4.4 宜都市农用地分等过程

5.4.4.1 分等单元确定及属性数据获取

分等评价单元是土地自然质量性状基本一致的独立的土地单元,它既是完整反映自身特性的最基本地块,也是评价中获取数据的基础工作单元。目前,确定农用地评价单元的基本方法主要有3种:土壤类型为评价单元、土地利用类型为评价单元和土地资源类型为评价单元。

要正确评定农用地的等别,除了保证数据收集的精度外,农用地分等单元的合理划定同样是十分重要的环节,其合理与否既关系到图形预处理和编辑的工作量,也关系到空间数据的精度和信息丢失量。本实例尝试采用以土地资源类型图为基础确定宜都市农用地分等单元,并通过与样点综合评价因子图叠加获取分等单元属性数据。

1)以已经建立的案例区空间数据库为基础,按照土属编码,利用ALEIS,将表层质地、剖面构型、有机质、pH值、障碍层深度等土壤属性数据导入到土属图中;

2)以行政村为基本单元,实地调查收集排水条件、灌溉保证率、土壤污染状况、地下水埋深、中稻单产、中稻投入、油菜单产和油菜投入数据,按照村编码导入行政区划图中建立样点综合数据图;

3)从土地利用现状图中提取灌溉水田、望天田、水浇地、旱地和菜地等多边形建立农用地图层;

4)叠加土壤图、地貌图、农用地图、样点综合数据图等图层,对微小多边形(小于$6\,mm^2$)进行合并后得到的图层即为宜都市农用地分等单元图,共计4 638个多边形;由于各图层中已经包含了分等属性数据,因而通过叠加可同时获取每一个单元的分等因素属性数据和指定作物投入、产出数据。

5.4.4.2 编制利用系数和经济系数等值区图

农用地利用系数反映评价区社会平均开发利用土地的水平。不同的社会经济条件、生产集约化水平能使我们评价的土地潜力一样的土地表现出不同的产量,因此需要通过农用地利用系数确定农用地的实际产出水平即"现实"产量水平。

农用地经济系数是农用地的一个经济特性,它反映社会平均生产的相对获益程度,是将农用地的投入和产出加以综合比较后形成的一个无量纲的数值。农用地产量高,不一定收益就高,所以必须对其投入产出情况进行分析,确定农用地的"经济"产量水平,才能使农用地等别反映自然、社会经济和生态的不同影响。

由于农用地投入、产出数据存在很大的离散性,为加强系数计算的地域控制性,突出等值区土地利用系数和经济系数的区域平均值特性,我们将《农用地质量分等规程》中"点—区—值"的农用地利用系数、经济系数等值区划分和系数计算的方法,修正为按"点—面—区—点—区值"的计算思路。

1)异常乡镇农用地投入、产出数据修正(点—面)

根据调查样点投入、产出数据,对宜都市范围内农用地投入、产出异常乡镇数据进行修正。公式为:

$$B_i = b_i^* (B_0/b_0)$$

式中,B_i 为待修正乡镇投入、产出修正值,b_i 为待修正乡镇投入、产出样点调查平均值,B_0 为正常乡镇投入、产出数据,b_0 为正常乡镇投入、产出样点调查平均值。

2)乡镇农用地利用系数和经济系数计算

根据步骤(1)修正后的乡镇农用地投入、产出平均值,按下列公式计算各乡镇农用地利用系数和经济系数:

$$K_{Lj} = Y_j/Y_{j,\max} \quad a_j = Y_j/C_j \quad K_{cj} = a_j/A_j$$

式中,K_{Lj} 为乡镇内第 j 种指定作物利用系数;Y_j 为乡镇内第 j 种指定作物平均单产;$Y_{j,\max}$ 为第 j 种指定作物二级区的最高单产;a_j 为乡镇指定作物"产量—成本"指数;C_j 为乡镇内第 j 种指定作物平均成本;K_{cj} 为乡镇内指定作物经济系数;A_j 为二级区指定作物的最大"产量—成本"指数。

3)两系数等值区的初步划分(面—区)

根据步骤(2)计算所得 K_{Lj} 和 K_{cj},分别编制宜都市全部乡镇农用地利用系数和经济系数大小排序数轴图,并以图上的明显拐点作为其等值区的分界点,经实地验证核查和必要综合处理,得出两系数等值区的初步结果。

4)等值区代表样点农用地利用系数和经济系数计算(区—点)

在步骤(3)初步划分的两系数等值区内,按照分层抽样的原理和要求,分别选取代表乡镇和农用地投入、产出典型样点,并按下列公式计算样点利用系数和经济系数:

$$K_{Lj} = Y_j/Y_{j,\max} \quad a_j = Y_j/C_j \quad K_{cj} = a_j/A_j$$

式中,K_{Lj}为样点第j种指定作物利用系数;Y_j为样点第j种指定作物实际单产;a_j为样点第j种指定作物"产量—成本"指数;C_j为样点第j种指定作物实际成本;K_{cj}为样点指定作物经济系数;其余同步骤(2)公式。

5)两系数等值区及其利用系数K_L和经济系数物K_C的最终确定(点—区值)

以等值区内农用地利用系数、经济系数基本一致为原则,参考其它自然、经济条件的差异,对两系数等值区的初步结果进行边界订正,使其满足:①等值区各样点系数值在$X\pm 2S$之间;②等值区间系数平均值有一定差异;③等值区边界两边的系数值具有突变特征。最后以等值区内代表样点K_L和K_{cj}的平均值,分别作为各等值区K_L和K_C的最终结果。

6)编制K_L和K_C等值区图

根据各等值区K_L和K_C的最终结果,编制指定作物的K_L、K_C等值区图。

7)单元指定作物农用地K_L和K_C获取

通过对农用地分等单元图和农用地K_L、K_C等值区图进行叠置分析,可以得到每一个评价单元的K_L和K_C的具体数值。

5.4.4.3 基于 ArcGIS 的宜都市农用地分等

1)借助"指定作物—分等因素—自然质量分"规则表对评价单元属性数据进行量化输入 ALEIS 中;

2)采用加权求和模型计算各单元的分等综合指数,按等间距法初步划分等别;

4)等别校验与调整。在所有分等单元中随机抽取几个单元(随机抽样单元数不超过总数的 5%)的样点进行野外实测,将实测结果与分等结果进行比较。在初步分等成果总体上合格,即差异小于 5%的基础上,对于发现的不合格的初步分等结果进行相应调整,使得农用地分等结果更加科学。

5)面积平差与结果统计。以宜都市 2010 年末的土地利用变更调查数据为基准,对各乡镇内的分等单元面积进行平差后,按乡镇统计综合等别、利用等别和自然等别的面积;

6)借助 ArcGIS 的制图功能,完成宜都市分等结果图的输出。

5.4.5 分等结果分析与讨论

5.4.5.1 分等结果

农用地分等单元的等别指数反映了单元内农用地综合质量的优劣。通过对农用地分等单元等别指数的比较和分析,把所有分等单元划归到不同的农用地等别中去。等别划分方法有等距法、数值法、指数频率曲线统计判断法等方法。为了在全省和全国范围内建立统一的农用地质量体系,使农用地成果在省际具有可比性,国家建议统一采用等距法。

经统计,宜都市农用地分等综合指数在2153–1655,按照100分等间距法分为5等,面积结果见表5–4,分等结果图见5–6。

表5–4 宜都市农用地分等结果

等别	1等	2等	3等	4等	5等	总计
指数区间	2153–2053	2053–1953	1953–1853	1853–1753	1753–1653	
面积(hm^2)	3190.88	17186.64	1691.99	12004.89	11903.74	45978.14
百分比(%)	6.94	37.38	3.68	26.11	25.89	100.00

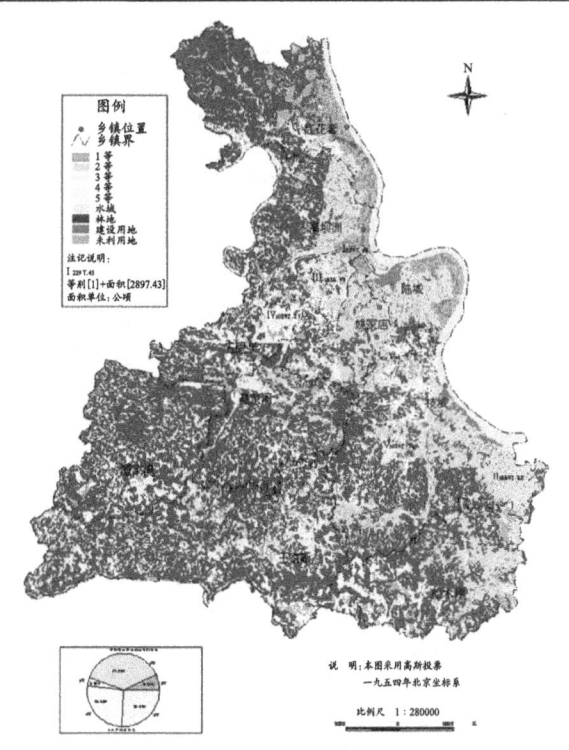

图5–6 宜都市耕地分等综合等别图

5.4.5.2 结果分析与讨论

由表5-4和结果图可知,宜都市农用地等别以2级和4级为主,分别占37.38%和26.11%,这主要与宜都市特有的地形地貌特征和耕作制度有关。宜都市西南高、东北低,构成低山、丘陵、岗地、平原四种地貌形态,而主要以岗地、丘陵为主,在农业利用上,呈现出从平原向山区的变化特点。受自然和社会经济条件的综合影响,农用地等别总体上呈规则条状分布,一般以河流或乡镇所在地为中心向四周逐渐降低,对等别影响大的因素主要有表层质地、灌溉和排水条件。长江和清江交汇处的沿江平原地带包括红花套、陆城、高坝洲镇、枝城镇等的农用地等别较高,由此向外围和西南部过渡到低山地带的潘家湾、王家畈等乡镇后,农用地等别最低,农用地分布零散,土壤条件较差,交通不便利,且排灌也没有保障,农用地自然质量呈逐渐降低趋势。另外,通过农用地利用系数和经济系数对分等结果的修正,使得近郊和公路两侧的农用地等别一般均高于远郊或偏远山区的农用地等别,可见农用地等别的分布除受自然因素影响外,受社会经济因素影响也较突出,土地区位影响明显。

6 耕地定级估价方法与案例

6.1 概 述

6.1.1 耕地定级估价内涵

随着市场经济体制的建立和土地有偿使用制度的推行,综合评定耕地质量级别和价格已成为当前和未来土地管理中的一项十分重要的工作。通过剖析耕地自然属性和社会经济属性的特点,进行耕地定级和估价,可为制订有关耕地政策、土地规划、农用地征用和流通提供依据,充分发挥土地生产潜力,提高土地利用率,促进农业持续、稳定、协调发展。从内涵上来看,耕地定级是指对特定区域的农业用地采用多种因素对其特性进行综合评估并使其等级化的过程,它侧重于反映因耕地现实的(或实际可能的)区域自然质量、利用和效益水平的不同而造成的耕地生产力水平的差异。而耕地价格包括基准地价、宗地地价、征地区片价等多种形式,本章的耕地价格主要指基准地价,它是指县(市)政府根据需要针对耕地不同级别或不同均质地域,按照不同利用类型,分别评估确定的某一估价期日的平均价格。耕地定级估价主要是在中观和微观尺度上对耕地质量进行的评价。定级估价成果的服务目标主要有:一是征地制度改革,今后耕地要走"按价征地"的路子;二是服务于农村土地制度的改革,如耕地流转等。

6.1.2 定级估价目的任务

1)目的

(1)贯彻落实《中华人民共和国土地管理法》,为科学、严格管理耕地提供依据;

(2)科学地量化耕地数量、质量分布,为实施耕地占补平衡制度和基本农田保护制度提供依据；

（3）理顺城乡一体化的地价体系，完善城乡一体化的地产市场，促进农地资产优化配置，为土地整理、农地征用补偿、农地使用权合理流转提供依据；

（4）配合农村税制改革，为合理配赋农业税提供依据。

2）任务

依据对耕地自然条件、利用条件、经济条件、其他特殊条件的调查和判定，对耕地的质量优劣进行评定，并划分级别，然后依据耕地级别和相关投入产出资料、市场交易资料等，测算不同级别、不同利用方式的基准地价，初步建立农村土地价格体系，然后在基准地价基础上评估宗地地价的基础上，分用途、分区域分析地价影响因素与地价的关系，建立起在基准地价基础上评估宗地地价的修正系数体系。

6.1.3 定级估价原则

1）耕地定级的原则

综合分析原则：耕地质量是各种自然因素、经济因素综合作用的结果，因此耕地分等定级应以对造成等级差异的各种因素进行综合分析为基础。

主导因素原则：耕地定级应根据影响因素因子的种类及作用的差异，重点分析对土地质量及土地生产力具有重要作用的主导因素的影响，突出主导因素对土地定级结果的作用。

土地收益差异原则：耕地定级既要反映土地自然质量条件、土地利用水平和社会经济水平的差异及这些因素对不同地区土地生产力水平的影响，也要反映出不同投入水平对不同地区土地生产力水平和收益水平的影响。

定量分析与定性分析相结合原则：耕地定级中尽量把定性的、经验的分析进行量化，以定量计算为主。对现阶段难以定量的自然因素、社会经济因素采用必要的定性分析，将定性分析的结果运用于耕地定级成果的调整和确定阶段的工作中，提高耕地定级成果的准确度。

2）耕地估价的原则

预期收益原则：是指评价对象在正常利用条件下的客观有效的预期收益依据。

替代原则：在进行地价评估过程中，以临近地区或类似地区的功能相同、条件相似、交易方式一致的交易实例的市场价格为参考，经比较修正估算出待估耕地价格。

报酬递增递减原则：在投入水平较低时，每增加生产要素的单位投入量，纯收入均会随之增加；但增加到某一投入以后，继续增加投入，其纯收入不会再随追加的比例增加。

贡献原则：土地总收入是土地各种投入共同作用的结果，与基准地价评估时要充分考虑土地对总收入的实际贡献。

合理利用原则：土地的合理有效利用不仅能充分发挥土地质量的效用，产生良好的经济效益，而且能避免因为土地质量的明显降低而对周围土地的利用造成不利影响或危害。

变动原则：土地与基准地价评估应充分考虑地价形成因素的变化，对将来地价的变动作出准确的预测。同时也要对所采用的地价资料按变动原则修订到与基准地价评估期日的标准水平。

供需原则：土地价格受供求关系的影响，要充分考虑供地需求的特殊性、地域性和市场性。

6.1.4 定级估价范围

农用地（耕地）定级与基准地价评估对象为包括行政区域内现有耕地和宜农未利用地，不包括自然保护区和土地利用总体规划中的永久性林地、永久性牧草地和永久性水域，具体包括现有土地利用方式中的耕地和宜农荒草地、裸土地、田坎。根据土地利用总体规划，将规划"退耕还林"的耕地划分出来，不作为耕地定级估价范围。本章实例中的定级估价范围仅指耕地。

6.1.5 定级估价理论基础

6.1.5.1 农业区位论

在西方经济学中，"区位"（Location）指社会经济等活动在空间分布的位置。这些位置有经济位置、自然位置等。影响土地效益发挥的主要因素是土地的经济位置。在西方经济学中，首先研究区位理论的是17世纪德国农业经济学家屠能，之后是韦伯创建的工业区位论，然后是近代的城市区位论。其主要研究的目的，都是为了确定城市和产业的最优空间经济区位。

土地是重要的生产与生活的物质基础，是区位实现的场所。在各类土地利用中，不同位置显示出的差异性及其在空间上的分布，形成了土地级差、等级差别和不同的使用价值、地租、地价，影响到土地的用途和利用效果。在一般情况下，在土地利用和进行土地分等定级时，应考虑的区位要素主要有以下几方面。

1）距离市场的远近。市场距离是指土地位置到达原料或辞费市场的距离，它影响到运输成本和土地利用类型。位于市场附近的土地，可以得到多种便利因素。对于农业用地来说，它可以种植不宜长途运输的鲜活农产品，同时能得到城市提供的肥料、信息等有利条件，使生产成本降低。随着距离的增加，生产的品种逐渐单一，得到的有利条件也逐渐降低，直接影响到生产效果。

2）交通便利程度。交通便利程度是指土地本身离交通线的距离，这里包括了交通类型和距离程度。一般说来，位于道路、车站、码头附近的工厂、商店、农场等，由于原料供应及时，产品辐射面广，能够实现比其他企业较高的劳动生产率和较快的资金周转速度。

3）劳动力的素质和数量。区域中劳动力的素质和数量直接影响到产品的质量和生产成本。

4）自然位置。土地的自然位置反映了土地同周围自然条件的关系，它的差异反映了自然条件的差异，从而决定了农作物的适宜程度和范围，影响到土地利用方向和效果。

5）与自然资源的关系。随着社会生产建设的发展，资源优势转化为经济优势，必将产生新的经济中心，随之影响土地的交通条件和距经济中心的距离。

6）人类活动集中地区或土地资本集中地区对土地的影响。例如，水是农业的命脉，水利设施的建立可改善农业生产条件，处于水利设施受益范围以内的，其生产条件就优越。

通过以上我们可以看出，农业区位论的中心内容是：农业土地的利用类型和农业土地经营集约化程度不仅取决于土地的天然特征，而且更重要的依赖于当时的经济状况和生产力发展水平，其中尤其是农业生产用地到农产品消耗地（市场）的距离。这样就从农业利用的角度阐述了对农业生产区位的选择进行经济分析的方法。

6.1.5.2 土地肥力理论

土地肥力是土地生产某种产品的潜在能力，它是土地的客观属性。通常人们所讲的土地肥力，实际上指的是土地的经济肥力。土地的经济肥力是由土地的自然肥力和经济肥力构成的综合体。对土地的肥力研究，马克思有独到见解，马克思在讲到自然肥力时指出:"撇开气候等要素不说,自然肥力的差别是由表层土壤的化学结构的差别,也就是由土壤表层土地所含植物养分的差别形成的。不过,具有相同的化学成分,并且在这个意义上具有相等自然肥力的两块地,在现实的有效的肥力方面还会由于这种植物养分所处的形态不同,因为有的形态容易被同化为被直接吸收的植物养分,有的形态则不容易。因此,在自然肥力相同的各块土地上,同样的自然肥力能被利用到什么程度,一方面取决于农业化学的发展,一方面取决于农业机械的发展。

土壤肥力是土壤供给作物生长所需的水分、养分、空气和热量的能力。土壤肥力高低既要看四个肥力因素的数量是否适当,又要看水、肥、气、热之间的协调程度。

影响农业用地肥力高低的不仅有自然因素,而且有生产因素,即土地肥力和人工肥力。农业劳动生产率受自然条件制约,这些条件包括土壤养分、土壤理化性质和生物学特性、气候条件等。这些作物生长条件的总和就是自然肥力。它是独立于人类生产活动,而由自然过程给予土地的肥力,它是自然成立因素作用的结果。

自然肥力在一定程度上是一种潜在肥力,只有通过农业技术对土地的作用才能发挥出来,自然肥力发挥作用的程度取决于社会生产力的发展。由于科学技术的进步,对土地的改良,对其他自然条件的有利利用等,都会提高土地肥力。如平整土地,采取灌排措施,采取人工措施延长作物采光时间,扩大采光面积,调节土地的水分、养分、空气和热量状况,培养高产作物品种等。正如马克思所说,肥力虽然是土地的客观属性,但从经济学方面说,总是同农业化学和农业机械的现有发展水平有关系,因而也随着这种发展水平的变化而变化。土地自从有人类开始耕作时就加入社会生产因素,土地就经历着熟化过程,土地肥力也改变着形态。因而土地不仅有自然肥力,而且获得人工肥力。人类生产活动创造的人工肥力,其中一部分直接被作物吸收,作为有效肥力的组成部分,体现在当年农产品产量中;另一部分则与土地的自然属性结合在一起,提高土地的肥力。

实践证明,人类对土地的影响在很大程度上要归功于农业科学技术和劳动工具的发展,由于科学技术的发展和劳动工具的改进,土地利用方式愈来愈高级化。例如在时间与空间上进行轮作和间作,结合耕作制度的改革,施用肥料,就能保证不断提高土地能力。这种有效实际肥力,即经济肥力。肥力是自然肥力和社会劳动生产力的统一体,是社会生产一定发展水平的肥力。随着社会生产力和科学技术的发展,肥力也在不断提高。经济肥力分绝对肥力与相对肥力两种,绝对肥力表示在一定生产条件下农产品产量,相对肥力表示质量不同的土地等差肥力。农用土地质量定级就是评价质量不同的土地单元相对肥力大小,即土地定级是一种相对评价。

6.2 耕地定级方法与技术路线

6.2.1 定级方法选择

耕地定级的方法主要包括因素法、修正法和样地法。因素法是通过对构成土地质量的自然因素和社会经济因素的综合分析,确定因素因子体系及其影响权重,计算单元因素总分值,以此为依据客观评定耕地级别的方法;修正法是在耕地分等指数的基础上,根据定级目的,选择区位条件、耕作便利度等因素计算修正系数,对分等成果进行修正评定出耕地级别的方法;样地法是以选定的标准样地为参照,建立特征属性计分规则,通过比较计算定级单元特征属性分值,评定耕地级别的方法。不管采用哪种方法,最终都要实现耕地在空间上的定位、定量和定性。

定位方法:耕地定级评价结果的地块化、地域化,采用主导因素均值区法划分单元,进行评价对象的初步定位,然后以评价单元的结果对相似值采用聚类法,进行耕地级别范围的定位。

定量方法:耕地定级评价定量是对结果的数量化处理,在土地数量化评价过程中,对选择的因素、因子采用相对值法或距离递减法,在实际操作过程中,运用编制的耕地质量评价诊断指标体系,对评价单元进行量化,因素的作用分值按 0 ~ 100 分封闭区间赋分,因素指标与作用分值的关系按正相关设置,因素条件越好,距离条件越近,作用分值越高。

定性方法:对耕地级别的划分确定采用总分值频率曲线法,即将每个评价单元综合分值作为样本,对其进行频率统计,并绘制相应的曲线,然后按耕地优劣实际情况,选择若干曲线突变处,结合外业调查与定性分析,确定耕地级别间的界线值和级别个数。

6.2.2 定级指标体系描述

耕地利用系统是一个自然、社会经济综合作用的系统,它的影响因素包括与自然、社会经济、区位有关的众多指标,因而必须在主导因素、差异性、综合性、因地制宜、定量与定性相结合等原则指导下,选择对耕地的适宜性影响大、稳定性高且能确切反映耕地质量差异的因素、因子对耕地进行定级评价。

6.2.2.1 影响耕地级别的因素、因子分析

影响耕地级别的因素主要分为自然因素、社会经济因素和区位因素三类。

1)自然因素

自然因素既包括土地自身的特性,也包括土地的自然环境,主要有气候因素、地貌因素、土壤因素、水文因素等。

1. 气候因素。在气候因素中,水热因子对生物的正常发育和生长起着决定性的作用。它们既是稳定因素,又是较大范围内土地自然生产力差异的表现,决定农作物的熟制。因此,水热因子不仅是农业生产的先决条件,而且是土地质量评价的基本因素。

2. 地貌因素。包括地貌类型、岩石组成、沉积物质、形态特征、海拔高度、坡度、坡向、侵蚀程度等因子。地形对地区水热条件的能量交换起重要作用,同时直接影响土壤的形成和植被的生长发育。地质条件是土地形成的物质基础。地形、地质因素在很大程度上决定着土地利用方向、农田基本建设、土地改造的技术设施及开发利用等。因此,地貌因素也是土地评价基本因素之一。

3. 土壤因素。由于土壤是植物根系活动的场所,同时它具有提供和调节植物生长发育所需要的水分、养分、空气、热量等其他生长条件的能力。因此它是土地生产力的最重要组成部分,也是土地评价的最基本因素。在耕地评价中应着重考虑土壤的发生类型、土层厚度、土壤质地、障碍层、有机质、氮、磷、钾等速效营养元素的含量以及水分、盐分、酸碱度等因素。

4. 水文条件。水文条件一般指地表水和地下水状况。在干旱、半干旱地区,包括水源的有无、种类、水量的大小、水质的优劣和利用的难易等方面;在盐碱化和沼泽化地区,则为灌溉、防洪、排水等条件。水文条件影响农用土地利用、农作物产量和农产品质量,如水质,据试验和观测资料显示,灌溉用水的矿化度应小于 1.7 克/升,矿化度大于 5 克/升的水不宜用于灌溉。所以,水文条件同样影响着

农用土地质量。

5.生物条件。生物条件是自然条件的综合反映,主要因子为植被类型、生物生长量、郁闭度等。

2)社会经济因素

社会经济因素包括土地利用集约度、土地经营效益、人口状况等。土地利用集约度主要指对土地投入的水平,包括种子投入、农药投入、肥料投入、机械投入、灌溉投入、劳动投入等。土地经营效益是土地利用效果的体现,主要由产量、产值或纯收益等指标来表示。人口状况主要体现人口与资源的关系,人口密度大,人均资源少,直接影响到耕地级别与地价水平。

3)区位因素

区位因素主要指经济地理位置,包括地块距中心城镇的距离和交通条件。自然条件相同的两块耕地距中心城镇近的地块土地级别高,距主要交通线近的土地级别高。一般说来,区位与交通条件好的耕地,劳动工日和投入物质的运输费用要少,经济效益好,随着区位与交通条件变差,经济效益则逐渐降低。另外,区位条件的好坏,还决定着是否易于实行机械化作业。因此,测算农用土地纯收益时,区位与交通因素也必须考虑。

6.2.2.2 定级因素、因子选择原则

1)主导性:从影响土地质量的众多指标中选择制约土地用途的主要因子,增强土地质量评价的科学性和简洁性;

2)差异性:选择研究区内有明显差异,能够出现临界值的因子,客观地划分土地等级,否则将有悖于评价目的;

3)不相容性(独立性):即要求所选的指标体系能够尽量反映土地的全部属性,指标间不能出现因果关系,避免重复评价;

4)因地制宜:我国地域差异较大,不同地区的评价指标体系不同,应深入分析研究区域的地理条件和社会经济条件的特点,选择适合的指标体系;

5)定量与定性相结合:尽量把定性的、经验性的指标进行量化,以定量为主,必要时对现阶段难以定量的指标采用定性分析,减少人为影响,提高精度。

6.2.2.3 定级指标选择和权重确定方法

目前,确定耕地定级因素、因子和权重的方法常用的有特尔斐法、层次分析法、主成分分析法、回归分析法等。关于具体的方法详见第三章。

6.2.3 定级评价技术思路

根据耕地定级的原理和第三章的介绍,确定耕地定级评价的技术路线,如图 6-1 (因素法)。

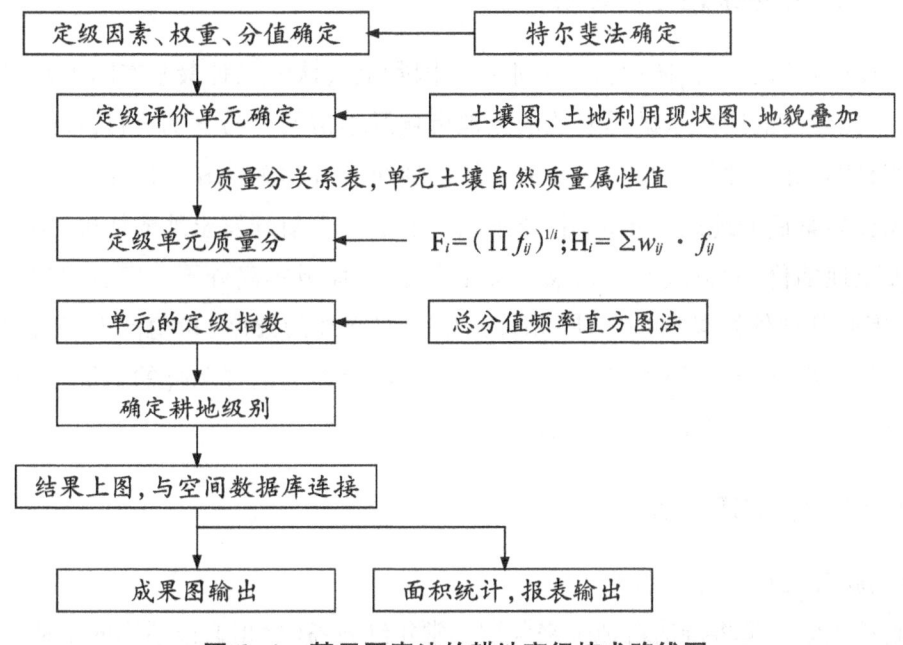

图 6-1 基于因素法的耕地定级技术路线图

6.3 耕地估价方法与技术路线

耕地估价主要包括基准地价和宗地地价,本节将分开描述。

6.3.1 耕地基准地价评估方法

耕地基准地价评估有以下三条技术路线:
1)在耕地定级基础上,用投入产出资料和市场交易资料评估并确定基准地价;
2)在耕地定级基础上,根据定级指数、耕地市场交易资料和投入产出资料,建立地价测算模型,评估并确定基准地价;
3)通过设置基准地块,并评估基准地块价格,根据基准地块价格评估并确定基准地价；

在耕地基准地价评估中，应根据本地耕地市场状况、基础资料及技术条件，选择其中一条技术路线进行评估。

6.3.2 耕地宗地评估方法

市场比较法、收益还原法和成本法是国际上公认的三种最基本的土地评估方法。市场比较法的应用基础是发达的土地市场及丰富的交易案例资料，仅运用于有大量交易案例的地区，并且交易案例与待估地块应有相关性和替代性，交易案例较少或无交易案例的地区则不适用。成本法一般适用于新开发土地的估价，不适用于已开发土地估价，而且成本法以成本累加为途径，而成本高并不一定表明效用和价值高，因此其评估结果只是一种"积算价格"，对土地的效用、价值及市场需求方的情况未加考虑。收益还原法是以求取待估土地纯收益为前提条件的估价方法，因此这种方法适宜于为获取收益目的而使用土地的估价。

6.3.3 收益还原法

(1) 收益还原法的基本原理

收益还原法是将待估耕地未来各期正常年纯收益(地租)，以适当的土地还原率还原，从而估算出待估耕地价格的一种方法。

(2) 收益还原法评估耕地价格的程序

a. 搜集与待估宗地有关的收益和费用等资料；

b. 测算年总收益；

c. 测算年总费用；

d. 计算年纯收益；

e. 确定土地还原率；

f. 选用适当的公式计算耕地价格。

(3) 年总收益的分析计算

年总收益是指待估宗地按法定用途，合理有效利用土地所取得的持续而稳定的客观正常年收益。确定年总收益时，应根据待估耕地生产经营活动的方式进行具体分析。

a. 待估宗地为直接生产经营方式，用农产品年收入作为年总收益农产品年收入，是指耕地用于农业生产过程中每年平均的农业生产产品的收入，包括主产品收入和副产品收入。收入的计算根据其产量和估价期日的正常市场价格进行。

b. 待估宗地为租赁经营，年租金收入及保证金或押金的利息收入之和作为年总收益

租金收入及保证金或押金的利息收入，是指耕地由其产权拥有者用于出租时，每年所获得的客观租金及承租方支付的保证金或押金的利息。客观租金根据实际租金水平考虑评估期日当地正常的市场租金进行分析计算；保证金或押金的利息按其数量及评估期日中国人民银行的一年期定期存款利息率进行计算。

（4）年总费用的分析计算

总费用是指待估宗地的使用者在进行生产经营活动中所支付的年平均客观总费用。在确定年总费用时应根据待估耕地生产经营活动的方式进行具体分析。

a. 待估宗地为直接生产经营方式，用耕地维护费和生产农副产品的费用之和作为总费用。

耕地维护费一般指耕地基本配套设施的年平均维修费用；生产农副产品的费用一般包括生产农副产品过程中所必须支付的直接及间接费用，如种苗费（或种子费、幼畜禽费）、肥料费（或饲料费）、人工费、畜工费、机工费、农药费、材料费、水利费、农舍费（或畜禽舍费）、农具费以及有关的税款、利息等。

b. 待估宗地为租赁经营，用耕地租赁过程中发生的年平均费用作为年总费用。它主要指在进行土地租赁过程中所必须支付的年平均客观总费用。

（5）求取年纯收益

土地年纯收益为年总收益与年总费用之差。

（6）土地还原率的确定

土地还原率可按下列方法确定：

a. 租价比方法：即选择与评估对象处于同一地区或近邻地区、类似地区，相同用途的三宗以上近期发生交易的，且在交易类型上与评估对象相似的耕地交易实例，以交易实例的土地租金或土地纯收益与其价格的比率的均值作为土地还原率。

b. 安全利率加风险调整值法：即土地还原率=安全利率+风险调整值。安全利率可选用同一时期的一年期国债年利率或银行一年期定期存款年利率；风险调整值应根据评估对象所处地区的社会经济发展和土地市场等状况对其影响程度而确定。

c.投资风险与投资收益率综合排序插入法:将社会上各种相关类型投资,按它们的收益率与风险大小排序,然后分析判断估价对象所对应的范围,确定其还原率。

在估价实践中应根据当地土地市场情况,选择适当的方法,确定土地还原率。

(7)计算收益价格

a.计算收益价格的基本公式:

$$P = \frac{a}{r}$$

式中:P—土地价格;a—土地年纯收益;r—土地还原率。

b.有限年期的待估耕地价格应根据其使用年期进行年期修正。

公式为:

$$P = \frac{a}{r}\left[1 - \frac{1}{(1+r)^n}\right]$$

式中:P—土地价格;a—土地年纯收益;r—土地还原率;n—土地使用年期。

c.土地纯收益每年有变化的,应按其变化规律采用相应的公式进行计算。

6.3.2 市场比较法

(1)市场比较法的基本原理

市场比较法是根据替代原理,将待估耕地与近期市场上已发生交易的类似耕地进行比较,并对类似耕地的成交价格进行适当修正,以此估算待估耕地价格的方法。

(2)市场比较法估价的步骤

a.收集和选择比较交易实例;

b.建立价格可比基础;

c.进行交易情况修正;

d.进行交易期日修正;

e.进行影响因素修正;

f.计算比准价格。

(3)收集与选择比较交易实例

比较交易实例收集与选择应遵循以下原则:

a.首选与评估对象处于同一地区的实例,次选处于近邻地区或类似地区的实例;

b.用途应相同;

c.价格类型相同或可比;

d. 成交日期与估价期日应接近,不宜超过三年;

e. 应尽量为正常交易;

f. 应至少选择三个可比较实例。

交易实例搜集与调查的内容:

a. 交易双方的情况及交易目的;

b. 交易实例的状况,一般应包括宗地本身的各种自然条件、社会经济条件、特殊条件等;

c. 成交价格;

d. 付款方式;

e. 成交日期。

(4)选取比较实例后,应对比较实例的成交价格进行换算处理,建立价格可比基础,统一表达方式和地价内涵,主要包括以下内容:

a. 统一地价内涵;

b. 统一付款方式,应统一为在成交日期时一次总付清;

c. 统一采用单位面积地价,并统一面积内涵和面积单位;

d. 统一币种和货币单位。不同币种之间的换算,应按中国人民银行公布的成交日期时的市场汇率中间价计算。

(5)交易情况修正

交易情况修正,是指排除交易行为中的一些特殊因素所造成的比较实例的价格偏差,将其成交价格修正为正常交易情况下的价格。引起特殊交易行为因素一般有以下几种:

a. 有利害关系人之间的交易等;

b. 急买急卖的交易;

c. 受债权债务关系影响的交易;

d. 交易双方或者一方有特别动机或者特别偏好的交易;

e. 相邻地块的合并交易;

f. 特殊方式的交易;

g. 交易税费非正常负担的交易;

h. 有纠纷的交易。

在选择交易实例时,如果交易实例存在上述特殊交易情况应尽量避免选择,不得已必须采用时就需要进行交易情况修正。

1）交易情况分析：

测定各种特殊因素对土地交易价格的影响程度，即分析在正常情况下和这些特殊情况下，土地交易价格可能产生的偏差大小。测定方法可以利用已掌握的同类型土地交易资料分析计算，确定修正系数。也可以由估价人员根据长期的经验积累，判断确定修正系数。对交易税费非正常负担的修正，应将成交价格调整为依照政府有关规定，交易双方负担各自应负担的税费额确定修正系数。

2）计算情况修正系数，计算公式为：

$$K_c = I_{cp} / I_{cb}$$

式中：K_c——情况修正系数；I_{cp}——待估耕地情况指数；I_{cb}——交易实例耕地情况指数。

(6) 期日修正

应将交易实例在其成交期日时的价格调整为估价期日的价格。具体可采用以下方法：

a. 利用本地区耕地价格指数计算修正系数，计算公式为：

$$K_t = I_p / I_b$$

式中：K_t——期日修正系数；I_p——估价期日的地价指数；I_b——交易日期的地价指数。

b. 利用类似耕地价格变动率确定期日修正系数（K_t）；

c. 在无耕地价格指数或变动率的情况下，估价人员可以根据当地土地价格的变动情况和发展趋势及自己的经验积累进行判断，确定期日修正系数（K_t）；

d. 通过分析土地价格随时间推移的变动规律，采用时间序列分析，建立土地价格与时间的相互关系模型求取期日修正系数（K_t）。

(7) 影响因素修正

根据农用土地价格的影响因素体系和估价对象与比较实例之间的特殊条件，确定影响因素修正体系，并分别描述估价对象与各比较实例的各种影响因素状况，确定修正指数，计算修正系数。

影响因素根据"耕地价格影响因素"和估价对象与比较实例的具体条件确定。其中耕地价格影响因素包括：

a. 自然因素，包括气候、地形地貌、土壤、水文状况等。

b. 社会经济因素，包括社会经济发展水平、土地制度、交通条件、农田基本设施状况等。

c.特殊因素,待估耕地所独有的特性和条件。如特殊的气候条件、土壤条件、环境条件等。

影响因素状况描述应具体、明确,并尽量采用量化指标,避免采用"好"、"较好"、"较差"、"一般"等形容词。

1)自然因素修正系数公式

$$K_n = (I_{oi} / I_{bi})$$

式中:K_n—自然因素的修正系数;I_{oi}—待估耕地 i 因素的指数;I_{bi}—交易实例 i 因素的指数;n—影响因素个数。

2)社会经济因素修正系数公式

$$K_e = (I_{oi} / I_{bi})$$

式中:K_e—社会经济因素的修正系数;I_{oi}—待估耕地 i 因素的指数;I_{bi}—交易实例 i 因素的指数;n—影响因素个数。

3)特殊因素修正系数公式

$$K_s = (I_{oi} / I_{bi})$$

式中:K_s—特殊因素的修正系数;I_{oi}—待估耕地 i 因素的指数;I_{bi}—交易实例 i 因素的指数;n—影响因素个数。

(8)土地使用年期修正

土地使用年期修正是将各比较实例的不同使用年期修正到待估宗地的使用年期,以消除因土地使用年期不同而对价格带来的影响。

计算年期修正系数,年期修正系数按下式计算:

$$K = \frac{1 - 1/(1+r)^m}{1 - 1/(1+r)^n}$$

式中:K_y—将比较实例年期修正到待估耕地使用年期的年期修正系数;r—土地还原率;m—待估耕地的使用年期;n—比较实例的使用年期。

(9)确定待估耕地价格

比准价格的计算公式为:

$$P = P_b \times K_c \times K_t \times K_n \times K_e \times K_s \times K_y$$

式中:P—比准价格;P_b—交易实例价格;K_c—情况修正系数;K_t—期日修正系数;K_n—自然因素的修正系数;K_e—社会经济因素的修正系数;K_s—特殊因素的修正系数;K_y—将比较实例年期修正到待估耕地使用年期的年期修正系数。

所选取的若干个交易实例价格经过上述各项比较修正后,可选用下列方法之一计算待估耕地价格:

1)简单算术平均法;

2)加权算术平均法;

3)中位数法;

4)众数法;

5)综合分析法。

6.3.3 成本逼近法

(1)成本逼近法的基本原理

成本逼近法是指以未利用土地开发为耕地或中低产田改造所耗费的各项客观费用之和为主要依据,再加上一定的利润、利息、应缴纳的税金和耕地增值收益,并进行各种修正来确定耕地价格的方法。

成本逼近法的基本公式如下:

$$P = E_a + E_d + T + R_1 + R_2 + R_3$$

式中:P—耕地价格;E_a—土地取得费;E_d—土地开发费;T—税费;R_1—利息;R_2—利润;R_3—土地增值。

(2)成本逼近法的估价步骤

a. 判断评估对象是否适用成本逼近法;

b. 搜集与估价有关的成本费用、利息、利润及待估耕地增值收益等资料;

c. 通过直接或间接方式求取估价对象的土地取得费、耕地开发费及相关的税费、利息、利润;

d. 确定耕地增值收益;

e. 按成本逼近法公式求取待估耕地的价格;

f. 确定已开发土地的修正因素,并进行修正;

g. 确定待估耕地的最终地价。

(3)确定土地取得费

耕地取得费主要表现为取得未利用土地或中低产田客观发生的费用。

(4)确定耕地开发费

耕地开发费是为使土地达到一定的农业利用条件而进行的各种投入的客观费

用,如农田平整、处理耕作层、建设农田水利设施、田间道路、田间防护林等。

根据农业生产的要求,耕地的开发程度主要应包括以下几方面:

a. 通路:分通田间人行路、机耕路等情况;

b. 供水:分上游有蓄水设施的自流供水、地下水供水、喷灌供水、滴灌供水等;

c. 排水:分析能否顺畅地自然排水、有无排水沟渠等;

d. 通电:考察田间耕作能否方便地使用电力;

e. 土地平整:平整度应能满足农业生产基本要求,有至少20厘米疏松土壤的耕作层。

在具体分析耕地的开发程度时,还应区分田块内外的情况,并根据各种开发设施的投资主体与评估对象的产权主体的权属利益关系确定评估设定的土地开发程度,并合理确定开发费用。

(5)确定各项税费

主要是指取得待开发耕地和在进行耕地开发过程中所应支付的有关税费,具体项目和取费标准按国家和当地的有关规定确定。

(6)确定耕地开发利息

土地的取得费用和开发费用均应根据其投资的特点和所经历的时间计算利息,利息率按评估期日的中国人民银行公布的贷款利息率来确定。

计息期间以耕地开发周期为基础,考虑各项投资的投入特点确定。耕地开发周期根据耕地开发的总面积、耕地开发程度和开发难度等方面确定。

(7)确定耕地开发利润

利润是对耕地开发投资的回报,是土地取得费用和开发费用在合理的投资回报率(利润率)下应得的经济报酬。利润率根据开发耕地所处地区的经济环境、开发耕地的利用类型(行业特点)和开发周期等方面确定。

(8)确定耕地增值收益

耕地增值收益是指待估耕地因增加投资进行耕地开发或者中低产田改造,使耕地生产能力得到提高而引起的耕地价格的增值。耕地增值收益率根据开发耕地所处地区的经济环境、开发耕地的利用类型(行业特点)等方面确定。

(9)计算耕地价格

根据上述各项的计算结果,利用成本逼近法的公式计算初始耕地价格。

（10）对耕地价格进行年期修正

a. 若求取的是有限年期的耕地价格时，应判断是否进行年期修正。

年期修正公式为：

$$P_T = P_0 \times K_y$$

式中：P_T——年期修正后的耕地价格；P_0——年期修正前的耕地价格；K_y——年期修正系数。

年期修正系数的计算公式为：

$$K_y = 1 - \frac{1}{(1+r)^n}$$

式中：K_y——年期修正系数；r——耕地还原率；n——耕地使用年期。

b. 判断是否进行年期修正的标准有如下几个方面：

当耕地增值收益是以有限年期的市场价格与成本价格的差额确定时，年期修正已在增值收益中体现，不再另行修正；

当耕地增值收益是以无限年期的市场价格与成本价格的差额确定时，耕地增值收益与成本价格一道进行年期修正；

当耕地为承包、转包等耕地时，应按使用年期或剩余使用年期进行修正。

（11）区位修正

当区位对耕地的经营类型影响较大时，还应对耕地价格进行区位修正。

6.4 实例——宜都市耕地定级评价

随着市场经济体制的建立和土地有偿使用制度的推行，综合评定耕地质量级别已成为当前和未来土地管理中的一项十分重要的工作。通过剖析耕地自然属性和社会经济属性的特点进行耕地质量定级，可为制订有关耕地政策、土地规划、耕地征用和流通提供依据，充分发挥土地生产潜力，提高土地利用率，促进农业持续、稳定、协调发展。目前常用的耕地定级方法有因素法、样地法和修正法，三种方法各有优缺点，但在评价过程中都往往会不同程度地引入人为因素的影响，从而使评价结果的准确度与精确性受到一定的影响。为了突破人为主观因素的限制，解决信息处理中的模糊不相容问题，更加科学地探讨土地资源评价方法，使评价结果更能反映耕地的本质特征，本实例以湖北省宜都市为例，对因素法进行拓展，引入模糊物元贴近度聚类分析模型并结合 GIS 技术开展耕地定级研究，取得了较好的结果，为耕地资源的合理利用与管理提供了依据，同时也提高了评价结果的准确度和精确性。

6.4.1 耕地定级技术路线

以 ArcGIS 作为空间数据编辑、管理和分析工具，用于获取耕地定级评价单元和评价因子属性数据，借助主成分分析法确定耕地定级评价指标体系，根据各指标实测值和隶属函数构建模糊复合物元，然后确定差平方复合模糊物元，通过计算各评价单元的欧氏贴近度并进行聚类分析后划分耕地级别，结合 ArcGIS 实现结果图和报表的输出(图 6-2)。

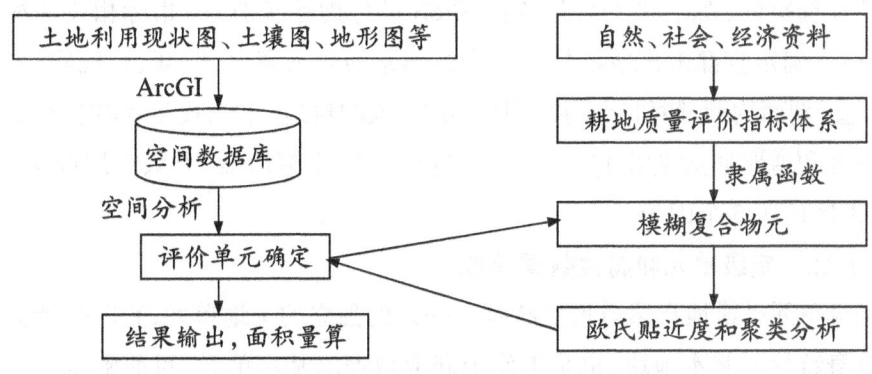

图 6-2　基于 GIS 的耕地定级评价流程

6.4.2 宜都市耕地定级过程

6.4.2.1 定级指标体系的建立

影响耕地质量的因素很多，涉及自然生态、社会经济和区位条件等各方面，所以必须选取对耕地的适宜性影响大、稳定性高且能确切反映耕地质量差异的因素、因子对耕地进行质量定级评价。选取评价因素主要有4个原则：(1)选取的因子对土地的生产潜力有比较大的影响；(2)选取的因子应在评价区域内的变异较大；(3)应以稳定性因子为主，但对农业生产影响大的不稳定性因子也应考虑；(4)因子之间如果存在高度相关性，只选择其中之一。参考全国农业地力等级划分标准 NY/T309-1996（中华人民共和国农业部，1996），在实地考察的基础上，采用主成分分析法确定耕地定级评价指标体系。其流程如下：

（1）指标鉴别力分析。用指标值分布的离散系数 CV_i 来量度，当某指标的离散系数值小于临界阈值时去掉该指标（CV_i 一般取 5%）。

$$CV_i = \sqrt{\frac{1}{n-1}\sum(X_{ij}-\overline{X_i})^2 \times (\frac{1}{n}\sum_{i=1}^{n}X_{ij})^{-1} \times 100}$$

$$r_{ij} = \sum_{k=1}^{n}(Z_{ki}-\overline{Z_i})(Z_{ki}-\overline{Z_j}) \times (\sqrt{\sum_{k=1}^{n}(Z_{ki}-\overline{Z_i})^2 \sum_{k=1}^{n}(Z_{kj}-\overline{Z_j})^2})^{-1}$$

（2）指标相关分析。通过计算两指标的相关系数（r_{ij}）来消除高度相关指标对评价的影响。查表得到 18 个因子在 0.05 水平的相关系数临界值为 0.443。

（3）主成分分析。运用方差累计贡献率大于 90% 的前 k 个主成分代替原始指标。

本实例首先根据宜都市的自然、社会和经济等各方面情况，将坡度等 18 个因素作为其预选指标，然后借助统计软件 SPSS 进行指标鉴别力、指标相关性和主成分分析，最终确定宜都市耕地质量评价指标体系为海拔高度、坡度、有机质、表土层质地、pH 值、剖面构型、障碍层深度、排灌条件、人均耕地、土地效益、利用方式、农贸市场影响度和道路通达度等 13 个因子，去掉 CEC、土壤污染、有效土层厚度、地下水位、农田区位等 5 个因子。

6.4.2.2 定级单元和属性数据获取

定级单元是耕地自然质量性状基本一致的独立的土地单元，它既是能完整反映耕地自身特性的基本地块，也是工作中获取数据的基本单元。目前确定评价单元的主要方法有叠置法、地块法、网格法和多边形法，本实例采用叠置法和多边形法相结合来获取评价单元及其属性数据。

（1）海拔高度和坡度：以 20m 等高距数字化地形图提取等高线，输入高程数据即可获得海拔高度，进行拓扑处理，得到海拔高度面图层；将等高线图层导出成 Coverage 格式，利用 ArcGIS 的三维分析功能，生成 TIN 后进行表面分析得到坡度图。

（2）土壤属性数据：以已经建立的案例区空间数据库为基础，按照土属编码，将土壤属性数据导入到土属图中。

（3）利用方式和农贸中心影响度：按照《全国土地利用现状分类》（GB/T21010-2007）对土地利用分类的规定，从土地利用现状图提取水田、水浇地和旱地等多边形建立耕地图层；提取农贸中心进行缓冲区分析获取农贸中心影响度图层。

缓冲区分析是根据空间数据库中的点、线、面地理实体或规划目标，自动建立其周围一定宽度范围的多边形,也称邻近度。根据物体对周围空间影响度的变化性质,缓冲区分析一般有:线性衰减模型、二次衰减模型、指数衰减模型。

①线性衰减模型

物体对周围空间的影响度 F_i,随距离呈线性形式衰减,其模型形式为:

$$F_i = f_0(1-r_i) \quad r_i = d_i/d_0 \quad 0 \leq r_i \leq 1$$

②二次衰减模型

物体对周围空间的影响度 F_i,随距离呈二次形式衰减,其模型形式为:

$$F_i = f_0(1-r_i)^2 \quad r_i = d_i/d_0 \quad 0 \leq r_i \leq 1$$

③指数衰减模型

物体对周围空间的影响度 F_i,随距离呈指数形式衰减,其模型形式为:

$$F_i = f_0^{(1-r_i)} \quad r_i = d_i/d_0 \quad 0 \leq r_i \leq 1$$

式中,f_0 表示参与缓冲带分析的一组空间的综合规模指数,一般须经最大值标准化后参与运算;d_0 表示该要素的最大影响距离;d_i 表示在该要素最大影响距离内的某点距该要素的实际距离。

本实例根据宜都市农贸中心的功能、营业规模及各城镇的等级,将宜都市各农贸中心分为4级,分别确定最大影响距离为7km、5km、3km、2km(各最大影响距离依据农贸中心的面积与案例区总面积相比测算得到),然后根据实际情况,预先将农贸中心对周围空间的影响度 F_i 分为几个典型等级,采用二次衰减模型获取 d_i 值(表6-1),距离越小作用分值越大。对不同 d_i 做缓冲区分析后将各等级缓冲区图进行叠加,在相应的缓冲区带中赋予相应的 F_i 值,得到其影响图层。公式如下:

$$d_i = d_0(1-\sqrt{F_i}) = f_0(1-\sqrt{F_i})$$

式中:d_i 表示在该要素最大影响距离内的某点距该要素的实际距离,d_0 表示该要素的最大影响距离,f_0 表示参与缓冲带分析的一组空间的综合规模指数,F_i 表示不同空间距离上的作用分值。

宜都市农贸中心四级分布中心为:

1级:中心城区(陆城);

2级:枝城,红花套,松木坪,高坝洲,姚家店;

3级:聂家河,王家畈,洋溪,五眼泉,潘家湾;

4级:黎家坪,望佛山,滳家沱,吴家岗,茶园寺,全福河,毛湖淌。

表 6-1 农贸中心各等级 F_i 对应的的 d_i 值

F_i	1 级	2 级	F_i	3 级	4 级
0.1	4 786	3 419	0.2	1 658	1 106
0.25	3 500	2 500	0.55	775	517
0.45	2 304	1 646	1	0	0
0.7	1 143	817			
1	0	0			

(4)其他数据:以行政村为单位收集道路通达度、排灌条件、人均耕地和利用效益数据,通过用户识别码(ID)将调查数据导入行政区划图层。

将以上分析得到的图层叠加,对微小多边形(小于 6 mm²)进行合并后得到的图层即为宜都市耕地质量评价单元图,共计 6548 个多边形;由于各因子图层均有属性数据,因而通过叠加可同时获取每一个评价单元的因子属性数据。

6.4.2.3 评价因子隶属函数的确定

为了实现耕地定级结果的科学性和可比性,需要对各指标值进行量化,一般用 0 和 100 来表示定级因素因子最差和最优的两种极端状态。然后依据各评价指标对耕地质量的影响特性建立各评价指标的隶属度函数,计算隶属度值,表征各项指标在土地系统中的状态。

耕地定级因子依据其属性可分为数值型、域值型、语言型和空间扩散型,对不同属性的因子采用不同的方法进行赋值,使得每一个定级因子量化以后均处在[0,100]之间。根据各评价因子的属性并结合实际情况,本实例将 13 个因子分为 3 类,分别采用不同的隶属函数。

(1)语言型(离散型):属于该类型的因子包括表层质地、剖面构型、排灌条件、利用方式,这类因子直接用不同的分级指标和分值来描述其对耕地级别的影响(表6-2)。

表 6-2 部分因子评价指标和隶属度值

表层质地	隶属度	剖面构型	隶属度	排灌条件	隶属度	利用方式	隶属度
壤质土	1	Ap-Bp-Br1-Br₂ Ap₁-Ap₂-Wr	1	1 级	1	灌溉水田	1
砂壤,粘壤	0.8	Ap₁-Ap₂-(Wr) Ap-Bp-Br	0.8	2 级	0.8	菜地	0.9
粘土,砂土	0.5	Ap₁-Ap₂-Wr-(S) Ap₁-Ap₂-Wr-G	0.6	3 级	0.5	水浇地	0.7
粗骨土	0.2	Ap-(B)-Cq	0.3	4 级	0.3	旱地	0.5

(2)域值型(抛物线型):pH属于这种类型,曲线中转折点取值a_1~a_4分别为5.0,6.5,7.5,8.5。

$$f(x_1)=\begin{cases} 0.1 & x\leq a_1 \\ 0.1+[0.5+0.5\times\sin(\pi/(a_2-a_1)\times(x-(a_1+a_2)/2))]\times 0.9 & a_1<x\leq a_2 \\ 1.0 & a_2<x\leq a_3 \\ 0.1-[0.5-0.5\times\sin(\pi/(a_4-a_3)\times(x-(a_3+a_4)/2))]\times 0.9 & a_3<x\leq a_4 \\ 0.1 & x>a_4 \end{cases}$$

(3)域值型(S型):有机质、障碍层、人均耕地、土地效益、道路通达度属于正S型,而海拔高度、坡度属于反S型,曲线中转折点的取值见表6-3。

$$f(x_2)=\begin{cases} 0.1 & x<a_1 \\ 0.1+[0.5+0.5\times\sin(\pi/(a_2-a_1)\times(x-(a_1+a_2)/2))]\times 0.9 & a_1\leq x<a_2 \\ 1.0 & x\geq a_2 \end{cases}$$

$$f(x_3)=\begin{cases} 1 & x<a_1 \\ 1-[0.5+0.5\times\sin(\pi/(a_2-a_1)\times(x-(a_1+a_2)/2))]\times 0.9 & a_1\leq x<a_2 \\ 0.1 & x\geq a_2 \end{cases}$$

表6-3 评价指标的转折点取值

评价因子	有机质 g kg^{-1}	障碍层 m	人均耕地 m^{2}Person^{-1}	土地效益 yuan hm^{-2}	道路通达度	海拔 m	坡度 °
a_1	5	30	0.5	160	2	100	2
a_2	20	90	2.0	300	8	500	15

(4)空间扩散型(农贸中心影响度):通过缓冲区分析后,各单元的Fi已经量化为0和1之间的数值。

6.4.2.4 耕地定级模型的构建

利用隶属函数对6548个评价单元各指标原始属性值进行标准化后,构建"耕地评价单元,评价指标,隶属度"模糊复合物元。

(1)权重确定。联合国粮农组织的《土地评价纲要》规定,分析参评因子对耕地质量影响的大小主要根据权重的不同来体现。本实例对构建的模糊复合物元进行关联变化后,对不同评价单元各指标的关联系数进行标准化处理得到各指标的权重(表6-4),公式为:

$$W_i=\sum_{j=1}^{m}K_{ji}/\sum_{i=1}^{n}\sum_{j=1}^{m}K_{ji} \quad (j=1,2,\cdots,m;i=1,2,\cdots,n)$$

式中，W_i 为第 i 个指标的权重，K_{ji} 为第 j 个单元第 i 个指标的关联系数。

表 6-4　宜都市耕地定级评价因子的权重

因素	海拔	有机质	表层质地	障碍层深度	排灌条件	人均耕地	利用方式
权重	0.05	0.06	0.1	0.04	0.12	0.03	0.03
因素	pH	坡度	剖面构型	道路通达度	土地效益	农贸中心影响度	
权重	0.06	0.2	0.14	0.07	0.03	0.07	

(2) 标准模糊物元和差平方模糊物元。各评价指标的隶属度值均表现为越大越好，所以采用越大越优模型，即取各指标的最大隶属度值确定标准模糊物元，然后构建差平方模糊物元来计算各评价单元的贴近度值。

计算两模糊物元间的贴近度有很多方法，考虑本实例是依据多指标对耕地质量进行综合评价，拟采用先乘后加模型计算欧氏贴近度 ρ_j。

$$\rho_j = 1 - \sqrt{\sum_{j=1}^{m} w_j \times \Delta_{ji}} \quad (j=1,2,\cdots,m; i=1,2,\cdots,n)$$

式中，ρ_j 为第 j 个评价单元与标准复合物元之间的贴近度，Δ_{ji} 为标准模糊复合物元 R_{sm} 和模糊复合物元 R_{mn} 各评价指标最优值与实测值隶属度差的平方。

ρ_j 值越大，表明评价单元与标准复合物元两者越接近，评价单元的质量越好，级别越高；反之，评价单元的质量越差，级别越低。

(3) 贴近度计算和聚类分析。根据贴近度计算公式计算各评价单元的贴近度值，其范围在 0.35~0.93。然后以统计软件 SPSS 作为分析工具，对 6548 个单元的欧氏贴近度值采用最短距离法进行聚类，以相关系数突变为聚类结束标志，确定绝对距离阈值 0.09，将案例区耕地质量划分为 6 级（表 6-5）。同时，根据所有单元贴近度值做频率直方图（图 6-3），对聚类结果进行验证，结果表明二者的分类间距类似。采用随机抽样调查的方法对结果进行校验，以检验单元划分和边界确定的合理性、评价指标的正确性和结果的准确性。利用统计软件 SPSS，对 120 个随机野外调查样点的贴近度值和作物的产量进行相关性分析，求取 Pearson 相关系数，分析表明 Pearson 系数为 0.285，达到极显著性水平（0.01），表明二者关系密切，模糊物元贴近度聚类法评价的结果与实际生产基本相符，具有一定的实践指导意义。

6 耕地定级估价方法与案例

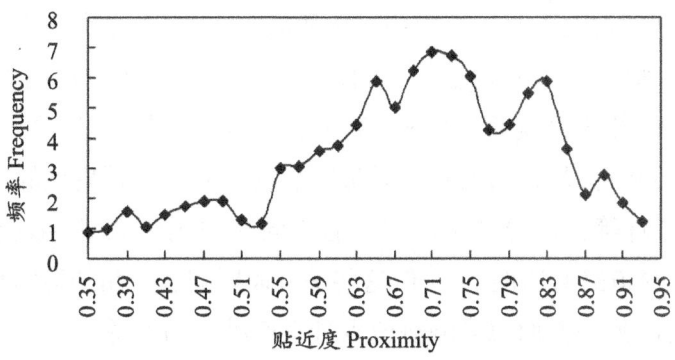

图 6-3 宜都市耕地定级评价单元贴近度频率直方图

表 6-5 宜都市耕地定级评价结果

级别	贴近度	面积(hm^2)	比例(%)
Ⅰ级	>0.88	7430.33	16.16
Ⅱ级	0.77～0.88	14578.97	31.71
Ⅲ级	0.68～0.77	13963.27	30.37
Ⅳ级	0.54～0.68	5957.15	12.96
Ⅴ级	0.42～0.54	3284.17	7.14
Ⅵ级	<0.42	764.25	1.66

6.4.3 定级结果分析与讨论

由耕地定级结果可知，宜都市耕地质量级别以Ⅱ、Ⅲ级为主，共占评价总面积的62.08%，说明该地区耕地质量中等。Ⅰ级地主要分布在陆城、红花套、高坝洲、姚家店等靠近长江和清江的冲积平原和河谷平原区，这类土地靠近市区，坡度小，以水稻土为主，有机质含量一般大于 $2\,g\,kg^{-1}$，无障碍层，农田基础设施建设好，每公顷纯收益 4 500 元以上，是全市农产品生产基地；Ⅱ级地主要分布在Ⅰ级地的外围地区或镶嵌在Ⅰ级地中间，这类地区地貌类型为平原岗地或丘陵，以水稻土、潮土为主，有机质含量在 1.5~2.5 $g\,kg^{-1}$ 之间，道路通达度适中，部分地方有地下水的影响，耕地总体质量中等偏上；Ⅲ级地主要分布在Ⅱ级地往西、南方向的外围地区，这类土地总体质量中等，有机质含量中等，部分地区农田区位较差，部分地区障碍层小于 60 cm，每公顷土地纯收益 3 000~4 500 元；Ⅳ级地主要分布在该市西南部的王家畈、潘家湾和聂家河等乡镇，这类土地土壤养分含量较低，有机质在 $1\,g\,kg^{-1}$ 左右，区位条件较差,海拔较高,坡度均大于5°;Ⅴ、Ⅵ级地面积较少,主要分布在该市西、南部的低山或偏远山区,这些地区养分含量低,海拔高,坡度大,存在一定的土壤侵蚀现象,道路长度短而差,排灌系统不太完善,耕地多以旱地为主,每公顷土地纯收益低于2 400元。由上分析可以看出,对耕地质量影响较大的主要是耕地的地貌、排灌设施以及交通区位条件等,由于各乡镇所处位置不同、距离中心城市远近不一、农田基础设施有差异、农村道路通达性不一样,这些一方面影响农产品的运输和销售,造成耕地回报率不一样,另一方面也影响耕地本身生产潜力的发挥。

6.5 实例——宜都市耕地基准地价评估

目前,耕地基准地价评估是在划分土地均质地域(或以土地定级)的基础上,以耕地纯收益为依据,采用对一定均质地域(或同一级别)取样本地价数据简单平均或面积加权平均作为该区域不同用地类型的基准地价。这种建立在经典统计学基础上的算术平均数方法,忽视了地价作为空间数据的特点,无法反映地价的动态变化,在理论上存在着缺陷,在实践运用中也缺乏操作依据。一方面,经典统计学是基于样本变量的独立性。但地价样本数据并非是独立的,而存在着空间上的相关性。它具体表现在:当某一位置周边一定邻域内的地价较高时,该位置的地价也较高;反之,临近位置的地价较低时,该位置的地价也较低。另一方面,地价样本数据存在着分布不均匀的问题,即存在样本的丛聚现象。在同一均质区域内,如果地价相对较高的小区域发生的交易案例较多时,导致高地价的有效样点也多,其结果必然使得地价偏高;同样如果地价低的小区域发生的案例较多时,则使得地价偏低。再者,估价以现状为基础,地价的测算表现为滞后,造成呆滞地价、静态地价,不能完全满足地价评估的要求。

目前常用的估价方法有收益还原法、剩余法、市场比较法、成本逼近法、影子价格法等。根据耕地的特点及估价的基本理论,选取一个在实践中具有可操作性的估价方法是耕地估价中首先必须解决的问题。耕地作为一种自然资源,在一定的投入下,它能够源源不断地产出收益,形成"土地收益流",并且,就农业本身来说,它是利用动植物的繁殖来获得物质产品的生产部门,由于水热变化具有以年为尺度的周期性,土壤肥力的变化又是一个渐进过程,具有相对稳定性,从而也就决定了农业生产具有周期性与相对稳定性的特点，即它能够产生连续、稳定的收益。因此，收益还原法是最适合耕地的一种估价方法。

针对以上问题和耕地地价连续性分布的特点，本实例以收益还原法和ArcGIS为研究工具，在测算样点地价的基础上，借助Kriging插值法构建数字地价模型，通过地价表面表达连续而非跳跃的耕地价格分布，得到样区任意位置的地价，真正评估出覆盖整个样区的基准地价，较好地满足耕地管理工作的要求，为耕地基准地价评估提供便捷途径，为建立城乡统一的土地市场奠定基础。

6.5.1 基准地价评估的技术路线

借助GPS，在收集样点投入、产出资料的基础上，利用C—D生产函数计算样点耕地纯收益和"安全利率+风险调整值"计算土地还原利率后，根据收益还原法有限年期公式计算得到样点耕地地价，然后采用Kriging插值法构建数字地价模型，得到宜都市耕地基准地价分布图。

6.5.2 样本地价计算

6.5.2.1 样本数据收集与转换

于2013年10月在宜都市全市范围内布设样点283个，按照表6-6的要求调查收集样点所在地块1年内种植作物的实际总收益、各种物化投入和人工等数据（表6-7，部分），同时用GPS（ST-2020）定位。

以2012年土地利用现状数据作为基础资料，把应用手持式GPS定位的采样点地理数据导入ArcMap中，换算成高斯—克吕格投影（横轴切椭圆柱等角投影）下的平面坐标系统，获得样点分布空间数据库。在该数据库中运用"编号"关键字段将该地理数据与样点估价结果连接，作为Kriging插值的源属性数据。

表6-6 宜都市耕地估价样点农业投入产出效益调查表

编号	作物	实际总收益（元）	地块面积（亩）	种子（元）	化肥（元）	农药（元）	水电费（元）	机械费（元）	用工量（工日）	其他（元）
Y0101	作物1									
	作物2									
	…									
合计										

表6-7 宜都市耕地估价样点农业投入产出统计表

编号	实际总收益（元）	地块面积（亩）	种子（元）	化肥（元）	农药（元）	水电费（元）	机械费（元）	用工量（工日）	其他（元）	理论总收益（元）	纯收益（元）
Y0101	4320	4	380	480	160	3.2	1060	80	40	4652.69	439.68
Y0102	1500	1.2	141.6	240	61.2	60	372	22	21.6	1662.37	523.65
Y0103	3407.2	2.8	481.6	560	56	3.2	560	70	56	3637.91	491.12
Y0104	4046	3.4	408	648	425	172	784	65	115.6	3828.22	425.61
Y0105	2712	2.4	254.4	216	19.2	3.2	144	54	48	2387.47	376.03
Y0106	4380	3	306	600	105	162	900	65	96	4035.40	508.46
Y0107	4240	4	400	680	240	120	1120	80	40	4853.94	458.70
Y0108	1192.8	1.2	109.2	211.2	42	60	216	20	38.4	1553.29	489.29
Y0109	3455.2	2.8	224	616	140	3.2	462	73	84	3228.39	435.83
Y0110	3540	3	285	810	510	240	420	64	30	3178.61	400.51
Y0111	10053	8.2	2378	1640	328	3.2	1312	162	262.4	9499.96	437.93
Y0112	2327.6	2.2	233.2	294	374	220	358	52	44	2042.75	350.98
Y0113	7284	6	840	600	120	3.2	980	90	150	6865.04	432.50
Y0114	5724	5.4	810	814	250	310	922	108	54	5939.47	415.76
Y0115	4584	3.4	448.8	340	68	3.2	578	85	102	3659.39	406.84
Y0116	5700	5	350	1000	575	250	1100	90	45	5669.82	428.64
Y0117	3678	3	870	600	120	3.2	480	74	96	3474.11	437.74
Y0118	1679.2	1.4	92.4	280	210	56	210	18	33.6	1597.86	431.42
Y0119	5676.4	4.6	1150	1012	230	3.2	759	110	151.8	5278.51	433.76

续表

编号	实际总收益（元）	地块面积（亩）	种子（元）	化肥（元）	农药（元）	水电费（元）	机械费（元）	用工量（工日）	其他（元）	理论总收益（元）	纯收益（元）
Y0120	7140	6	420	810	318	300	800	54	96	6962.17	438.62
Y0121	1532	1.4	133	218	14	3.2	112	35	33.6	1617.09	436.62
Y0201	5796	4.6	588.8	506	115	3.2	1168	60	96.6	5881.25	483.29
Y0202	4540	3.6	394	900	216	432	796	83	72	4463.93	468.71
Y0203	6510	6.2	592	850	372	620	1302	81	130.2	7232.64	440.96
Y0204	1587.6	1.8	161.2	162	90	54	162	18	18	1834.92	385.33
Y0205	8816	6.4	768	1152	96	24	1452	96	288	9089.71	536.86
Y0206	1537.2	1.4	131.6	173.6	168	4.2	304	26	54.6	1486.12	401.25
Y0207	5400	5	450	700	360	22.5	1150	100	570	5457.72	412.60
Y0208	5760	5	600	1350	225	18.75	1200	120	315	6469.87	489.12
Y0209	5400	5	600	950	150	3.2	1000	150	135	5824.55	440.34
Y0210	1404	1.3	134	190	156	3.2	234	25	27.3	1374.96	399.80
Y0211	3996	3.7	111	632.2	333	3.2	888	89	166.5	4065.07	415.30
Y0212	2736	3.8	136.8	228	114	3.2	285	34	228	3603.72	358.48
Y0213	2808	2.6	178	390	39	9.75	234	31	195	3236.30	470.51
Y0214	1296	1.2	136	180	18	4.5	188	14	90	1698.67	535.08
Y0215	7504	8.2	246	1622	246	3.2	1130	98	1033.2	10395.67	479.22
Y0216	6904	8.2	246	1506	492	3.2	1422	197	123	8753.27	403.50

6.5.2.2 基于 C—D 生产函数的样点纯收益测算

纯收益是收益还原法的三个基本参数之一。当前耕地纯收益测算主要采用投入、产出法,即采用总收益减去总成本的差额法。由于种种原因,投入产出法并不能真正反映耕地的预期收益能力,而使地价失准。其一,目前计算耕地收益时采用的是实际收益,由于生产资料价格、工资水平、农民经营管理水平等的差异,往往出现"高效益高地价、低效益低地价"、"同一块土地,收益大相径庭"等现象,严重的可导致耕地使用权资产价值的流失;其二,近年来耕地单产的提高主要依靠增加农业投入,而农业生产资料价格指数高于农产品收购价格,各地普遍出现增产不增收的现象,计算得到的耕地纯收益常常过低,甚至为负值;其三,我国农业基本属于劳动密集型产业,农民从事农业生产的季节性、流动性和随意性较大,人工费用(劳动日工资)难以把握,计算中往往偏高,这样就出现劳动报酬"挤占"耕地收益,导致耕地纯收益减少。因此,根据农业生产投入组合的特点,探索耕地纯收益的测算方法,对应用收益还原法具有十分重要的现实意义。

1)C-D 生产函数模型的引入

Cobb-Douglas 生产函数是美国数学家柯布(Charles.W.Cobb)和经济学家道格拉斯(Paul.H.Douglas)共同探讨投入和产出关系时创造的生产函数。它是最常用的一种新古典经济学生产函数,不仅具有简练的数学形式,而且在内容上选择了产出的最基本、最主要要素——劳动力和生产资料(价值)作为解释变量,同时也重视科技进步的作用,而劳动力、生产资料投入和科技进步正是决定产出的最主要要素,它们之间的关系反映了农业生产过程内在的技术经济联系。其一般形式是:

$$Y = cK^{\alpha}L^{\beta}M^{\gamma}$$

其中,Y 为农业总产值(总收益);c 为常数;K、L、M 为资本、土地面积、劳动力投入;α、β、γ 为资本、土地面积、劳动力投入的生产弹性系数。

通过对模型两边取对数,可使函数转化为对数型线性函数,即:

$$\ln Y = \ln c + \alpha \times \ln K + \beta \times \ln L + \gamma \times \ln M$$

经过线性变换后的方程,就可以采用最小二乘法进行参数估计,从而得到参数 c、α、β、γ 的值,由此根据方程就可以计算在既定投入水平下农业生产的理论总收益。

由于 C-D 生产函数具有可线性化的特点,并且在进行参数估计时,可以不考虑各种投入要素的单位,计算非常方便;其次,在测算时,把土地、劳动力和资金等影响耕地纯收益的因子作为生产要素的变量,反映了农业生产的技术构成水平,经过线性变换后,就可以计算出在既定投入水平下农业生产的理论总收益;再者,根据边际收益的计算公式,土地的平均边际收益为 $dY/dL = \beta*Y/L$,它表示的是:在现有的生产条件下,当其他生产要素比例保持不变时,每增加一亩土地所引起的农业总收入的增加,即在数量上相当于耕地的纯收益。

利用 C-D 生产函数,通过模型拟合测定出理论总收益,并经边际效益计算得到耕地的纯收益,能够消除因农民生产技能、投入及管理水平的个体差异所引起的纯收益的差异。因此,引入 C-D 生产函数测算耕地纯收益是一种较好的方法。

2)纯收益测算模型的构建

农业生产中,投入要素主要是土地、劳力和资金。目前农民资金投入主要用于购买种子、化肥、农药、杀虫剂、除草剂、塑膜以及机械费用、水电费、小农具折旧和劳动工日等,因此,将以上生产要素设为 8 个自变量,以耕地实际总收益为因变量,构建以下多元回归模型:

$$Y = ax_1^{b_1}x_2^{b_2}x_3^{b_3}x_4^{b_4}x_5^{b_5}x_6^{b_6}x_7^{b_7}x_8^{b_8}$$

式中,Y 为耕地实际总收益(元);x_1 为地块面积(亩);x_2 为购买种子费用(元);x_3 为购买化肥费用(元);x_4 为购买农药费用(元);x_5 为水电费用(元);x_6 为机械作业费用(元);x_7 为劳动用工量(工日);x_8 为其他费用(杀虫剂、除草剂、塑膜、小农具折旧等)(元);a、b_1、b_2、b_3、b_4、b_5、b_6、b_7、b_8 为待定系数。

对方程两边取对数,令 $Y_1=\ln Y$、$c=\ln a$、$z_n=\ln x_n$($n=1、2、\cdots、8$),将方程转化为多元线性方程:

$$Y_1 = c + b_1z_1 + b_2z_2 + b_3z_3 + b_4z_4 + b_5z_5 + b_6z_6 + b_7z_7 + b_8z_8$$

将按表 6-7 收集的 283 个样点原始数据录入 Excel 中建立样点数据表,然后导入数据统计分析软件 SPSS 对数据进行逐步回归分析。采用 F 检验,查 F-分布表,当 $\alpha=1\%$ 时,$F_{(1,281)}=6.64$,$F_{(2,280)}=4.60$,$F_{(3,279)}=3.78$,$F_{(4,278)}=3.32$,$F_{(5,277)}=3.02$;当 $\alpha=5\%$ 时,$F_{(1,281)}=3.84$。系数检验 F 值大于 6.64,即达到极显著时进入方程,多个变量进入方程后,将 F 值小于 3.84 的剔出方程,逐步回归结果见表 6-8。

各方程 F 值均远大于临界值,表明方程达到极显著水平,回归整体是显著线性的。经多次筛选,复相关系数明显增大,种子、水费和其他三个自变量未达到极显著,不能进入方程。拟合方程为:

$$Y_1 = 5.990 + 0.378z_1 + 0.219z_3 - 0.108z_4 + 0.179z_6 - 0.176z_7$$

原变量的回归方程为：
$$Y = 399.4146 x_1^{0.378} x_3^{0.219} x_4^{-0.108} x_6^{0.179} x_7^{-0.176}$$

表6-8 逐步回归分析结果

模型		系数	系数F检验	R^2	方程F检验
1	c	7.030	49533.4	0.886	1277.087**
地块面积	b_1	0.989	1277.062		
2	c	5.843	909.6256	0.908	803.225**
地块面积	b_1	0.757	282.946		
机械	b_6	0.237	38.36564		
3	c	6.090	936.7272	0.915	579.541**
地块面积	b_1	0.841	292.239		
机械	b_6	0.248	45.01068		
农药	b_4	-0.091	13.08269		
4	c	5.538	609.5961	0.924	491.662**
地块面积	b_1	0.682	137.335		
机械	b_6	0.202	30.83581		
农药	b_4	-0.116	22.73382		
化肥	b_3	0.191	20.34912		
5	c	5.990	550.2778	0.929	421.009**
地块面积	b_1	0.848	128.4142		
机械	b_6	0.179	24.88014		
农药	b_4	-0.108	20.62068		
化肥	b_3	0.219	27.44712		
用工量	b_7	-0.176	11.39738		

3）理论总收益及耕地纯收益的计算

将283个样点农业投入数据代入回归方程中，计算得到当前农业投入水平下样点耕地的理论总收益。然后对回归方程求地块面积的一阶偏导数，将理论总收益和地块面积代入公式，即可得到土地的边际收益，即耕地的亩均纯收益。

6.5.2.3 耕地还原利率的确定

耕地还原率是将耕地纯收益还原为地价的比率，实际上也是一种投资利率，它与投资风险的大小成正比。还原利率也是收益还原法的一个重要参数,它的微小变动将引起价格的大幅度变化,因此它的合理确定与否十分重要。

1)耕地还原利率的实质

耕地还原利率的实质可以从以下四个方面加以描述:

①其值必须为正值,如果还原利率 < 0,则表示该耕地投资收益亏损,不能取得年纯收益,那么收益还原法的应用将丧失其基础,计算毫无意义;

②其最小值必须高于银行同期定期储蓄利率或国债利率,否则此项投资不合算,不如将资金存入银行或购买国债;

③在物价变动或通货膨胀的情况下,其应能弥补物价变动所造成的货币贬值或增值;

④根据耕地收益的风险大小,其值应有所区别。

2)耕地还原利率的确定方法

目前,常用的还原利率确定的方法主要有:安全利率加风险调整值、市场提取法(反求法)、租价比法、投资收益排序插入法、复合收益率法、Monte Carlo 模拟法等。根据耕地的特点和风险组成,最适合的是安全利率加风险调整值和 Monte Carlo 模拟法。

安全利率加风险调整值法,它是在安全利率的基础上,根据耕地收益的风险大小,加上一定比例的风险调整系数,以此作为还原利率。由于耕地风险难以确定,可采用其纯收益变化系数来量化。该方法把未来的风险以定量的形式包含在还原利率中。如果风险较大,则变化系数较大,在安全利率和风险报酬斜率一定的情况下,还原利率就越大。这符合风险越大,要求的投资报酬率越高的投资原则,在实际应用中不失为一种简便易行的方法。但其基本假设条件是未来一定时期内安全利率和风险系数保持不变,所以该方法对长期的、风险变化较大的物体进行估价时会产生一定的偏差。

Monte Carlo 模拟法,它确定还原利率的基本原理是建立在概率密度函数的基础上。概率密度函数可以用于描述一种变量出现可能性的大小,把它用于收益还原法确定还原利率的基本设计思路是:还原利率不应该是单一不变的数值,反之,它应该是在一定范围之内浮动的一组数值出现概率的大小,而出现的概率又受到其他因素的制约。根据影响耕地价格的各种因素的变动范围和趋势选择适宜的概率密度函数模型,计算机通过产生的随机数,采用模糊数值迭代法计算得到预期还原利率值。该方法容许把未来许多不确定因素考虑在内,同时针对耕地的实际历史数据进行判断和模拟。它只需要给出影响还原利率各项因素的变化范围和变化趋势,客观描述出影响还原利率的各种因素变化的可能性,利用概率密度函数和科学的叠代过程,就可以计算得到合理的还原利率值。但由于它需要收集大量的数据以确定各影响因素的变动范围,同时计算过程也比较繁琐,估价过程变得相对复杂。随着Monte Carlo模拟法的相关计算软件的面世,未来将是还原利率确定的主要方法,并成为价格评估和投资决策支持系统的一个重要组成部分。

根据耕地估价的特点和目前的实际情况,本次选用安全利率加风险调整值法确定宜都市耕地还原利率。

3)还原利率的确定

安全利率加风险调整值法的一般公式表示为:

$$r = r_1 + r_2$$

式中:r表示土地还原率;r_1表示安全利率;r_2表示风险调整值。

安全还原率(r_1)是实质利息率、纯粹利息率,是不含风险补贴因素的,是暂时转让货币使用权所应得到的报酬率。它一般应选用最安全、最可靠、最简便的投资纯收益率。在我国,具备上述条件的首推一年期的银行储蓄与国债利息率。之所以不取长期存款与长期国债的利息率为基本还原率,是因为它不是基本利率,其中已含有部分货币贬值补贴率。由此可见,以一年期银行储蓄存款与国债利息率为基本还原率,既具科学性,又使操作简便易行(因其是公开的,尽人皆知的)。2000年—2013年我国多次进行一年期银行储蓄存款利率调整,根据国家一年期存款利率的调整变动情况和宜都市的实际情况,取2.25%作为宜都市耕地基准地价评估的安全利率。

风险调整值(r_2)又称风险利率或风险补贴率。它一般是指风险程度不同的各种投资社会平均纯收益率扣去基本还原率(r_1)之差。由于耕地风险难以确定,我们采用纯收益变化系数来量化。

根据前述计算的283个样点纯收益和宜都市耕地级别分布图,按级别将所有样点分为6类,分别计算各类的平均纯收益、样本数以及该类别在总样本数中出现的概率如表6-9所示。

表 6-9 样本分类数据统计表

类别	1	2	3	4	5	6
平均纯收益	4070.63	3917.98	3278.99	2810.76	2394.55	1909.88
样本数	73	51	62	33	53	11
概率	0.26	0.18	0.22	0.12	0.19	0.04

期望值 $E = \sum_{i=1}^{n} Y_i * P_i = 3320.43$

标准差 $d = \sqrt{\sum_{i=1}^{n}(Y_i - E)^2 * P_i} = 692.69$

纯收益变化系数 $Q = d/E = 0.2086$

风险调整值 $r_2 = Q*0.1 = 0.02086$

0.1 为风险报酬斜率，目前耕地的风险报酬斜率一般取 0.1，本文没有进行详细的计算。

依据上述两步计算得到耕地还原利率为 4.336%。根据国家有关金融政策、产业政策和宜都市社会、经济发展的现状，为了促进发展、刺激经济，最终确定宜都市耕地的还原率为 4.25%。

6.5.2.4　耕地使用权年限的确定

根据十五届三中全会通过的《中共中央关于农业和农村工作若干重大问题的决定》，确定宜都市第二轮土地承包自 1998 年 12 月起，承包期为 30 年。本次宜都市耕地估价期日定为 2013 年 12 月，因此耕地使用权实际使用年限为 15 年。

6.5.2.5　样本地价的计算

根据测算的样点纯收益、土地还原利率和使用权年限，采用如下公式计算宜都市 283 个样点的土地使用权价格：

$$P = \frac{a}{r}\left[1 - \frac{1}{(1+r)^n}\right]$$

式中：P—土地价格；a—土地年纯收益；r—土地还原率；n—土地使用权年期。

由于耕地地价的特殊性，本次计算中没有对样本地价进行期日修正、交易情况修正、土地熟化程度修正。

6.5.3 数字地价模型的建立与基准地价的确定

借助 Kriging 插值法，对 283 个离散地价样点进行空间内插，建立数字地价模型，确定耕地质量基准地价。

6.5.3.1 样本地价的正态分布检验

正态分布性是应用 Kriging 方法进行空间分析的前提。借助 ArcGIS 的 Geostatistical Analyst 模块，应用正态 Q-Q 图（Q-Q 正态概率图是一种检验正态分布的统计图形，它是根据变量分布积累比和正态分布积累比生成的图形，如果数据是正态分布，则被检验数据基本成一直线）对 283 个样本地价数据进行检验。从图上显示看，样本地价基本服从正态分布（图 6-4），这表明该样本数据满足作为 Kriging 分析中预测对象的要求。

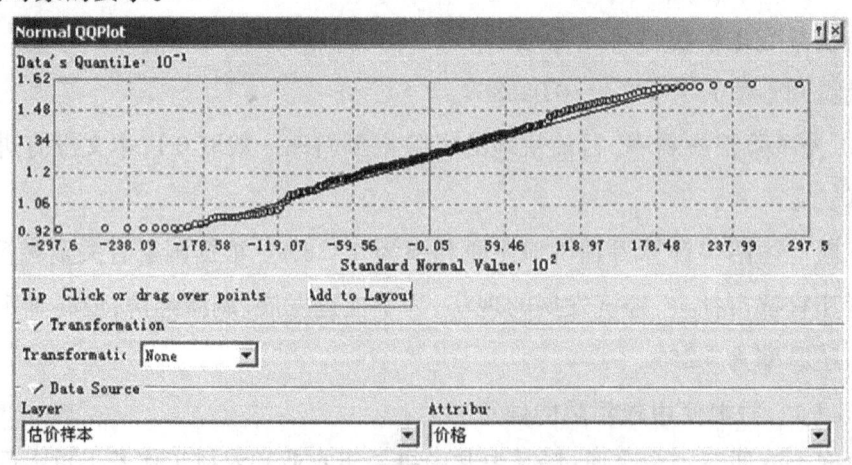

图 6-4　样本地价的 Q-Q 正态检验图

再利用经典概率统计法从整体上分析所有样本数据的变异性。对 283 个样本分析得到均值等参数（表 6-10），结果表明样本地价均值与中值接近，数据整体分布较为均匀，其变异系数在 10%~100%，属于中等变异程度。该结果提供了案例区域样本地价的全貌，如果需要进一步明确地价的空间结构性与随机性，刻画其局部变化特征，则需借助半变异函数进行分析。

表 6-10　耕地地价统计特征值

项目	分布类型	均值	中值	最小值	最大值	标准差	变异系数(%)
地价	正态	12.64	12.66	9.35	15.89	1.643	12.998

6.5.3.2 半变异函数计算和结构化分析

半变异函数是空间结构分析和最优模拟的主要工具,其功能在于反映区域化变量的空间相关性(也叫做空间自相关)。

区域化变量在空间上往往具有各向异性结构,即在不同的方向上其空间变异规律(表现为变程或基台值)不同,因而在建立模拟模型前须进行各向异性测试。本实例以与正北方向成 0°、45°、90° 和 135° 四个方向为典型方向,以 $h=1000$ 米为空间最小滞后距(即样本间距),根据半方差函数分别计算 $\gamma(h)$,并绘制四个方向的半变异函数图并进行拟合(图 6-5)。

半变异函数的形状反映了随机变量 $Z(x)$ 空间分布的结构或空间相关的类型,同时还反映出空间相关的范围。由图可见,样本地价在不同方向上的变化呈现基台值相同,变程不一致,其中 0° 方向变程最长,90° 方向变程最短,因而具有几何各向异性。

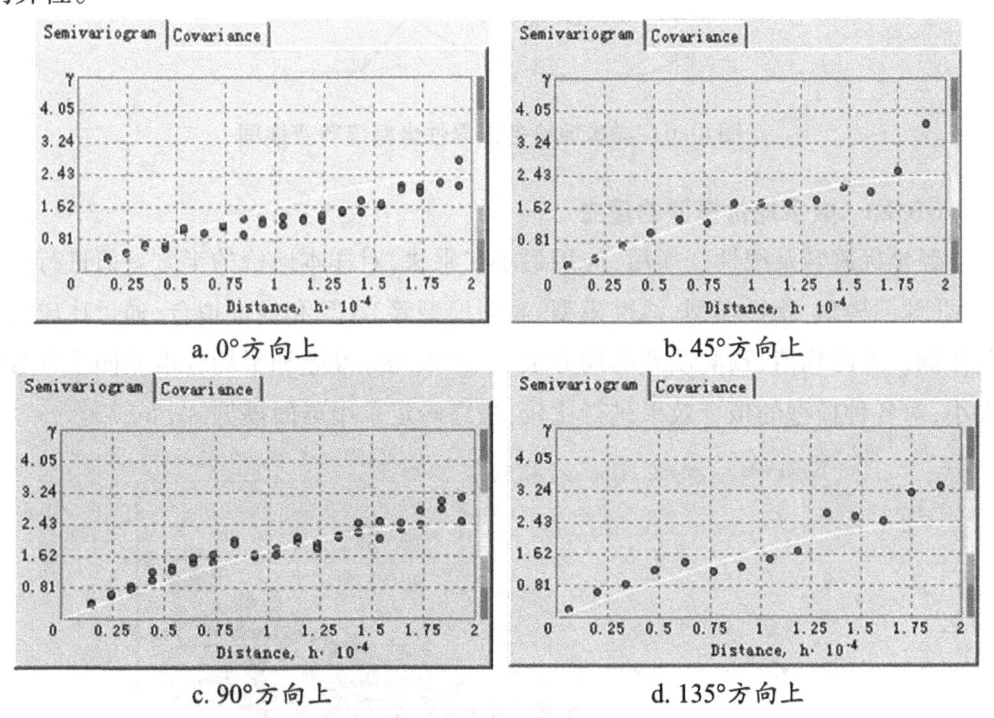

a. 0°方向上　　　　　　b. 45°方向上

c. 90°方向上　　　　　　d. 135°方向上

图 6-5　样本地价在不同方向上的半变异函数图

几何各向异性变量的变程图近似于一个椭圆,其含义在于计算待估点的地价时,将椭圆的中心与待估点重合,只有在该椭圆范围内的样点才对该待估点具有影响度。在实际计算中,由于最终采用的地价拟合模型一致,为了能够将不同方向的结构用统一模型进行拟合,必须将各向异性通过数学转换成各向同性。采用的方法是将变程椭圆转变为以长轴为半径的圆,即引入变程椭圆长短轴比率 $\lambda = a_1/a_2$ 和坐标轴 x_u 与长轴 y_u 存在的(逆时针)方位角 ω(图 6-6),进行线性变换和旋转变换,最后旋转 $-\omega$,恢复坐标系的初始位向(经过变换与逆变换,各方向基台值及变程不变,不改变其各向异性,此处证明略),因此,经过变换后的新坐标为:

$$\begin{bmatrix} x_u' \\ x_v' \end{bmatrix} = [R_{-\omega}] \cdot [\lambda] \cdot [R_\omega] \cdot \begin{bmatrix} x_u \\ x_v \end{bmatrix}$$

式中 $R_\omega = \begin{bmatrix} \cos\omega & \sin\omega \\ -\sin\omega & \cos\omega \end{bmatrix}$,($\omega$ 以逆时针方向为正)

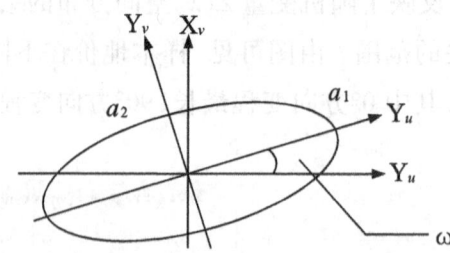

图 6-6 样本地价各向异性坐标旋转变换图

6.5.3.3 数字地价模型的建立

经坐标旋转及线性变换后,应用最小二乘法,对样本地价的半方差值进行不同模型(球面模型、指数模型、线性模型、高斯模型等)计算和最优拟合,通过比较各方程预测误差的均值、预测误差的均方根、平均预测标准差和平均标准差四个参数的大小,对各种模型的拟合效果进行比较,最终确定采用球面模型(图 6-7)。

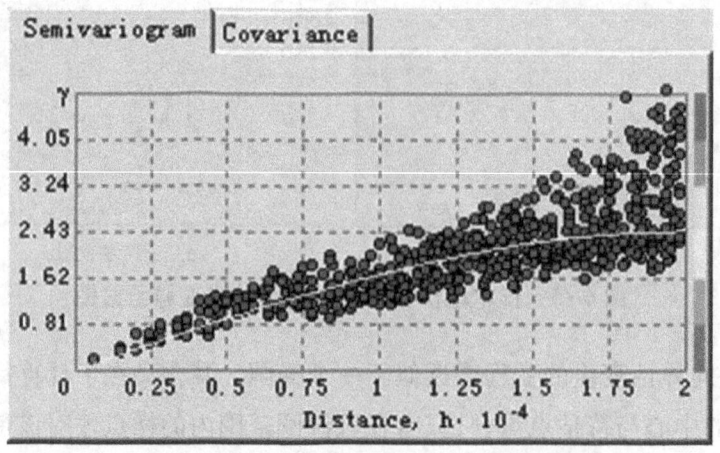

图 6-7 数学变换后样本地价半变异函数图

其模型如下：

$$\gamma(h)=\begin{bmatrix} 0 & h=0 \\ C_0+C\left[\dfrac{3}{2}\left(\dfrac{h}{a}\right)-\dfrac{1}{2}\left(\dfrac{h}{a}\right)^3\right] & 0<h<a \\ C_0+C & h\geq a \end{bmatrix}$$

其中，$C_0=0.0054$；$C=2.4458$；$a=19962$ 米。

结果表明，块金方差 C_0 为 0.005，结构方差 C 为 2.446，$C_0/(C_0+C)$ 为 0.002，样区地价具有很强的空间相关性。变程主轴为 3.6°方向（与正北方向呈顺时针，下同），该方向变程 19962 米，与之相垂直的短轴方向变程为 18501 米。

该结构性的产生主要在于耕地地价高低受土壤、地形、气候等自然环境影响因素和土地利用方式、交通区位、基础设施、政府政策等社会经济因素的影响，而各因素均具有一定的区域影响性。就宜都市而言，对耕地地价影响较大的因素主要为土壤、地形、交通区位等因子：该区地貌属平原向丘陵、山地过渡的类型，东北部红花套、高坝洲、陆城、姚家店等靠近长江的乡镇属平原区，土壤条件好，利用方式以水田为主，再加上县政府位于陆城镇，区位条件远优于南部和西南部丘陵、低山区；宜都市主要交通干道为南北走向，以县政府所在地陆城镇为中心，向北红东公路经红花套至宜昌，向西南鸦来公路和鸦来复线公路至来凤县，襄石铁路经枝城、松木坪至石首。沿交通干线方向上，交通便利性带来较好的经济效益，使土地价值形成略强的延展性和结构性，若无其他因素影响，将形成以交通干线为中心的线性缓冲带，形成明显的异向性结构，因多因素综合影响，最终形成基台值相等，干道方向变程较其垂直方向略长的空间结构。

6.5.3.4 基准地价及估值精度分析

按照第三章克里格插值法原理，借助 ArcGIS 由球面模型拟合得到样点间及样点与待估点的理论半方差值，在对每个待估点根据 Kriging 矩阵计算出一组相应的权系数($\lambda_1,\lambda_2,\cdots,\lambda_m$)后，代入普通克立格方程式，得到宜都市各点地价的估计值，反映到曲面上即宜都市地价表面。在实际地价管理中，往往以区域为管理对象，本实例在空间插值（地价表面）的基础上，结合当地实际，将耕地价格划分为六级，然后绘制耕地地价等值区图(图 6-8)，并得到估值的精度图(图 6-9)。

6.5.4 基准地价评估结果分析

从图 6-8 可以看出，宜都市耕地最高地价为 15.89 元/m²，最低为 9.35 元/m²，地价呈连续缓冲带状变化。高地价区主要分布在以县政府所在地陆城镇以及交通干线两侧为中心的区域,交通干线与长江之间为该县政治、经济的中心地区,故而形成明显的高地价区,然后逐渐向西南部和西北部降低;地价最低处位于潘家湾镇和红花套镇的西北部林区,这些地区山高路远,交通区位条件差,对农业土壤的投入少,自然属性较差,利用方式以林地为主。由图可知,乡镇内均以乡镇中心的地价最高,然后以缓冲带状向外逐渐降低,说明乡镇农贸中心对该区域地价的影响大,靠近乡镇农贸中心的耕地,除了能够根据市场需要灵活调整种植作物外,交通运输费用等成本低,相对应的亩均产值高,其地价自然就高。总体来讲,对宜都市耕地地价影响较大的因素主要是土壤自然属性、交通和区位条件,这符合耕地收益的特点。

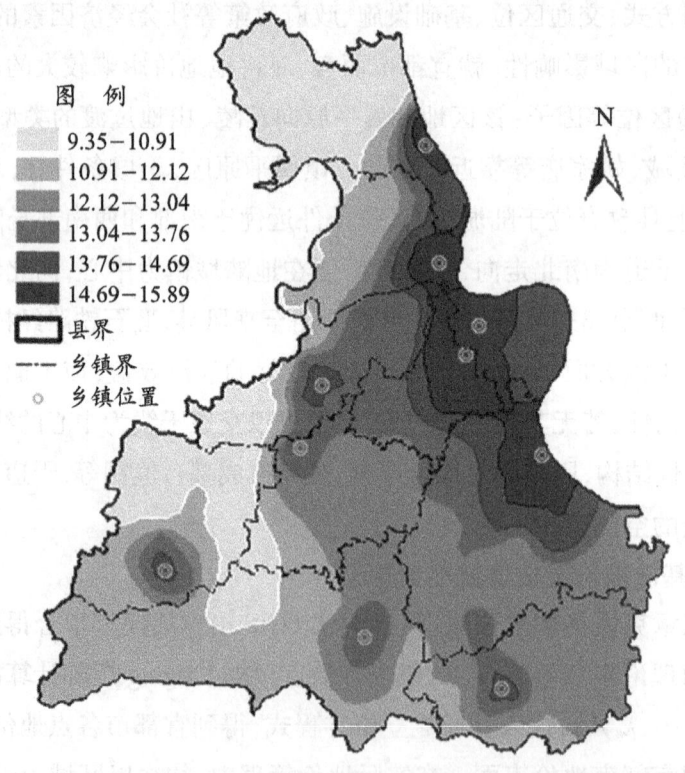

图 6-8 Kriging 内插的宜都市耕地地价等值区图

从图 6-9 可看出,对整个宜都市而言,插值精度较高,绝大部分误差小于 0.50,东部和中部地区,由于采样点较为密集,分布较为均匀,所计算出的估计误差小,可信度很高;反之,样点数较少、分布不够均匀的区域,估计误差稍大,但样区整体可信度仍较高;误差大的很少,主要分布于宜都市边界,属采样区域的外延地区,由于参与估计的样点数目较区域内部少而产生误差;将精度图与样点分布图对比分析,发现样点周围的估计误差很小,离样点距离越远,估计误差越大,从而出现中部区高、低精度相间分布的情况,这说明提高估计精度,减小估计误差的根本办法在于有效增加地价样点的数量。

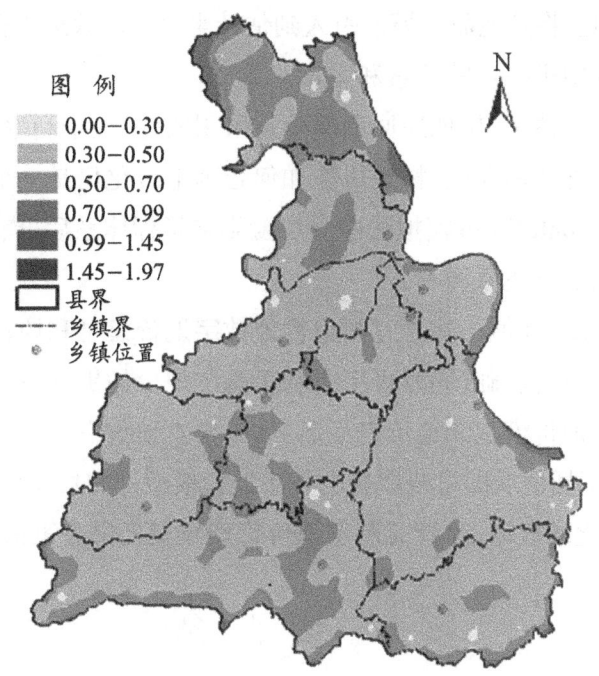

图6-9 宜都市耕地地价空间插值精度图

6.5.5 小结

1)宜都市耕地质量价格处于15.89元/m²~9.35元/m²,地价较高区域分布于东部陆城、姚家店、枝城、高坝洲等平原乡镇,而红花套西北部和潘家湾镇地处丘陵低山区,价格最低;估值精度整体较高。

2)利用C-D生产函数,通过模型拟合测定出各地块的理论总收益,并经边际效益计算得到耕地的纯收益,这样能够消除因农业生产资料价格、农民生产技能、投入及管理水平的个体差异所引起的纯收益的差异,能够更为客观地反映耕地的实际收益水平,以此为依据的耕地价格也更为准确。因此,引入C-D生产函数测算耕地纯收益是一种较好的方法。

3)基于Kriging插值法的耕地基准地价考虑了地价样点的相关性,克服了传统基准地价评估中按级别取平均值的缺陷；同时，Kriging插值法不受样点丛聚的影响，因而插值结果更准确，更能恰当反映耕地基准地价的分布情况。但是，作为Kriging插值法最基本的工具——半变异函数，其模型中的参数主要由试验数据经最小二乘法拟合而来。由于理论半变异函数常常是非连续可导，且参数较多，这样给参数模拟带来困难，因此，将其他数学模型引入到估计半变异函数理论模型的参数计算中，需要在实际工作中进一步的探索和尝试。

4）本实例的评估中，耕地还原利率确定采用的是"安全利率加风险调整值"法，但由于其假设条件的局限性，耕地风险如何合理地量化仍是一个瓶颈。在以后的研究中，可以通过Monte Carlo模拟法建立风险影响指标体系后，借助概率密度函数和模糊数值迭代法确定还原利率。

5）借助Kriging插值法建立宜都市耕地数字地价模型和地价表面，该成果既可作为其他类型价格的基础，同时也更有利于基准地价的更新。以样本地价为基础进行插值建立数字地价模型和地价表面后，如果样本地价发生变化，则只需要更新样本地价数值，重新插值后即可获取新的数字地价模型，同时，还可以通过前后两图对比，找出地价变化的规律，为政府制定地价管理政策提供决策依据。

7 耕地生态风险评价与案例

耕地尤其是土壤是人们赖以生存和发展的最根本的物质基础,是一切物质生产最基本的源泉。我国人多地少,土地数量和质量变化显得尤为重要,其中耕地质量好坏更是关乎国计民生的大问题,也是近年来学者们关注的热点之一。近年来,由于农药、化肥的大量使用和工农业污染物的排放,重金属、化学农药等污染物通过污水灌溉、大气烟尘沉降、垃圾填埋处理等各种途径进入土壤,影响耕地质量,并进而通过食物链进入农产品中,影响农产品质量安全,对人体健康产生严重威胁。针对土壤中的重金属和高残留的有机氯农药等环境状况进行调查和评价,对于高品质绿色农产品的生产至关重要,这已引起国内外广泛关注。随着人类社会的发展,耕地土壤质量变化对土地生态系统的各个方面产生了深刻的影响,对区域生态安全起着决定性的作用。因此,研究耕地土壤环境质量及其对土地生态系统产生的风险,对于了解生态环境和合理利用土地资源,恢复和治理生态环境具有极其重要的现实意义,另一方面,也为制定生态安全条件下的耕地保护和利用规划提供了科学依据。

7.1 概 述

生态风险分析是指生态系统在受到一个或多个胁迫因素影响后,对不利的生态后果出现的可能性进行的评估。它的目的在于通过对某种环境危害导致的负效应的科学评价,为生态环境保护和管理提供科学的依据。生态风险分析是一门新兴的边缘学科,它以生态学、环境化学、毒理学以及风险等理论为基础,是现代生态学研究的一个前沿性问题。

通常产生生态风险的因素复杂而难以确定,对其进行描述可以是定性判别也可以是定量概率。用定量进行生态风险分析时常常由于数据不足而力所不济,用定性手段研究风险的不确定性便成为目前研究生态风险的主要手段。研究生态风险产生的不利效应需要对生态系统结构和功能的改变进行分析和研究,即需要研究不利风险因素的危害类型、强度、效应范围和恢复的可能性。由于生态系统的复杂性,产生生态风险的因素较多又难以取得充分的检测数据,于是人们从不同角度探讨对生态系统进行评价的新方法,并取得了一定的进展。

生态风险的成因包括自然的、社会经济的和人们生产实践的诸种因素,其中自然的因素如全球气候变化引起的水资源危机、土地沙漠化与盐渍化等;社会经济方面的因素包括市场、资金的投入产出、流通与营销、产业结构布局等;人类生产实践的因素包括传统经营方式和技术产出的生态风险、资源开发利用方面的风险等。当前,生态风险问题在自然资源综合开发中尤为突出,如自然资源的保护性利用中,资源贮量耗损率、资源利用方式与对策、资源价格和投资形式等的确定,都是在信息不完全的基础上进行决策的,因而需要进行风险决策分析。

生态风险经历数十年的发展,由最初人类健康风险评价和生态风险评价中运用生态毒理学进行单一污染物的风险分析向多因子的生态风险评价转移,并发展了一系列评价工具模型。比如,Naito 等利用综合水生系统模型(CASM-SUMA)评价了水生生态系统的化合物生态风险评价;Karman 等利用化学物危害评价和风险管理(CHARM)模型对石油天然气生产平台的废水排放进行了动态的风险评价;Sydelko 等对动态信息结构(DIAS)在综合风险评价中的应用进行了介绍。尽管我国国内的生态风险评价起步较晚,但已经将国外生态风险理论和方法应用到研究我国环境中的风险问题,如付在毅、徐学工等学者对辽河、黄河三角洲湿地区域进行了的生态风险评价;王小龙等对长山列岛中的南五岛进行多次现场调查并收集有关资料,应用相对风险模型对长岛人类开发利用带来的潜在风险进行了风险评价。在耕地质量评价领域,生态风险评价主要结合土壤环境质量、土壤重金属污染物、沉积物污染等研究分析展开,主要集中在化学污染引起的风险评价,对于区域生物和物理生态风险评价尚未形成具体评价方法。

近年来,国外许多机构出于管理等方面的目的,制定和开发了污染土壤生态风险和影响评价的相关标准、方法和评价模型。而国内目前对土地多集中在由于化学污染物等引起的风险评价,对于区域生物和物理生态风险评价还未形成具体的系统的评价体系。这主要是由于在区域生态风险评价中,必须针对不同类型的生态系统特征,选取合适的方法和评价指标,而生态系统较为复杂,目前尚无合适的、可以准确描述其健康状况的指标体系。因此,构建生态系统以上层次的风险评价指标体系、确立风险评价标准以及发展各种定量评价方法和技术是今后生态风险评价的发展趋势。

7.2 生态风险分析的程序

生态风险分析的过程可以分为生态风险辨识、生态风险评价和生态风险管理三个阶段(图7-1)。三个部分是一个完整的整体,相辅相成,不可分割。

7.2.1 生态风险辨识

由于生态系统本身是一个复杂的系统,因而影响它的风险因素很多,影响关系错综复杂,并且各风险因素所引起的后果的严重程度也不相同。管理者在决策时,完全不考虑这些风险因素或是忽略了其中主要因素,都将会导致决策的失误;但如果对每个风险因素都加以考虑,又会使问题极其复杂化。

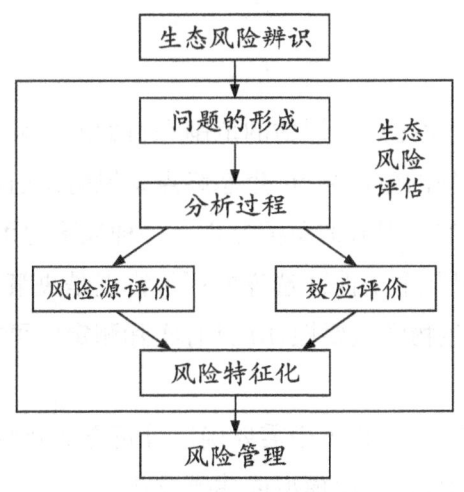

图7-1 生态风险分析步骤

生态风险辨识就是以系统论的观点,全面分析生态旅游涉及的方方面面,将引起生态风险的复杂因素分解成易于被认识的基本单元;从错综复杂的关系中找出因素间的本质联系,并且分析它们引起生态恶化的严重程度。

由于生态风险辨识旨在找出各种潜在的危险源,并做出对其后果的定性而非定量的估计,又由于一些危险的滞后性,很难在短时间内用统计的方法、实验的方法或因果关系论证得到证实(如:污染对癌症发病率的影响,自然灾害带来的经济损失等),因此,风险辨识一般通过专家征询的调查方法(特尔斐法)来研究有关问题,简单的风险辨识也可用概率树分析、故障树分析等方法。

7.2.2 生态风险评估

生态风险评估是利用生态学、环境化学及毒理学的知识,定量地确定危害对人类和生物的负效应的概率及其强度的过程,也即是对风险进行测度,给出某一危害发生的概率及其后果的性质。因而,这一阶段的主要任务是确定其特定事件发生的概率,受时间影响的范围及危害的人群和生物种群,根据事件的特征分析影响的持续性、可测性、可控性及风险的调控机理,明确一定时间段内可能发生的一系列不同强度的事件所造成的后果,如:经济损失,人体健康的危害,生物种群的减少甚至灭绝等。生态风险评估的目的在于通过对某种危害导致的负效应的科学评价,对生态环境保护和管理工作做出贡献。

生态风险评估过程包括3个主要步骤,即问题的形成、分析过程和风险特征化(图7-1)。

①问题的形成

问题的形成是确定生态风险评估的范围和目的的过程。评估首先要有明确的目的,即定义或选择评估的生态终点,生态终点是风险源引起的非愿望效应,如:杀虫剂引起的鸟类死亡,酸雨引起的鱼类死亡。一种风险源可能导致多种结点。

结点的选择要满足几个条件:Ⅰ选择的评价终点是决策者及公众所关心并认为有价值的问题;Ⅱ具有生物学重要性;Ⅲ具有实际测定的可行性。

②分析过程

有了明确的生态终点后,接下来需要确定分析方法及收集有关的数据。分析方法主要是根据研究目的确定所用模型或建模方法。

分析过程包括两部分内容(图7-1):一部分是对负效应本身的特征评价,即风险源评价。常采用暴露量评估,它是确定或估算暴露量大小、频度、持续时间和暴露途径的方法,目前有许多已建立起来的模型可以选用,可根据具体情况选取合适的模型,确定模型中的参数,对风险源的特征进行描述估测;另一部分是生态效应评价,即指定量地确定增加某种危害物的暴露强度而引起的生态效应的强度及频度加强的过程,也称为剂量——反应评价或毒理学评价,它确定了危害物的暴露强度与生态终点间的关系。

③风险特征化

风险特征化是将风险源评估与效应评估综合起来,总结危害物导致的生态危机的过程。具体包括:Ⅰ.总结对风险源评估的结果;Ⅱ.对风险定量化。若风险源由多个组分组成,则先对每一组的研究对象的风险定量化,再综合各种风险源组成对同一研究对象的风险,即总的效应风险;Ⅲ.对生态评估的不确定性评估;Ⅳ.考虑研究区在这方面已有的研究,为下一步的风险管理提供合理建议。

风险表征常用的方法有商值法、外推法和空间分析法。

7.2.3 生态风险管理

生态风险管理是指对生态风险评估的结果应采取何种对策与行动,是一个决策过程,通常管理者或决策者需要考虑如何在不影响其他社会价值的情况下减小这种风险。

虽然风险管理不属于评价者的工作,可以独立地进行,但是风险评价的结果是风险管理的重要依据。要使风险评价的结果发挥作用,就要求生态风险评价者、风险管理者或决策者之间有良好的相互合作关系。

图7-2是确定某一风险是否可接受的风险管理过程。管理者或决策者要决定这种风险是否可接受,还是需要减小或阻止,要考虑最可能的生态效应及其分布以及最严重的效应。在决定这种风险是否可接受的过程中,决策者除了考虑来自生态风险评估及人类健康风险评估的结果外,还需要考虑社会、法律、技术及经济等方面的因素。由于生态风险评估中的生态终点可能各种各样,对风险的可接受与不可接受的界限也没有统一的标准,因而人为因素在最后的决策过程中起更大的作用。

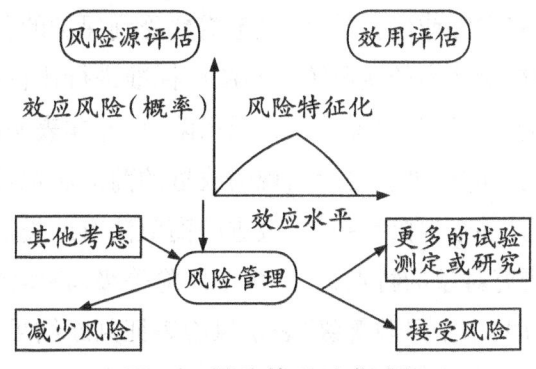

图7-2 风险管理形成过程

7.3 生态风险评价模型与方法

7.3.1 生态风险评价类型

生态风险评价是指生态系统在受到一个或多个胁迫因素影响后,对不利的生态后果出现的可能性进行的评估。利用土壤学、环境学、地理学等多学科的综合知识,运用数学、概率论等量化分析技术手段来预测、分析和评价具有不确定性的灾害或事件对生态系统及其组成成分可能造成的伤害。耕地生态风险评价集中于研究土壤中的重金属含量以及高残留的有机氯农药等环境状况,确定污染等级或者是基于风险分析进行耕地质量退化的风险评估。

学术界对生态风险评价的类型划分有3种依据。一是根据风险源的性质,划分为化学污染类风险源生态风险评价、生态事件(生物工程或生态入侵)类风险源生态风险评价、其他复合风险源(自然生态风险源、人类活动风险源)类生态风险评价。二是根据风险源的数量,划分为单一风险源生态风险评价、多风险源生态风险评价。三是根据风险受体的数量与空间尺度,划分为单一物种受体小范围生态风险评价、多物种受体区域范围生态风险评价。

7.3.2 化学污染类风险源生态风险评价方法

1) 商值法

商值法是判定某一浓度化学污染物是否具有潜在有害影响的半定量生态风险评价方法,即依据已有文件或经验数据,设定需要受到保护的受体的化学污染物浓度标准,再将污染物在受体中的实测浓度与浓度标准进行比较获得商值,由商值得出"有无风险"的结论。当风险表征结果为无风险时,并非表明没有污染发生,而表示污染尚处于可以接受的程度。之后出现的改进的商值法把污染物在受体中浓度的"有无风险"改进为"多个风险等级"。改进的商值法有两类。

第一类是根据研究对象的特点,设定多个风险等级,将实测浓度与浓度标准进行比较获得的商值,用"多个风险等级"表示风险表征判断结果。

第二类是以商值法为基础发展而成的地质累积指数法和潜在生态风险指数法。

(1) 地质累积指数法

该方法是德国海德堡大学 Muller 等在 1969 年研究河底沉积物时提出的一种计算沉积物中重金属元素污染程度的方法,自然条件下或者人为活动影响下重金属在环境中的分布评价均可使用此方法。地质累计指数法通过测量环境样本浓度和背景浓度计算地质累计指数值 I_{geo},以评价某种特定化学物造成的环境风险程度。计算公式如下:

$$I_{geo} = \log_2 \left[\frac{C_n}{k \times BE_n} \right]$$

式中,I_{geo} 为地质累积指数,C_n 为样品中元素 n 的浓度,BE_n 为环境背景浓度值,k 为修正指数,通常用来表征沉积特征、岩石地质以及其他影响。

(2) 潜在生态风险指数法

该方法是瑞典 Hakanson 于 1980 年研究水污染控制时建立的一种计算水体中重金属等主要污染物的沉积学方法。通过计算潜在生态风险因子与潜在生态风险指数,可以对水体沉积物中的重金属的污染程度进行评价。公式如下:

$$RI = \sum E_r^i = T_r^i \cdot C_r^i$$

式中,RI 为潜在生态风险指数;E_r^i 为单个污染物潜在生态风险系数;T_r^i 为单个污染物毒性响应参数;C_r^i 为单个污染物指数。E_r^i 与 RI 的等级划分标准见表 7-1。

由于分别计算 E_r^i 与 RI 的数值,因此潜在生态风险指数法的计算结果不仅能够反映单一重金属对环境造成的影响,还能够说明多种重金属并存时对周围环境造成的综合影响程度。更由于 E_r^i 与 RI 的计算结果具有明确的划分等级标准,因而不同区域和时段的生态风险的评价结果之间也具有可比性。

表 7-1 潜在生态风险分析标准

评价元素	单项潜在生态风险系数 E_r^i	级别	潜在生态风险指数 RI	级别
Hg、Cd、As、Pb、Cu、Cr、Zn、HCH、DDT	< 40	低潜在风险	< 150	低潜在风险
	[40,80)	中潜在风险	[150,300)	中潜在风险
	[80,160)	较高潜在风险	[300,600)	较高潜在风险
	[160,320)	很高潜在风险	≥600	很高潜在风险
	≥320	极高潜在风险		

商值法的数据和标准一般易于获得,且成本低、便于操作,因此在生态环境管理初期,可以通过设定合适物种的污染物标准浓度,以方便对生态风险进行管理。但商值法评价结果为半定量,属于一种低水平的风险评价,且由于不同物种对不同污染物之间敏感度的差异,对标准浓度的设定具有潜在的不准确性。改进的商值法在结果定量化上有很大进步,但仍有诸多不足,如无法反映污染物的浓度与被污染受体效应之间的关系,不能推论测度点之外的其他点上污染物浓度对受体的损伤效应,没有计算生态环境受到污染或损伤的范围等。

2)暴露—反应法

暴露—反应法是依据受体在不同剂量化学污染物的暴露条件下产生的反应。建立暴露—反应曲线或模型,再根据暴露—反应曲线或模型,估计受体处于某种暴露浓度下产生的效应,这些效应可能是物种的死亡率、产量的变化、再生潜力变化等的一种或数种。暴露—反应曲线或模型一般在危害评价过程中专门建立,并因污染物的种类、毒性、受体的种类的不同而变化。运用暴露—反应法可以对农作物的减产、鱼类数量减少等进行研究。针对单一物种建立的暴露—反应曲线或模型只能反映污染物对单一的被评价物种的危害效应,而无法反映对整个环境的危害程度。目前有研究提出将物种敏感性分布引入对暴露在相同污染物中的不同物种的生态风险评价,对于克服暴露—反应法的这个缺点做出了有益探索。同时,建立暴露—反应曲线或模型,需要大量的污染物暴露与受体效应的数据,由于很难获得足够量的与实际情况更为接近的慢性毒理数据,因而研究者往往采用受控条件下的急性毒理数据。这种基于受控条件下急性毒理数据的研究,可能会将污染物在实际环境中出现的次生效应或因转化而引起的受体效应增强或减弱排除在外,从而引起不必要的误差。

3)污染指数法

污染指数法是用数学公式归纳环境的各种质量参数,并以简单的数值综合表示环境污染的程度或环境质量的等级,常包括单项污染指数和综合污染指数两种。

(1)单项污染指数

又称单因子污染指数法,计算公式为:

$$P_i = \frac{C_i}{S_i} \quad (i=1,2,3,\cdots,n)$$

式中,P_i 为土壤中污染物 i 的环境质量指数;C_i 为污染物 i 的实测质量分数($mg*kg^{-1}$);S_i 为污染物 i 的评价标准($mg*kg^{-1}$),一般取二类标准(中华人民共和国国家标准土壤环境质量标准 GB15618-1995 二级标准)。

(2)综合指数法

也称内梅罗综合污染指数。计算公式为：

$$P_{综} = \sqrt{\frac{(\frac{C_i}{S_i})_{max}+(\frac{C_i}{S_i})_{av}}{2}}$$

式中，$(\frac{C_i}{S_i})_{max}$ 为土壤污染物中污染指数的最大值；$(\frac{C_i}{S_i})_{av}$ 为土壤污染物中污染指数平均值。内梅罗综合污染指数反映了各污染物对土壤的作用，同时突出了高浓度污染物对土壤环境质量的影响，可按内梅罗综合污染指数划定污染等级。

7.3.3 生态事件类风险源生态风险评价方法

人类、动物、植物及其他物质在不同地区之间的频繁流动与接触，使外来物种入侵也成为造成地区、国家生态风险的重要原因之一。在评价外来物种入侵导致的生态风险时，既要了解被侵入地的生态环境状况，也要把握入侵物种的生物学特性，由此判断风险或计算风险概率。

1) 物种入侵生态风险的定性评价

实际中往往先通过对一系列筛选性问题的回答，判断入侵是否具有明显的全面或局部的重大风险，当判断具有重大风险时，再对入侵物种的生存环境、影响因素、自身的生物学、生态学特性进行进一步的评价。比如澳大利亚的杂草风险评价系统(Weed Risk Assessment，简称 WRA)是评价外来杂草入侵风险的较为成功的生态风险评价应用体系。即在引进某一物种时，首先对 WRA 体系中设定的由初步定性评价到具体定性评价 3 个层次共 49 个问题进行回答，并针对每一个问题的回答给出一个得分，然后得到一个综合分值，由此确定对该物种是接受引进或拒绝引进或进一步评估的结论。对需要进一步评估的物种再通过大田种植或实验种植确定其实际入侵潜力。

2) 物种入侵生态风险的定量评价

生物学家一般采用两种方法预测物种的入侵潜力，一种是考察物种自身的特征，如生活史等；另一种是分析外在因素，即物种存在的环境。生态位模型法是通过考察物种生存的环境因素即生态位要求，依据该物种的已知分布，利用数学模型归纳或模拟其生态位需求，得到被入侵区域该物种的适生区分布，再根据可能的适生区分布结果对入侵风险进行评估的一种生态风险评价方法。生态位模型方法主要包括机理模型和关联模型两类。其中,机理模型研究方法主要有 CLIMEX 模型法;关联模型研究方法包括分类回归树法(CART)、生态位因子分析法(ENFA)。

由于生态位模型法只考虑了非生物环境,任何生物的分布同时也会受到共同生长环境中的其他生物因素的影响。因此在采用各类生态位模型法研究的同时,引入概率统计学方法研究非生物环境对生物入侵的影响,可以增加对物种入侵生态风险评价的准确度。

7.3.4 复合风险源类生态风险评价方法

随着风险受体扩展到种群、群落、生态系统以及景观水平等更高层次,风险源也延伸为涉及化学、生物、物理多领域的复合风险源(污染物、物种入侵、自然灾害、生境破坏以及严重干扰生态系统的人为活动等)。由于复合风险源的影响一般是区域范围的,因而 20 世纪末形成了研究区域范围内的复合风险源类生态风险评价方法。

1)生态损失度指数法

该方法通过风险源发生的概率及造成的损失来估算可能发生的风险,其公式为:$R=P \cdot D$(其中 R 为生态风险,P 为风险源发生的概率,D 为风险源可能造成的损失)。

在进行区域生态风险评价时,根据研究需要可对公式进行具体化,比如 D 可根据生态系统的稳定性、完整性、生态系统功能的可持续性以及空间异质性,量化为生态指数和生态脆弱度指数的乘积。国内应用生态损失度指数法进行生态风险评价的研究较多地集中在湿地、湖区、流域、岛屿等生态风险的评价,但是由于这些研究所选用的指标不尽一致,使得不同研究的结论之间缺乏可比性。

2)生态梯度风险评价方法

Moraes 与 Molander 设计了在背景资料、基本数据短缺情况下分步进行的生态梯度风险评价方法。第一步,在生态功能区域内,通过定性评价初步确定风险源、风险受体、风险源特点、风险源对风险受体可能造成的生态效应;第二步,在初步确定的风险源影响范围内,通过半定量评价确定影响最大的风险源、面临风险最大的生境、最有可能遭受风险源影响的次级区域;第三步,在最有可能遭受风险源影响的次级区域,通过定量评价验证定性评价确定的生态效应是否在特定次级区域及特定生境发生,并且将特定风险源与生态效应一一对应。生态梯度风险评价方法有3个特点:在概念模型构建中加入了对压力的产生、传递、形成风险的因果分析,采用综合方法进行暴露和危害分析,将证据权重分析法运用于因果分析。

7.4 国内外土壤污染生态风险评估标准

7.4.1 美国环保署制定的生态土壤筛选值(Eco-SSLs)

美国环保署在2000年发布了生态土壤筛选值,并于2002年进行了补充修订。按照美国环保署的定义,所谓生态土壤筛选值就是保护那些与土壤接触或以生活在土壤中及土壤之上的生物为食物的生物受体的土壤污染物浓度值。

目前公布的土壤筛选值中包括4个生物受体:植物、土壤无脊椎动物、鸟类和哺乳类野生动物。具体美国环保署的生态土壤筛选值如表7-2(2000年发布)。

表7-2 美国环保署的生态土壤筛选值生态土壤筛选值(mg/kg)

项目	植物	土壤无脊椎动物	野生动植物	
			鸟类	哺乳类
镉	32	140	0.77	0.36
铬	——	——	Cr^{3+} 26	Cr^{3+} 34
			Cr^{6+} —	Cr 130
钴	13	——	120	230
铜	70	80	28	49
铅	120	1700	11	56
锰	220	450	4300	4000
镍	38	280	210	130
硒	0.52	4.1	1.2	0.63
钒	——	——	7.8	280
锌	160	120	46	79
砷	18	——	43	46
DDT	——	——	0.093	0.021
狄氏剂	——	——	0.022	0.0049

后美国环境署于2002年对现有的生态土壤筛选值进行了补充完善,在实践中,若区域的土壤污染物浓度超过了筛选值可能意味着该场地受到污染或需要修复,需要对场地进行进一步的环境调查。

7.4.2 荷兰土壤筛选值体系

荷兰制定了两种基于风险的土壤筛选值,即目标值(Target value)和干预值(Intervention value)。其中,低于目标值意味着对生态系统的风险可以忽略,而超过干预值则意味着对生态系统或人体健康可能造成不可接受的风险。目标值是基于最大允许浓度值制定的,最大允许浓度是5%生态物种和微生物过程或酶活性受到影响的土壤污染物浓度(HC5,即95%的保护水平)。最大允许浓度值是从二类物种敏感性分布(SSDs)曲线中得出的,一类是土壤污染物总浓度与潜在受影响的物种的分数(PAF)的关系曲线上取HC5值,二是土壤污染物总浓度与微生物过程或酶活性受影响的分数的关系曲线上取HC5值。从中取两类HC5的低值再除以100(安全系数)即为目标值。

干预值是基于两个方面得出的,一是50%的生态物种或微生物过程受到影响;二是对人体健康可能造成不可接受的风险而制定的。就人体健康风险而言,有阈值的非致癌物的最大可接受风险为每日允许摄入量,而无阈值的致癌和基因毒性污染物最大可接受风险为致癌概率。在分别得到基于生态毒性和人体健康风险的土壤临界浓度后,通常取两者中的低值为干预值。

将目标值和干预值取其算术平均值,即为中间值。实践中具体场地土壤污染物的浓度若大于中间值就应开展调查,大于干预值在理论上要修复,实际还要视风险评估而定。

7.4.3 国内土壤环境质量标准值

由国家环境保护局1995年颁布实施,2008年重新修订的《土壤环境质量标准》旨在贯彻《中华人民共和国环境保护法》,防治土壤污染,保护生态环境。标准按土壤应用功能、保护目标和土壤主要性质规定了土壤中污染物的最高允许浓度指标值及相应的监测方法,适用于农田、蔬菜地、茶园、果园、牧场、林地、自然保护区等地的土壤。

标准根据土壤应用功能和保护目标,划分为三类:

Ⅰ类为主要适用于国家规定的自然保护区(原有背景重金属含量高的除外)、集中式生活饮用水源地、茶园、牧场和其他保护地区的土壤,土壤质量基本上保持自然背景水平。

Ⅱ类主要适用于一般农田、蔬菜地、茶园果园、牧场等土壤,土壤质量基本上对植物和环境不造成危害和污染。

Ⅲ类主要适用于林地土壤及污染物容量较大的高背景值土壤和矿产附近等地的农田土壤(蔬菜地除外)。土壤质量基本上对植物和环境不造成危害和污染。

Ⅰ类土壤环境质量执行一级标准;

Ⅱ类土壤环境质量执行二级标准;

Ⅲ类土壤环境质量执行三级标准。

除此之外,环保部于2009年发布了《污染场地风险评估技术导则》(征求意见稿),其中制定了100多种污染物的土壤筛选值;北京市于2011年颁布了《场地土壤环境风险评价筛选值》;《土壤环境质量标准》也正在进一步修订。这些筛选值在污染场地风险评估初期阶段都有一定的参考价值,但在特定场地应用上述筛选值之前务必进行验证,需要鉴定推导这些筛选值的假设是否符合特定场地的条件。因此,建议运用风险评估技术制定特定场地的筛选值,以保证评估工作的科学性。

7.5 实例——基于生态风险分析的耕地质量风险评价

生态风险评价终点多样,本案例选择土壤环境污染和质量退化风险为评价终点,通过构建风险评价指标体系后,分别对各单项生态风险指数和综合风险指数进行分析与评价,这些结果可为案例区的土壤改良治理、合理的土地利用规划和环境保护提供定量化的依据。这是对耕地生态系统风险管理的一个实例研究,对探讨耕地生态系统风险的全面评估和管理具有一定的借鉴作用。

7.5.1 案例区概况

案例区后湖农场位于湖北省(东经108°21′-116°07′,北纬29°05′-33°20′)潜江市(东经112°31′-112°59′,北纬30°09′-30°35′)的中部,北倚汉水、南近长江,处于江汉平原的腹地；四湖主干渠田关河和东干渠在这里交汇，并沟通长江、汉水间的内河航运。318 国道、宜黄高速公路、襄(阳)岳(阳)公路在这里立体交汇，使后湖成为江汉平原乃至整个湖北省中部地区一个新兴的水陆交通枢纽。后湖农场包括张家窑、天新、关庙、前湖、皇装垸、流塘六个分场，拥有耕地 3000hm²，林地 900 hm²，水面 1300 hm²。重点发展粮、棉、油、渔、猪、果六大类产品，是湖北省粮棉油中高产区。

后湖农场在地貌特征、成土条件和土壤肥力特性上在江汉平原乃至全国平原湖区很有代表性。由于受亚热带季风气候影响，气候特点是光照充足，四季分明，雨水充沛，热量丰富。全年日照时数 18841.1 小时，全年平均降水量 1136.1 毫米，多年 7 月平均气温 28.1℃，多年 1 月平均温 3.5℃，无霜期 254 天。当地河渠纵横，河流总长 20 公里，流域面积 72 平方公里，年总径流量 0.43 亿立方米，排灌条件较好，不易发生旱、涝灾害，是湖北省农业综合样板示范区；当地成土母质主要是河流冲积物和河湖相沉积物，土壤类型以人为土、潜育土和雏形土为主。由于是平原，样区地形平坦，地面高程 26.8-28.1 米。防护林完善，土壤较厚，耕作层较深，土壤呈中性—弱碱性，表层 pH 值 6.8-7.8 左右，土壤肥力普遍较高。当地古时为云梦大泽，经多年人为耕种、排水，地下水位已较低。植被除作物外，多以绿肥、防护林为主，植被覆盖率较高。

7.5.2 生态风险分析指标体系的建立

耕地利用系统是一个复杂的自然—经济—社会—环境复合系统，进行耕地资源评价必须要涉及自然、环境、生态、社会经济等众多的评价指标，如何选择合理的能确切反映耕地综合质量差异的因素因子体系至关重要。

建立影响因素因子体系主要遵循的原则有：1)注意科学性和实用性、可操作性和可行性、全面性和重点性相结合以及因地制宜等原则；2)评价区内差异较大、相关性较小；3)应以稳定性因子为主，但对农业生产影响大、变化规律明显的不稳定性因子也应考虑；4)为实现定量评价，尽可能选择可测量的因子；5)应尽量建立全面、系统和简洁易行的体系。

后湖农场地处江汉平原，各评价单元地貌类型无明显差别；受地下水的影响，排灌条件等农田基础设施建设对农用地质量影响较大；由于土地平整、土地利用和施肥水平不同，其土体构型、理化性状和养分状况差异较大；道路的等级和数量、作物种植模式、土地利用方式等都影响农户的收益,进而决定其投入并影响耕地质量水平。

根据以上原则和《土壤环境质量标准》(国家环境保护局,1995)并结合样区的实际情况,采用 PSR 模型和特尔斐法,确定案例区的影响因素因子(表 7-3)。

根据联合国粮农组织的《土地评价纲要》(FAO,1976),分析参评因子对耕地质量影响的大小主要根据权重的不同来体现,对农业生产具有较大影响的因素应赋以较高的数值。参考《土壤环境质量标准》和《全国农业地力等级划分标准》(中华人民共和国农业部,1996),采用层次分析法确定样区评价指标的权系数。为使评价结果更加合理,在确定各层次因子的权系数时应参考以下原则:1)约束层各因子的权重大小应与该因子对资源环境质量等级的贡献率保持一致;2)指标层各因子的权重大小应体现其在约束层中的相对贡献率;3)计算权重时,各判断矩阵必须通过一致性检验。对于目标层(资源评价,O),根据土壤学、土地学、专家经验及相关知识,在约束层(C)中分别对农田污染(C_1)、土壤条件(C_2)、水利条件(C_3)、交通区位(C_4)和土地利用(C_5)及相对应因子的重要性作出判断,得到各层次的判断矩阵,分别计算出约束层和指标层的权重,然后得到每个评价指标的权重(表 7-3)。

表 7-3 后湖地区耕地质量风险评价因素因子及其权系数

指标	因素	因子	权系数
压力指标 P	农田污染 C_1	土壤污染生态风险指数	0.2637
状态指标 S	土壤条件 C_2	全氮	0.0685
		全磷	0.0542
		全钾	0.0416
		速效磷	0.0542
		速效钾	0.0542
		有机质	0.0807
		pH 值	0.0416
		粘粒含量	0.0416
	水利条件 C_3	灌溉保证率	0.1000
	交通区位 C_4	路网密度	0.1027
响应指标 R	土地利用 C_5	土地利用方式	0.0970

7.5.3 土壤污染生态风险指数计算和生态风险分析

生态风险指数法是划分土壤污染程度及潜在生态风险的一种相对快速、简便和标准的方法,通过测定土壤样品中污染物含量并进行计算,该指数表征了土壤环境是否存在生态危险以及危险的等级。

1)生态风险指数模型

单项污染生态风险指数的计算公式为:

$$P_i = C_i / S_i$$

式中,P_i为土壤单因子污染生态风险指数,C_i为污染物i的实测值,S_i为污染物i的评价标准。

综合污染生态风险指数的计算公式为:

$$M_i = \sum_{j=1}^{n} W_j \times P_j$$

式中,M_i代表监测点i的土壤综合污染生态风险指数,n为评价指标的总数,W_j代表第j个评价指标的权系数,P_j代表第j个评价指标的单项污染生态风险指数。

根据《土壤环境质量标准》,单项污染生态风险指数分级标准为:$P_i < 1$为无污染风险;$1 \leq P_i \leq 2$为轻污染风险;$2 < P_i \leq 3$为中污染风险;$P_i > 3$为重污染风险。综合污染生态风险指数分级标准为:$P \leq 0.7$为无风险;$0.7 < P \leq 1$为警戒风险;$1 < P \leq 2$为轻污染风险;$2 < P \leq 3$为中污染风险;$P > 3$为重污染风险。

2)土壤污染生态风险指数计算

针对案例区在土地开发利用过程中可能产生土壤环境污染生态风险的主要因素、不同风险将引起的严重程度,在参考《土壤环境质量标准》中所列的二级标准以及遵循简易性、经济性、标准性、敏感性和重要性等原则下,选用硼(B)、锰(Mn)、铜(Cu)、锌(Zn)、铅(Pb)、镉(Cd)和农药七个评价指标来评估土壤重金属污染的生态风险程度,为生态风险决策和管理提供依据。各指标的权系数采用层次分析法确定,可参照6.5.2的方法,各评价指标的权系数和评价标准见表7-4。

对后湖农场42个土壤混合样品进行室内化验分析后得到样品各污染元素含量和农药定性分析结果见表7-5。

7 耕地生态风险评价与案例

表 7-4 各污染指标的权系数及评价标准

指标	硼	Mn	Cu	Zn	Pb	Cd	农药
权系数	0.16	0.12	0.12	0.16	0.14	0.12	0.18
评价标准(mg/kg)	1.2	542.79	100	250	300	0.3	——

表 7-5 样品污染元素含量及农药定性分析结果(部分)

编号	各污染元素含量(mg/kg)						定性赋值
	B	Mn	Cu	Zn	Pb	Cd	农药
101	1.116	537.838	22.930	97.565	31.698	1.415	1.000
102	1.353	539.467	24.160	109.747	21.554	1.081	1.000
103	1.298	537.235	26.788	89.815	23.333	0.965	1.000
104	0.592	490.770	26.857	65.161	20.189	0.189	1.000
105	0.786	487.712	28.951	80.730	16.984	0.556	1.000
201	0.806	520.360	29.487	79.214	15.490	1.650	1.000
202	0.855	514.228	29.622	76.848	25.818	1.455	1.000
…	…	…	…	…	…	…	…

根据单项污染生态风险指数和综合污染生态风险指数的计算公式和表 6-5 计算得到各单元土壤混合样品的风险指数见表 7-6。

表 7-6 单项污染生态风险指数和综合污染生态风险指数结果表(部分)

编号	单项污染生态风险指数							综合污染风险指数
	B	Mn	Cu	Zn	Pb	Cd	农药	
101	0.930	0.991	0.229	0.390	0.106	1.179	1.000	0.694
102	1.127	0.994	0.242	0.439	0.072	0.901	1.000	0.697
103	1.082	0.990	0.268	0.359	0.078	0.804	1.000	0.669
104	0.494	0.904	0.269	0.261	0.067	0.158	1.000	0.470
105	0.655	0.899	0.290	0.323	0.057	0.463	1.000	0.543
201	0.672	0.959	0.295	0.317	0.052	1.375	1.000	0.661
202	0.713	0.947	0.296	0.307	0.086	1.213	1.000	0.650
…	…	…	…	…	…	…	…	…

3)生态风险分析

根据表6-6,对比分析各污染元素的单项污染生态风险指数与评价标准,案例区选取的7个生态风险评价指标中,镉、硼和农药均达到了污染水平,借助ArcGIS统计,其中47.66%的土壤受到硼的轻度污染;35.86%的土壤受到镉的轻度污染,4.33%的土壤受到镉的中度污染;案例区土壤中均不同程度地含有微量的农药;土壤中的锰、铜、锌和铅目前都还不存在污染风险,但锰的单项污染生态风险指数绝大部分逼近轻污染风险,如若不当则可能导致案例区锰出现轻污染风险。

对案例区42个土壤样品的综合污染生态风险指数做散点图分布(图7-3),总的来说,案例区目前还没有出现生态风险,但应为当地政府和农民引起注意的是,已经有40.81%的土壤处于警戒风险级,一旦不注意,将会从警戒风险级上升到污染风险级,从而引起作物和人类的健康。

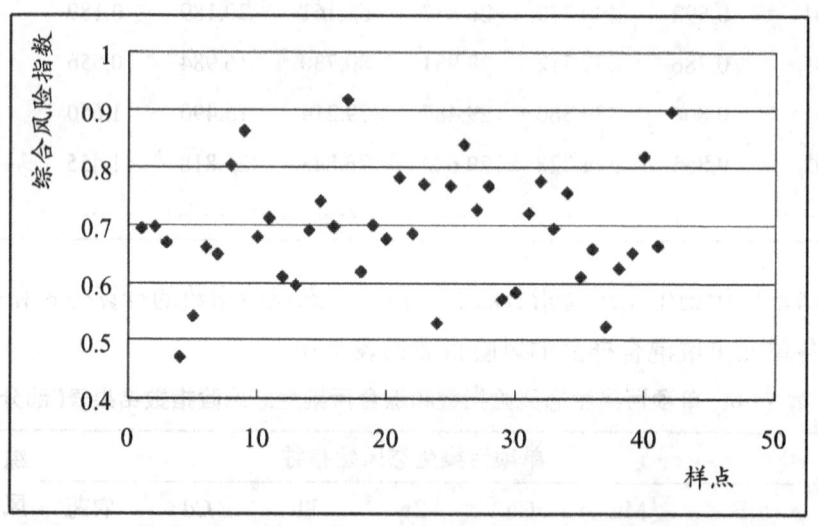

图7-3 后湖地区各样点的土壤污染综合污染生态风险指数分布图

土壤污染主要来源于自然因素和人为因素。前者主要来自岩石和矿物中的本底值。后者的主要来源是工矿企业生产、污水排灌及农业生产。后湖农场场内工业以配套的轻工业和第三产业为主,带来的污染可能性很小。因此从很大的程度上讲污染来源主要是化肥和农药。化肥是农业重要的生产条件,但是由于矿源的不清洁,它本身常常含有杂质,如重金属元素、放射性元素等,施入土壤后发生一定程度的累积,形成土壤的潜在污染。

镉是重要的土壤环境污染物。随磷肥进入土壤中的镉一直受到人们的关注。

磷肥的长期和大量施用,会造成镉在土壤中严重残留进而造成污染。据调查后湖农场施用的过磷酸钙中含镉量相对较高,因此连续的施用导致了土壤中镉的污染。我国油菜和棉花缺硼问题突出,施用硼肥已成为提高产量、改善品质的重要措施,而硼的缺乏与过量之间的临界值范围很窄,长期的施用存在造成环境污染的可能性。后湖农场每年定量地向土壤中施用微肥补充硼的不足,这样的施肥状况最终导致了硼的污染。后湖农场在农作物的生长过程中为防虫、杀虫而经常使用有机磷农药,这种农药效果很好,但由于其在土壤中的半衰期比较长,因而导致土壤中也可以检测出含有微量的农药。重金属锰已接近污染风险水平,这可能与长期施用化肥有关,大量频繁施用化肥导致了土壤 pH 值降低,有效锌、锰含量提高。后湖农场土壤中铜、铅和锌的单项污染生态风险指数比较低,目前还不足以对土壤造成污染。

4)土壤污染生态风险管理

针对目前案例区的土壤污染生态风险状况,主要可以从以下几个方面进行保护和土壤改良:

①向土壤中施用碱性肥料、有机肥或石灰。一方面提高土壤 pH 值,同时还可增加镉与有机质或碳酸盐的结合,从而降低土壤中镉的生物有效性;

②调整肥料结构,有机—无机肥料配合施用;

③控制土壤水分,调节其氧化还原电位,达到降低重金属危害的目的;

④改变作物种类,可考虑选育抗污染作物;

⑤选择低毒、高效、低残留的农药杀虫剂。

7.5.4 耕地质量退化风险模型的建立

土壤环境污染和质量退化评价因子间由于数据量纲不同,其观测值需要按一定的方法和模型进行规一化处理后,用标准值来衡量该因子对耕地质量的影响程度才具有可比性。一般用 0 和 1 来表示因素因子最差和最优的两种极端状态。耕地质量退化评价因子依据其属性可分为数值型、域值型、语言型和空间扩散型,不同因子的实测值采用相应的模型进行量化。

不同属性的因子对土壤环境污染和质量退化的影响和贡献可分为三种情况:①第 1 类因子。该种因子达到一定水平后,对土壤质量贡献达到最大,数值越小于该值风险越大,数值大于该值则不存在风险,数值小到一定程度则可能成为限制因子,作物生存受到的威胁较大,需要确定临界下限;②第 2 类因子。该种因子有一个最适区域或最适值,在该区域或最适值时没有风险,越小于区域的下界或最适值风险越大,越大于该区域的上界或最适值风险越大,数值太小和太大都有可能成为限制因子,需要确定临界上限和临界下限;③第3类因子。该种因子有一个最小值,小于该值没有风险,越大于该值风险越大,数值大到一定程度则成为限制因子,需要确定临界上限。

根据各生态风险评价指标的属性类型以及对土壤环境污染和质量退化的影响和贡献情况,建立如下风险评价模型对实测数据进行归一化、标准化处理,用于表征各项指标在耕地生态系统中的状态。

1)语言型评价指标的风险模型

区域状态为语言表述的因素称为语言型评价指标,这类指标直接用不同的分级标准和分值来描述其对耕地质量级别的影响,属于这类的只有土地利用方式。案例中将土地利用方式分为菜地、园地、水田和旱地,其分值分别为 1.0、0.9、0.7 和 0.5。

2)域值型评价指标的风险模型

这类因子的指标值在一定区域范围内对耕地质量的影响成线性分布,根据前述主要分为数值越大越优、越小越优和中间型三种,案例中根据生态风险评价指标的特性分别建立不同的风险模型。

(1)越大越优型(S 正相关型)

属于这类的因子,其指标值越高,评价对象质量越好,存在的风险越小,但到一定临界值之后,其作用效果也趋于恒定,需要确定临界下限。案例中,全氮、全磷、全钾、速效磷、速效钾、有机质属于这类,即数值越大、风险越小,此类风险模型如下,模型的临界值见表 7-7。

$$f(x)=\begin{cases}1.0 & x<a_1\\ 0.1+0.9*\left[0.5+0.5*\sin(\frac{\pi}{a_2-a_1})*(x-\frac{(a_1+a_2)}{2})\right] & a_1\leq x\leq a_2\\ 0.1 & x\geq a_2\end{cases}$$

表 7-7 部分生态风险评价指标的临界点取值

评价因子	有机质 $g \cdot kg^{-1}$	全氮 $g \cdot kg^{-1}$	全磷 $g \cdot kg^{-1}$	全钾 $g \cdot kg^{-1}$	速效磷 $mg \cdot kg^{-1}$	速效钾 $mg \cdot kg^{-1}$
a_1	5	0.4	0.4	5.0	3.0	35.0
a_2	20	1.6	2.0	20.0	22.0	150.0

7 耕地生态风险评价与案例

（2）越小越优型（S 负相关型）

属于这类的因子，其特性与 S 正相关刚好相反，即指标值越大，存在的风险也越大，需要确定临界上限。案例中土壤污染综合指数属于此类，该值越大，它对土壤的潜在生态污染风险也愈大。

$$f(x)=\begin{cases} 0.1 & x<a_1 \\ 0.1+0.9*\left[0.5+0.5*\sin(\dfrac{\pi}{a_2-a_1})*(x-\dfrac{(a_1+a_2)}{2})\right] & a_1\leq x<a_2 \\ 1.0 & x\geq a_2 \end{cases}$$

其中 a_1 为 0.7，a_2 为 1，a_3 为 2。

（3）中间型（梯形）

属于这类的因子，其指标值在一定范围内，评价对象质量最好，存在的生态风险相应的也越小，超过这一范围后，随着偏离程度的增大，生态风险也愈大，极有可能成为生态限制因子。案例中 pH 值、粘粒含量属于此类，相应的风险如下，对应的临界风险值见表 7-8。

$$f(x)=\begin{cases} 1.0 & x\leq a_1 \\ 1.0-0.9*\left[\sin(\dfrac{\pi}{a_2-a_1})*(x-\dfrac{(a_1+a_2)}{2})\right] & a_1<x\leq a_2 \\ 0.1 & a_2<x\leq a_3 \\ 0.1+0.9*\left[\sin(\dfrac{\pi}{a_4-a_3})*(x-\dfrac{(a_3+a_4)}{2})\right] & a_3<x\leq a_4 \\ 1.0 & x>a_4 \end{cases}$$

表 7-8 部分生态风险评价指标的临界点取值

评价因子	a_1	a_2	a_3	a_4
粘粒含量	20	40	60	80
pH 值	5.0	6.5	7.5	8.5

3）空间扩散型指标的风险模型

这类因子对耕地质量的影响程度是以点、线为中心，或以不规则的多边形为中心，自中心向外随着距离的增加因子的作用强度逐渐减弱，具有这种特性的因素因子称其为空间扩散型因素因子。案例中的空间扩散型指标包括灌溉保证率和路网密度。空间扩散型因子的数据收集以及对它们进行定量化处理存在很大难度，为科学合理地反映这类因子对耕地质量风险的影响，引入缓冲区分析法来获取灌溉保证率和路网密度两因子的空间分布数值。

根据沟渠、道路在空间上对耕地生态风险影响的衰减特性，将它们的缓冲带分为几个典型等级，分别采用二次衰减模型（$d=d_0(1-\sqrt{F_i})$，F_i分为9级，0.01、0.1、0.2、0.3、0.4、0.45、0.65、0.85、1，$d_0=S/2L=162m$，S为案例区总面积，L为水渠总长度，d_0为水渠的最大影响距离），指数衰减模型（一级道路为$d_{i1}=d_{01}(1-\frac{\ln F_i}{\ln f_0})$，二级道路为$d_{i2}=d_{02}(1-\frac{\ln F_i}{\ln f_0})$，$F_i$分为8级，1、10、20、30、45、65、85、100，$d_{01}=S/2L_a=245$，$d_{02}=S/2(L_a+L_b)=150$，S同前，L_a为一级道路总长，L_b为二级道路总长），对其作缓冲区分析，然后对道路各缓冲区带的影响分值F_i作标准化处理，使F_i值处于0~1之间。叠加各级别道路、水渠的影响因子图层，得到灌溉保证率和路网密度影响因子图层，通过与其他属性数据图层进行叠加即可获取每一个资源评价单元的灌溉保证率和路网密度的作用分值。

7.5.5 耕地质量风险评价

利用前述建立的评价指标的风险模型对42个样点各评价指标的实测值进行规一化、标准处理后，得到各评价因子的单项生态风险指数，然后采用多因子综合指数和模型法计算各单元的综合生态风险指数，其值越大，耕地土壤所面临的风险也越大。

$$\text{index}_i = \sum_{j=1}^{n} W_j \times P_j$$

式中index_i表示第i个单元的综合风险指数，W_j为第j个因子的权重，n为评价因子，P_j代表第j个评价指标的单项生态风险指数。

计算得到评价单元的综合生态风险指数后，以统计软件SPSS作为分析工具，对42个单元的综合生态风险指数采用最短距离法进行聚类，通过分析相关系数的变化情况和树形结果图，以相关系数突变为聚类结束标志，确定绝对距离阈值0.01，将案例区耕地的质量退化风险划分为4级。将聚类结果与空间数据库联接，借助ArcGIS得到案例区耕地资源风险评价结果图（图7-4）和各级别的面积（表7-9）。

表7-9 后湖地区耕地资源风险评价结果

级别	Ⅰ级	Ⅱ级	Ⅲ级	Ⅳ级	果园	水面	总部
指数	<0.35	0.35~0.50	0.50~0.70	≥0.70			
面积（km²）	6.79	26.98	20.46	2.86	1.54	11.60	2.73
比例（%）	11.89	47.27	35.83	5.01			

说明：Ⅰ级为无风险；Ⅱ级为微小风险；Ⅲ级为一般风险；Ⅳ级为较大风险。

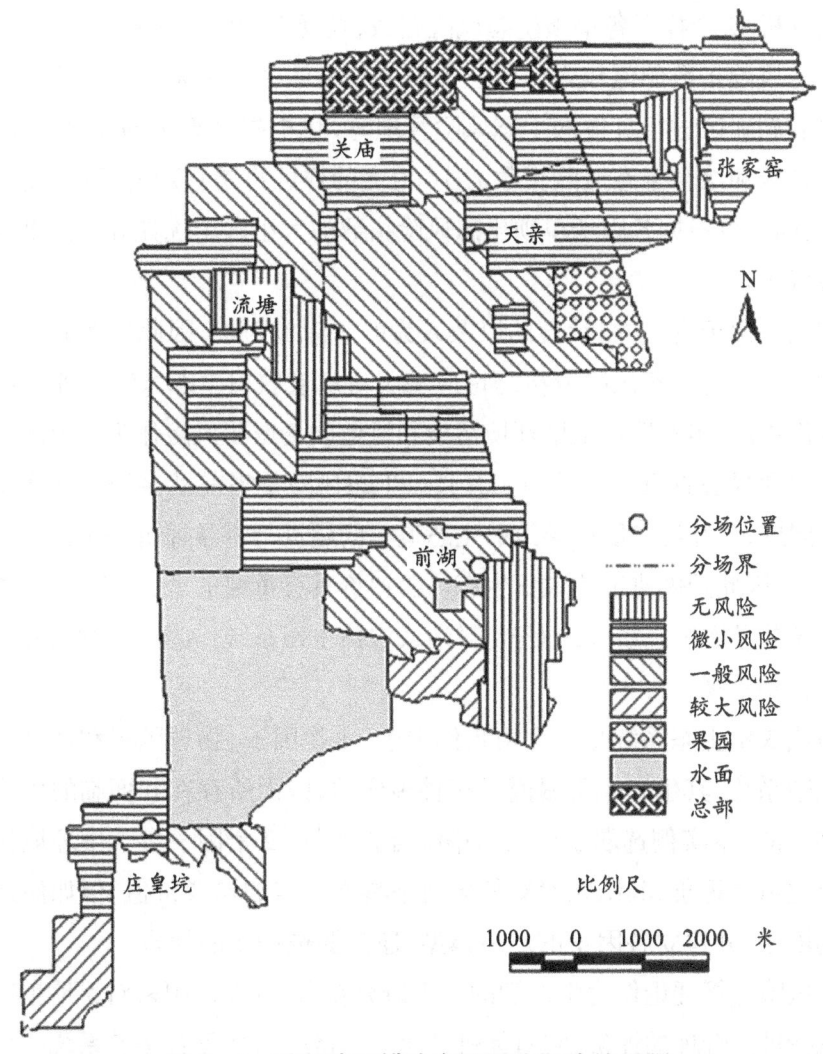

图 7-4 后湖地区耕地资源风险评价结果图

7.5.6 结果与讨论

由表 7-9 和图 7-4 可以看出，案例区 42 个样区的综合生态风险指数整体较低，以微小风险和一般风险为主，共占评价总面积的 83.1%，说明案例区耕地资源风险的程度不是很高；无风险的有 6 个单元，面积占评价总面积的 11.89%，主要分布在张家窑、前湖和流塘三个分场；风险较大的只有 3 个单元，面积只占评价总面积的 5.01%，分布在前湖和庄皇垸分场，它们将是案例区耕地资源生态风险管理的重点。

通过分析42个样区各单项生态风险指数,发现案例区速效磷、道路通达度和综合污染生态风险指数的值较大,这三个因子是案例区生态风险管理的主要制约因子。在对后湖地区进行具体的生态风险管理时,可根据计算出的42个样区的单项生态风险指数和综合生态风险指数大小,值大的样区将是管理的重点,在进行土壤或环境改良时,可根据各因子单项生态风险指数的大小确定优先和需要重点改良的耕地风险因子。

生态风险源于自然的、社会的以及人为的等诸多因素,因此也造成了评价终点的多样性。如何将生态风险分析理论应用于耕地或农田生态系统的评价可以选择不同的评价终点,实例选择土壤环境污染和耕地质量退化风险作为评价终点来评价耕地质量退化风险具有一定的现实意义。生态风险是当前社会经济高速发展所带来的普遍问题,对经济发展所导致的生态退化问题进行科学评价是可持续发展的核心内容之一,因此开展耕地或农田生态风险评价具有重要的意义,实际上,资源的开发利用要充分考虑生态系统的安全,耕地或农田生态系统作为可持续发展的基本支撑更应该得到重视。

耕地或农田生态系统是一个由自然因子、生物因子、物理因子和社会因子构成的综合复杂系统,其生态风险暴露是多种多样的,因而所存在和面临的风险源同样是多种多样的。本实例选取了土壤污染综合指数等12个因子参与壤环境污染和耕地质量退化风险评价,其结果对案例区耕地具有一定的参考价值。但如何选择合理而恰当的因子,并建立各因子的风险模型,还需要进一步的探索。

生态风险分析理论作为生态学的一个研究热点,可以被用来对耕地生态系统中存在的风险进行合理的评价,它对促进社会—经济—自然复合生态系统的持续发展有积极的作用。今后生态分析方法的发展重点将继续强调对非确定性的处理,加强对生态系统水平风险评价预测模型的建立和改进,建立在定量概率论基础上的生态风险分析方法,在区域或景观水平上寻求有限的生态调控方法。

8 耕地质量评价信息系统及案例

8.1 耕地质量评价信息系统概述

8.1.1 耕地质量评价信息系统的基本组成

耕地质量评价信息系统从外部来看，表现为计算机软硬件系统；而其内涵却是由计算机程序和耕地质量数据组织而成的耕地空间信息模型，是一个高度信息化的土地系统。信息的流动及信息流动的结果完全由计算机程序的运行和数据的交换来仿真，土地学家可以在系统支持下提供耕地系统不同侧面、不同层次的空间和时间特征信息，也可以快速地模拟耕地利用的过程，取得耕地质量预测和实验的结果，选择优化方案，避免错误的决策。

耕地质量评价信息系统为国土、农业等政府管理部门提供数据采集、组织、存贮、加工、处理、应用和传播信息的工具，其功能基本构成如图8-1所示。

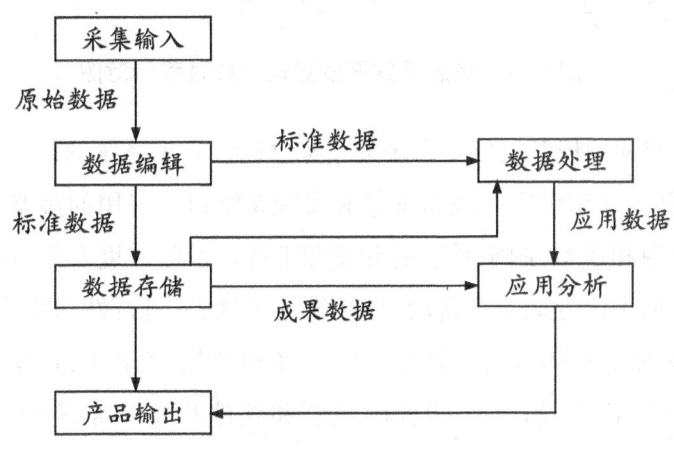

图 8-1 耕地质量评价信息系统基本构成

耕地质量评价信息系统一般由硬件、软件、数据库和人组成。硬件的配置主要取决于系统的功能要求和数据存贮量,一般包括输入设备(数字化仪、扫描仪、键盘等)、输出设备(如绘图仪、打印机、显示器等)、计算机系统、数据存贮设备(如磁盘和光盘驱动器、磁带机等)。耕地质量评价信息系统的软件由管理软件和功能软件组成。功能软件一般包括五大模块,即输入与预处理、数据库管理、数据处理、产品输出以及用户接口。耕地质量评价信息系统的核心是数据库,用于存贮各种空间位置、拓扑关系和非空间数据。相应地,数据库应配有管理软件,实现数据查询、更新和修改,保持数据的现势性、安全性和完整性。

8.1.2 耕地质量评价信息系统开发流程

目前信息系统开发经常采用周期法,该方法将整个信息系统的开发过程分为若干阶段,预先规定每个阶段的目标和任务,按一定准则顺次完成。阶段划分的一条基本原则是使各个阶段的任务彼此尽可能相对独立,同一阶段各项任务的性质尽可能相同,从而降低每个阶段任务的复杂程度,简化不同阶段之间的联系,有利于系统建设的组织管理。系统建设可分为三个时期,即系统分析时期、系统开发时期和系统维护时期,每个时期又进一步划分成若干个阶段(图8-2)。

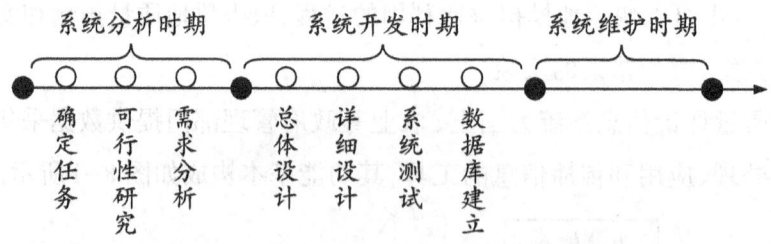

图8-2　信息系统开发建设一般过程示意图

系统分析时期的任务是确定系统的目标、任务;导出系统的结构和功能、硬软件环境、数据库和子系统设定等技术框架和实现系统目标采用的策略;估计完成系统建设需要的资源和成本,制定系统的开发和工程建设的进度安排,进行人员组织和培训。这个时期可以分成三个阶段,即系统任务确定、可行性研究和需求分析。

系统开发时期具体设计、实现软件开发和数据库建立,可由下述四个阶段组成:总体设计、详细设计(包括程序编制和软件开发)、系统测试、系统数据库建立。

系统维护时期的主要任务是使系统持久地满足国土资源、农业等政府部门管理的需要。具体地说，当系统软件在使用过程中发现错误时应该加以改正；当环境改变时应该修改系统软件以适应新的环境；当系统软件使用者有新要求时应该及时改进软件以满足使用者的新需要。

另外一种关于信息系统开发流程的划分方法是将整个系统开发分为6个阶段，即可行性研究、系统分析、系统总体方案设计、系统技术方案分析、系统实施、系统评价与维护。同时，在每个阶段都进行及时讨论和信息反馈（图8-3）。

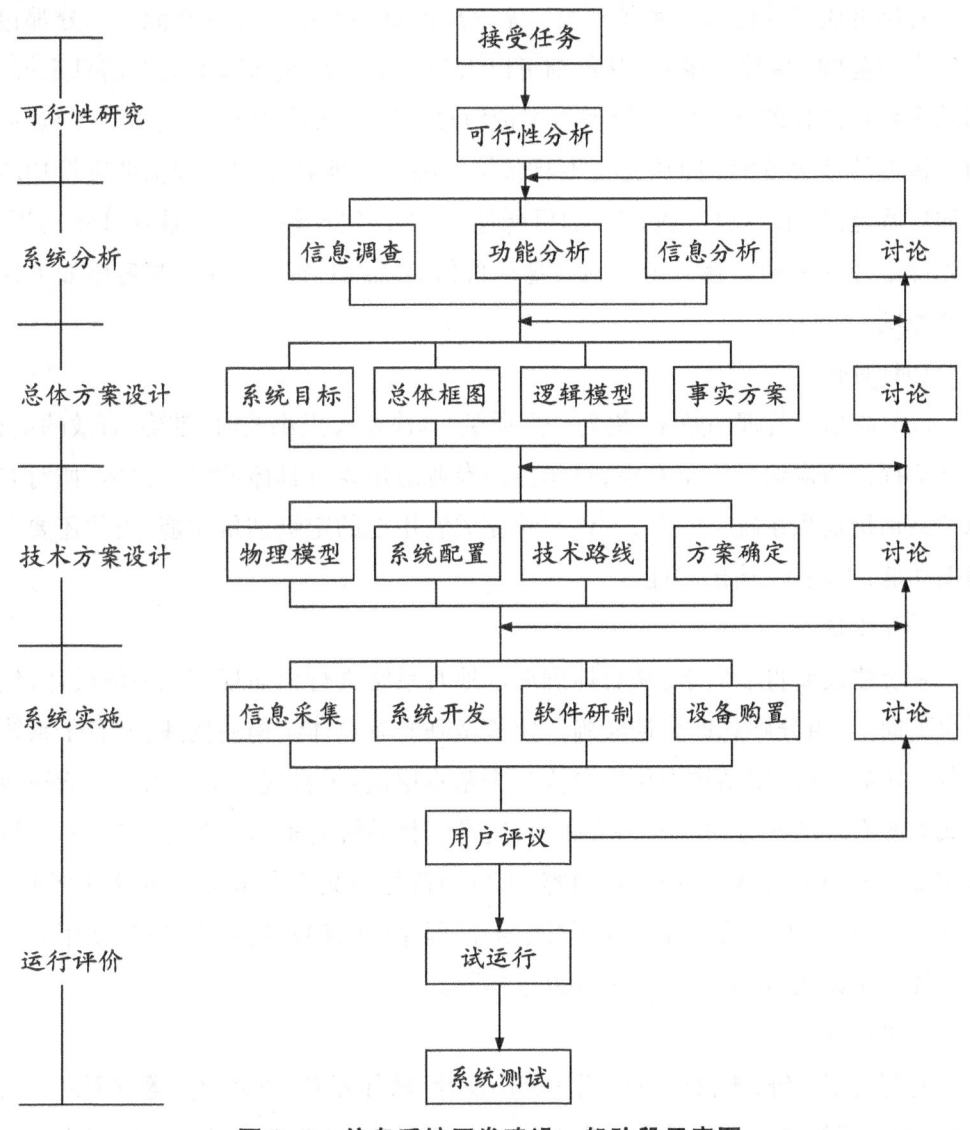

图8-3　信息系统开发建设一般阶段示意图

8.1.3 耕地质量评价信息系统目标

要实现一个结构完整、功能齐全、技术先进、适合行业管理特点、实用性好的耕地质量评价信息系统，必须经过较长时间的努力。而且只有明确了目标，系统开发的后续阶段才不会感到盲目，因此，科学合理地确定信息系统的建设目标是非常必要的。

8.1.3.1 确定系统目标的原则

对耕地质量评价信息系统而言，无论从信息存贮量还是从功能上划分都包含着广大的范围。从数据量看，其范围可以大到一个省甚至国家的综合信息系统，小到某个乡镇或村的某个领域管理与维护信息系统。从功能上看，也有一个延伸到两个极端的连续范围，即从完全不具备辅助决策功能到非常强调辅助决策功能之间的广阔范围。在这样一种广泛的可能性中，要确定比较适宜的系统目标，就需要首先确定择标原则。在确定耕地质量评价信息系统目标时，通常都遵循如下这样一些原则。

1) 针对性

以提高信息管理的效率，提高信息质量，为决策者提供及时、准确、有效的信息，向社会提供所需信息为出发点，对具体的专业应用要有具体的设计目标。如对农用地定级估价信息系统，主要考虑该系统完成农用地的定级估价功能，当然还要考虑辅助功能，如输入、输出功能。

2) 阶段性

系统建设要自上向下，从总体到局部地对系统进行全面规划和整体设计，然后再自下向上，由分到总地分期实施。应该做到既有总体结构的描述，又有子系统的划分。比如，在逻辑结构上可以分为三个基本层次：①直观目录。用尽可能扼要的方式说明系统的所有功能和主要联系，这是解释系统的索引。②概要图。简要地表示主要功能的输入、输出和处理内容，可以用符号和文字表示每个功能中处理活动之间的关系。③详细图。详细地用接近编制程序的结构描述每个功能，使用必要的图表和文字说明，再向下则可进入程序框图。

3) 实用性

所谓实用系统，不仅要考虑诸如算法设计、软件开发、模型建立等方面的方法和手段，而且还要考虑大量数据的存贮维护与更新的方法。系统的生命周期应该包括系统的运行与维护阶段,应是一个相当长的时期,而不是仅到系统建成之日为止的相对短的时期。此外,应尽可能考虑建立一个与行政管理体系相应的系统,它的成功运行与行政管理体制有密切的关系。反之,一个新系统投入到运行后,又必然会对现行系统及行政管理体制产生巨大的影响。

4) 预见性

要充分考虑国家对有关行业管理的政策、方针和立法以及当今信息技术的快速发展,在进行系统功能设置时应留有发展余地和良好的接口。系统的功能、系统管理的数据、系统的应用领域以及硬件均应可扩展,尽量建成一个可扩展的系统。

5) 先进性

要考虑计算机及外设、基础软件的新版本、新的操作系统等先进的设备、先进技术的应用。

8.1.3.2 确定系统目标的依据

在确定耕地质量评价信息系统目标时主要考虑以下因素:用户需求、经费、系统建设时间的要求、技术条件以及数据情况等。

1) 目标必须围绕用户需求来确定

对用户的需求应在广泛调查的基础上进行综合分析,权衡利弊得失,从而确定适当的目标。围绕这个问题,要进行以下的工作:①传统需求的调查与分析;②潜在需求的探索;③对需求进行分类;④基于多数用户的主要需求及满足需求的可能性来确定系统目标。

2) 投入建设经费

经费是制约系统目标的主要因素之一。建设一个耕地质量评价信息系统需要有大量投入。在我国当前情况下,争到足够的经费是相当困难的,因此在确定系统目标时,只能量体裁衣。当然,系统运行后会带来一定的收益,而且由于系统运行所显示的效果还可能引起新的投资兴趣,这些因素在确定系统目标时也应考虑在内。

3) 系统建设时间的要求

耕地质量评价信息系统的建设是一项复杂的系统工程,一般需要较长的时间。但是如将系统建设时间规定得很长,不易为领导和用户所理解和接受。因此建设时间就成了影响系统目标的一个因素。

4）技术条件

系统目标的确定受技术条件的明显制约,当前可利用的硬软件水平,特别是参加系统建设工作人员的素质与技术水平,都应当实事求是地进行评价,在此基础上才能恰当地确定目标。

5）数据

数据是耕地质量评价信息系统的核心。数据的状况对系统目标的影响很大。在考虑系统目标时,需要分析数据的拥有程度、数量、质量、更新频率、使用频率等。

8.1.3.3 系统建设的组织准备

耕地质量评价信息系统建设是一项大型的系统工程,通常要有国土资源、农业等政府管理部门和系统软件开发人员的参与。这些单位都有自己的要求和利益,因此,一般需要设立一个项目协调委员会来协调各方的利益,承担和监督项目的设计、实施和运行。这个项目协调委员会通常由国土资源、农业等政府部门负责人和系统软件开发负责人组成。

参与系统建设的国土资源、农业等政府管理部门和软件开发机构的人员组织结构有两种,一种是项目管理人员,另一种是系统开发技术人员。项目管理人员以其所管理的项目与技术人员发生联系,其任务是进行项目的设计、实施和运行;系统开发技术人员进行软件的编程、测试、实施、运行和维护;国土资源、农业等政府管理部门技术人员负责软件测试、实施、维护和数据库的建立、检核。这样,国土资源、农业等政府管理部门的技术人员在整个系统建设中得到了培训,为以后独立地进行系统的日常管理和运行打下基础。

8.2 耕地质量评价信息系统分析与设计

8.2.1 系统分析

系统分析的基本思想是从系统观点出发,通过对事物进行分析和综合,找出各个可行的方案,为系统设计提出依据。它的任务是对系统用户进行需求调查,对选定的对象进行初步调查研究和可行性分析;在明确目标的基础上,开展对新系统的深入调查研究和分析;最后提出新系统的结构方案。系统分析是使设计达到合理、优化的重要步骤。这个阶段的工作深入与否,直接影响到将来新系统的设计质量和使用,因此必须给以高度重视。

8.2.1.1 系统需求分析

需求分析的基本任务是准确地回答"系统必须做什么"这个问题。虽然在可行性研究阶段已经粗略了解了国土部门的需求,甚至还提出了一些可行的方案,但是可行性研究的基本目的是用较小的成本在较短的时间内确定是否存在可行的解法,因此许多细节被忽略了。然而在最终的耕地质量评价信息系统中却不能遗漏任何一个微小的细节,所以可行性研究并不能代替需求分析。

在这一过程中,系统分析员应主要掌握下面的内容:

1)确定系统必须完成的所有功能;

2)了解系统要求的数据类型以及数据之间的关系;

3)了解数据库和系统的整体要求和蓝图;

4)确定系统的软、硬件环境。

在需求分析过程中,首先是全面调查、了解目前耕地质量评价相关的实际工作过程,理解其间的运作及关键性步骤以及数据内容和行为的流动过程。综合这些分析后导出系统的详细逻辑模型,通常用流程图等描述这个逻辑模型。需求分析是系统开发的基础,关系到系统建设的成败。因此,需求分析必须由国土、农业部门业务人员和软件开发系统分析员共同参与,使国土、农业等相关人员深入了解计算机对数据和业务的处理过程,系统分析员通过深入了解耕地质量评价相关业务。最后对需求分析提交的文档要进行严格的审查验证。

调查研究的目的是对现行耕地相关的体制结构和业务内容进行分析,特别是业务过程分析,需要从现行耕地质量评价相关的每一项业务入手,搞清每一项业务活动中涉及哪些数据,有哪些数据处理的分析过程,产生哪些数据(图件、表格、报告、证、卡、簿、分析结果等),这些数据又提供给哪些业务活动使用。通过调查研究还要进一步理顺现行耕地利用相关活动之间的关系,划清每项业务活动之间的"边界",防止出现业务处理过程重复、数据管理不清的情况;而且通过调查研究还要搞清国土、农业等相关人员对系统的功能要求。

调查研究分析的方式多种多样,通常的方式有面谈、参观、问卷、索取有关资料并加以学习和理解,做专题报告等。通常进行调查研究的内容可以分成工作调查和技术调查,工作调查包括国土、农业等相关部门的组织模式,各业务科室工作职责范围;业务关系和工作流程;数据流程、数据处理过程与数据要求等。通过工作调查与分析,掌握系统工作的框架。技术调查包括市场上计算机软、硬件技术水平及土地管理部门现有的软、硬件设备情况;国土、农业等政府管理部门人员的计算机技术水平等。通过技术调查,分析建立系统的必要性与可能性。

8.2.1.2 系统可行性分析

可行性分析是对建立耕地质量评价信息系统的必要性和实现目标的可能性,从社会因素、技术因素和经济因素三大方面进行分析,以确定用户实力、系统环境、原始数据、数据流量、存储空间、软件系统、经费预算以及时间分析和效益分析等。具体步骤有:

1)系统目标和任务

一般来讲,耕地质量评价信息系统与通常地理信息系统一样,应具有4个方面的任务:空间信息管理、空间指标量算、空间分析与综合评价、空间过程模拟。

2)数据源调查和评价

调查了解用户需求的信息后,有关专家和技术人员应进一步掌握数据情况。分析研究什么样的数据能变换成所需求的信息,这些数据中哪些已经收集齐全,哪些不全,然后对现有数据的形式、精度、流通程度等做进一步分析,并确定他们的可能性和所缺数据的收集方法等。

3)技术水平评价

耕地质量评价信息系统的年处理工作量,数据库结构和大小,系统的服务范围、输出形式和质量,用户技术水平的评价。

4)系统的支持状况

部门管理者、工作人员对建立耕地质量评价信息系统的支持情况;人力状况包括有多少人力可用于耕地质量评价信息系统,其中有多少人员需培训等;财力支持情况包括组织部门所能给予的当前的投资额及将来维护耕地质量评价信息系统的逐年投资额等。

根据上述调查结果确定耕地质量评价信息系统的可行性及系统的结构形式和规模,估算建立耕地质量评价信息系统所需投资额和人员编制等。可行性分析就是根据社会、经济和技术条件,确定系统开发的必要性和可能性,主要包括效益分析、经费估算、进度预测、技术水平的支持能力和有关部门的支持程度等。

8.2.2 系统设计

耕地质量评价信息系统的设计的根本任务是将系统分析阶段提出的逻辑模型转化为相应的物理模型。一般而言，在系统设计阶段可以根据所研究对象的不同分成三个部分进行设计。首先应根据系统研制目标，确定系统必须具备的空间操作功能，称为功能设计，又称为系统的总体设计；通常可以采用模块化程序设计方法，对数据进行分类和编码的处理，完成空间数据的存贮和管理，称为数据库设计，包括数据采集设计、数据结构设计、数据存贮和检索设计等；最后是建立系统的应用模型和产品的输出，称为应用设计。

系统设计是耕地质量评价信息系统整个研制工作的核心，不但要完成逻辑模型所规定的任务，而且要使所设计的系统达到优化。如何选择最优的方案是系统设计人员和用户共同关心的问题。一般而言，一个优化的耕地质量评价信息系统必须具有运行效率高、控制性能好和可变性强等特点。要提高系统的运行效率，通常的做法是尽量避免中间文件的建立，减少文件扫描的遍数，并尽量采用经过优化的数据处理算法。为增强系统的控制能力，在输入数据时，要拟定对数字和字符出错时的检验方法；在使用数据文件时，要设立口令，防止数据泄密和被非法修改，保证只能通过特定的通道存取数据。为了提高系统的可变性，目前较有效的方法是采用模块化的结构设计方法，即先将整个系统看成一个模块，然后按功能逐步分解为若干个第一层模块、第二层模块等等。一个模块只执行一种功能，一种功能只用一个模块来实现，这样设计出来的系统才能做到可变性好和具有生命力。

8.2.2.1 系统功能设计

系统功能是用户最关心的，也是和整个系统的设计目标紧密相关的，功能强弱直接影响到系统的价值。一个信息系统有无生命力，主要看系统对事务的处理是否满足应用的要求，即系统具有哪些功能以及这些功能处理事务的能力。因此，功能设计或总体设计的主要任务是根据系统研制的目标来规划系统的规模和研究系统的各个组成部分，并说明它们在整个系统中的作用与相互关系以及确定系统的硬件配置，规定系统采用的技术规范，以保证系统总体目标的实现。

耕地质量评价信息系统由硬件、软件（含系统软件与应用软件）、数据和人员（管理人员、开发人员和用户）四部分构成。如果从总体功能上划分，大致可分为数据输入子系统、数据处理子系统和数据输出子系统三大部分。图8-4和图8-5所示分别为两个系统的总体结构示意图和基本功能示意图。

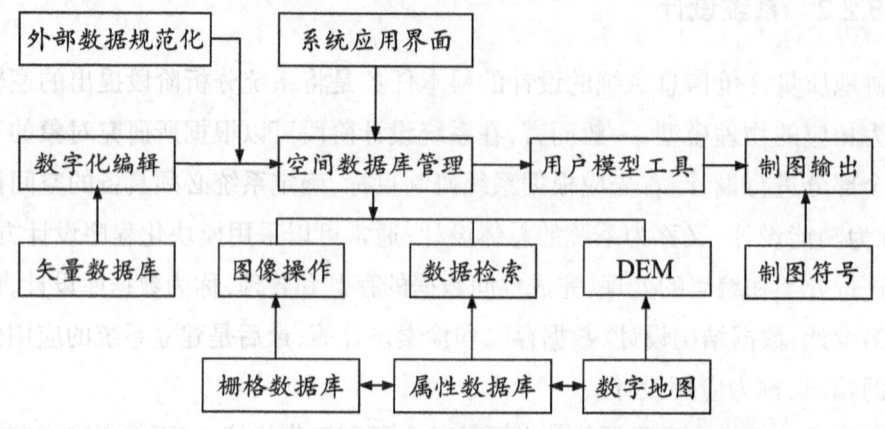

图 8-4　耕地质量评价信息系统总体结构示意图

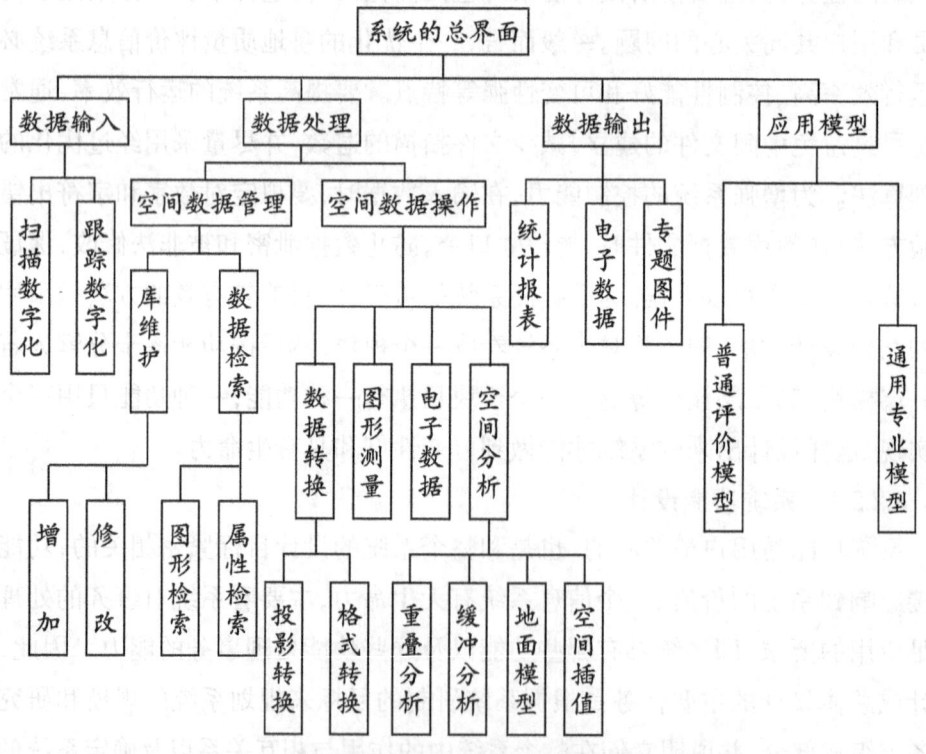

图 8-5　耕地质量评价信息系统基本功能示意图

8.2.2.2　系统硬件配置

硬件设备的投资在耕地质量评价信息系统总投资中往往占很大比重,因此,在选择硬件设备时主要是针对每级系统的功能和所要完成的工作来考虑。例如,对于国家级、省(区)级信息系统而言,由于涉及的数据种类多和数据量大,通常都选择大而全的设备,而对地(市)级和县(市)级的系统而言,一般选择相对简单一些的设备。此外,对硬件设备的选择还要根据软件的要求和软件类型来确定。计算机速度越来越快,且价格越来越低,因此,在购买硬件设备时应有优先顺序,即首先购买工作开始时就必须使用的设备,今后有用而目前暂时不用的设备留待以后购置。

8.2.2.3 系统软件模块功能

在进行耕地质量评价信息系统设计时,由于各级系统的目标不同,因此要求的功能也不尽相同。

1) 数据采集模块功能。数据种类主要为空间(定位)数据、属性数据以及一部分管理数据。一般要求系统具有多种采集方式来采集空间数据,并且有精度要求。常用的采集方式有:①手挟数字化输入;②扫描数字化输入;③GPS接收机;④航测仪器、全站型电子速测仪;⑤卫星遥感影像数据;⑥键盘输入;⑦与其他系统的数据交换。

2) 图形处理模块功能。可以完成对图形的显示、查询、编辑、修改和管理工作,其主要处理功能为:①人机对话,有友好的用户界面;②图幅定向,将图幅坐标归化为地理坐标;③图形窗口显示,提供修改、查询、编辑操作的区域,有缩放、漫游和分层显示功能;④符号设计与图形整饬,建立符号库且有自动生成各种符号的工具;⑤图形编辑,具有增删、连接、断开、移动、旋转功能和图形拷贝功能;⑥图形的拓扑关系,建立图形元素之间的拓扑关系;⑦属性数据的编辑,实现属性数据与空间数据的连接;⑧几何图形计算,计算面积、周长、边长、点到线的距离等;⑨图形、属性之间的查询,实现由图形查属性,由属性查图形的功能;⑩图形接边处理,可以消除几何裂隙和逻辑裂隙;⑪属性数据处理模块功能——向用户提供定义各类地物的属性数据结构和用户自定义数据结构的功能;⑫可以对数据结构进行修改、拷贝、删除、合并的功能;⑬利用结构化查询语言(SQL)提供多种灵活的数据库查询;⑭提供数据计算统计和统计分析功能。

3) 制图输出模块功能:①在图形输出前,用户可以根据需要添加符号、颜色、注记、图例,并对图廓进行整饬;②具备与多种输出设备的类别(打印、笔式、喷墨、静电、制版等)和型号相兼容的接口软件和绘图指令;③能够向用户提供矢量图、栅格网、全要素图和各种专题图。

4）空间分析模块功能：①叠置分析，将同比例尺、同一区域的两组或多组图形要素的数据文件进行叠置得到新的图形和新的属性统计数据；②缓冲区分析，根据数据库中的点、线、面实体，自动建立其周围一定宽度范围的缓冲区多边形；③空间集合分析，按照两个逻辑子集给定的条件进行逻辑交、逻辑并、逻辑与运算。

5）地形分析模块功能：①数字地形模型（DTM）由等高线或下规则三角网（TIN）产生地面高程模型（DEM），可进行高程分级、地面参数（坡度、坡向辐照度、地面粗糙度等）、三维立体模型多角度方位显示；②地形分析，包括等高线分析、透视图分析、断面图分析、地形表面面积挖填方体积计算。

6）图像处理模块功能。为保证系统的动态性和现势性，可利用遥感技术更新系统数据的内容。其基本功能应包括：①遥感数据的输入；②画面显示、操作、坐标量测、色调变更等；③几何校正，能从具有几何畸变的图像中消除畸变；④图像增强，能使分析者容易地识别图像内容，按照分析目的对图像数据进行如灰度变换、彩色合成等处理；⑤特征提取，把图像的特征进行量化处理；⑥栅格数据矢量化处理；⑦地面定位，能利用地理数据三角点、地图数据、全球定位系统（GPS）与遥感图像匹配；⑧输出功能，具有胶片输出和数字输出功能。

8.2.2.4 系统应用设计

一个耕地质量评价信息系统的正常运行是由软件系统加以保证的，这种软件系统一般由系统软件、支持软件和应用软件组成。系统软件是一组计算机的技术服务程序和操作系统；支持软件是便于用户共享信息资源的数据库及数据库管理系统；应用软件即为应用于解决各种具体问题的程序或应用软件包。系统的应用设计是发挥系统功能的主要体现，也是促进系统功能不断完善的主要动力。

耕地质量评价信息系统的应用设计主要是应用模型的设计、模型分析结果的输出设计以及为方便用户的应用而进行的对话设计。对话设计是为了便于人机结合，对话方式可采用菜单式或问答式。

应用模型是耕地质量评价信息系统深入应用的关键所在。对于应用部门而言，建立专题性的信息系统，不仅仅在于进行信息管理、自动制图和空间查询等，更重要的是与专题模型相结合，实现专业的需要。如建立县级耕地质量评价信息系统，在输入土壤、地形、土地利用等基础数据后，不进一步开发土壤肥力评价、生态安全评价、分等定级估价等模型，那么就不能真正体现这个专题耕地质量评价信息系统的价值。

然而,要在耕地质量评价信息系统上建立或嵌入专题模型,还存在许多困难。原因在于,现在商家GIS软件多注重通用功能的完善,而空间分析功能则相对滞后,不能满足耕地质量评价信息系统应用日益扩展的需要。同时空间数据的复杂性也进一步增加了耕地质量评价信息系统和这些专业模型集成的难度。根据信息系统、GIS和专业模型集成结构的不同,可进行松散、紧密和面向对象3种方式的应用模型开发。

1)松散方式

通过耕地质量评价信息系统和专业模型Import/Export完成数据的转换,生成各自接受的数据集。这种结合基本上是将耕地质量评价信息系统当作一个空间数据库,空间模型分析的功能则利用其他的软件(如SAS、SPSS)或编程语言VB、C^{++}、C#等来编写,也可以直接利用商业软件包,如耕地水土流失评估可直接采用美国USLE软件包。

2)紧密方式

通常利用GIS软件所提供的分析功能和宏语言集来建立专业模型。如IDRISIv4.1新提供的决策支持功能,其中两个新程序WEIGHT和MCE采用多规则评价概念,应用于耕地适应性分析。同时,GIS软件提供宏语言,如ARC/INFO的AML、Arcview的Avenue、MapInfo的Mapbasic。

3)面向对象方式

提供面向对象功能的GIS软件是开放的系统,提供图形数据和属性数据的操作接口,而对象又包括属性、事件和方法。所以,专业模型的开发就直接采用面向对象的编程语言,将图形对象、空间分析和模型算法容为一个程序体。如ESRI公司开发的Mapobject软件、MapInfo公司开发的MapX等。

8.2.2.5 系统界面设计

系统界面系统直接影响系统操作的方便程度、系统的形象和直观水平,又决定了是否可被用户接受。好的人机交互系统应该具有系统界面友好、操作简单、交互性强的特点。界面的设计应该遵循以下一些原则:

1)界面要具有一致性。例如,在菜单和联机帮助中必须使用相同的术语;对话框必须具有相同的风格。

2)常用操作要有捷径。常用操作的使用频度大,应该减少操作序列的长度。例如,为文件的常用操作如打开、存盘、关闭等设置快捷键。使常用操作具有捷径,不仅能提高用户的工作效率,还使得界面在功能实现上简洁而高效。

3)提供简单的错误处理。系统要有错误处理的功能。在出现错误时,系统应该能检测出错误,并且提供简单和容易理解的错误处理的功能。错误出现后系统的状态不应该发生变化,或者系统要提供错误恢复的指导。

4)提供信息反馈。对操作人员的重要操作要有信息反馈。对常用操作和简单操作的反馈可不作要求,但是对不常用操作和至关重要的操作,系统应该提供信息的反馈。

5)操作可逆。操作应该可逆。这对于不具备专门的知识的操作人员相当有用。可逆的动作可以是单个的操作,也可以是一个相对独立的操作序列。

6)设计良好的联机帮助。对于大多数用户来说,联机帮助具有非常重要的作用,是必不可少的。

在耕地质量评价信息系统的应用过程中,特别是对于专业模型应用,其操作步骤具有固定的模式。而在一个比较复杂的系统中,面对复杂的菜单或工具按钮,用户完成了某一个操作之后,有可能对下一步的操作无所适从。因此,系统在进行设计时,采用向导方式对用户进行引导。在向导模式中,用户可以清楚地知道当前操作在所有操作步骤中所处的位置,并且决定是进行"下一步",还是返回到"上一步",这样就简化了用户操作。

8.3 耕地质量评价信息系统组织实施与测试

8.3.1 系统组织实施

8.3.1.1 系统组织模式
耕地质量评价信息系统的组织实现可采取以下 3 种方式:

1)完全自主开发

从系统的组织、策划、总体设计、软硬件购置安装,到数据库建设和应用软件开发等等,完全依靠用户单位本身的技术力量独立完成。这要求该单位拥有专业门类比较齐全,高、中、低搭配相对合理和总体技术水平较高的专业技术队伍。其优点是组织工作简单、用户需求情况熟悉、经费节省和本身技术水平能迅速提高,系统建成后的维护、更新、升级也比较有保障。但这一方法对用户单位的技术要求很高,就我国而言,多数单位尚不具备此类条件。

2)全盘委托开发

整个工程从设计到实施完成,均由选定的某一个或几个具备技术实力的单位开发,用户单位派少数技术人员参加开发的全过程,了解掌握系统开发成果。开发完成后,交用户单位使用,如此开发的工程通常为"交钥匙工程"。这种方法的弊端明显,比如由开发单位进行的用户调查很难深入了解用户单位的业务情况和需求,因而开发的系统功能不见得都适用,而且系统开发费用相对较高。系统交付使用后,用户单位几乎无法对系统做长期的维护、更新和升级工作。因此,这不是理想的开发模式。

3)联合开发

系统开发工作由用户单位和地理信息系统专业单位联合承办,由双方的技术人员组成联合开发组,在系统开发的每一阶段,均应进行详细的讨论和共同动手开发,使用户单位技术人员掌握系统开发的整体框架和技术细节,并逐步由配角转变为主角。这一方法的优点在于通过联合开发,可迅速地为用户单位培养出一支自己的技术队伍,能自己运转,并能长期对系统进行维护、更新和升级。这是比较适合我国国情的开发实施模式。

8.3.1.2 系统实施

系统实施是耕地质量评价信息系统建设付诸实现的实践阶段。在这一阶段中,需要投入大量的人力、物力,并占用较长的时间,因此,应该做好细致的组织工作,制定出周密的计划。系统实施的主要内容是程序编制与调试和数据采集与数据库建立,此外还应包括人员的技术培训和系统测试等。

通常,为了保证程序编制和调试及后续工作的顺利进行,硬软件人员首先应进行系统设备的安装和调试工作;然后在适当的开发环境下将详细设计产生的每个模块的功能用某种程序语言予以实现;最后进行程序调试、数据录入和试运行,以至于建立一个能交付用户使用的实用系统。

程序编制工作要尽量做到标准化和通用化,对所编制的程序应该按统一的格式编写程序说明,一般可采用以下内容:①程序名称;②程序功能;③程序计算法;④程序使用方法;⑤需要的存贮空间、设备和操作系统;⑥程序设计语言;⑦程序使用的数据文件;⑧其他有关说明等。

根据上述各种功能从中选择出符合本单位部门要求的耕地质量评价信息系统软件。

8.3.2 系统测试

软件测试可分为两种类型,即黑盒测试和白盒测试。

黑盒测试法把程序看成一个黑盒子,完全不考虑程序的内部结构和处理过程,只检查程序功能是否能按照详细设计说明书的规定正常使用,程序是否能适当地接收输入数据,产生正确的输出信息,并且保持外部信息的完整性。黑盒测试又称为功能测试。

白盒测试法的前提是可以把程序看成装在一个透明的白盒子里,也就是完全了解程序的结构和处理过程。这种方法按照程序内部的逻辑测试程序,检验程序中的每条通路是否都能按预定要求正确工作。白盒测试又称为性能测试。

8.3.2.1 系统测试的步骤

软件测试通常包括三个阶段。在编写出每个模块之后就对它做必要的测试,称为单元测试。在这个测试步骤中所发现的往往是编程和详细设计的错误,模块的编写者和测试者可以是同一个人。这个阶段结束之后,对软件系统要进行综合测试。在这个过程中不仅应该发现设计和编程的错误,还应该验证系统确实能提供需求说明书中指定的功能,通常由专门的测试人员承担这项工作。验收测试把软件系统作为单一的实体进行测试,主要用实际数据进行测试,目的是验证系统确实能满足用户的需要,在这个测试步骤中发现的往往是系统需求说明书中的错误,测试人员应由管理人员和高级计算机技术人员组成。

8.3.2.2 单元测试

单元测试集中验证软件设计的最小单元—模块。正式测试之前必须先通过编译程序检查并且改正所有语法错误,然后用详细设计描述为指南,对重要的执行通路进行测试,以便发现模块内部的错误。

在设计测试方案时,基本目标是确定一组最可能发现某个错误或某类错误的测试数据。设计测试技术主要有以下几种方法:①适用于白盒测试的逻辑覆盖法;②适用于黑盒测试的等价划分、边界值分析以及错误推测法。通常的做法是,用黑盒法设计基本的测试方案,再用白盒法补充一些方案。

8.3.3.3 综合测试

综合测试是将模块按照设计要求组装起来,同时进行测试,主要目的是发现与接口有关的问题。例如,数据穿过接口时可能丢失;一个模块对另一个模块可能由于疏忽而造成有害影响;把子功能组合起来可能不产生预期的主功能;个别看来是可以接受的误差可能积累到不能接受的程度等等。

综合测试有两种方法:一种方法是先分别测试每个模块,再把所有模块按设计要求放在一起结合成所要的系统,这种方法称为非渐增式测试方法;另一种方法是把下一个要测试的模块同已经测试好的那些模块结合起来进行测试,测试完以后再把下一个应该测试的模块结合起来测试。这种每次增加一个模块的方法称为渐增式测试,这种方法实际上同时完成单元测试和综合测试。

8.3.3.4 验收测试

经过综合测试,已经按照设计把所有模块组装成一个完整的软件系统,接口错误也已经基本排除了,接着就应该进一步验证软件的有效性,即软件的功能和性能是否符合管理的要求,这就是验收测试的任务。验收测试的目的是向管理部门表明系统能够像预定要求那样工作。验收测试的范围与综合测试类似,但是也有一些差别,例如:某些已经测试过的纯粹技术性的特点可以不需要再次测试;对用户特别感兴趣的功能或性能,需要增加一些测试;用真实的实地数据进行测试。

验收测试人员必须由管理人员和高级计算机技术人员组成。系统建设项目组应向验收组提供如下资料:①系统工作任务书;②系统关键算法说明;③系统分析报告;④系统软件源程序;⑤系统设计说明书;⑥系统软件使用说明书;⑦系统数据字典;⑧系统自检报告等。

验收组审核系统建设有关资料。审核的方面有:①资料文件完整性;②数据编码、程序设计的规范性;⑨程序的可靠性。审核验收后要交还系统软件研制单位,验收组负责系统软件产权的保护。

验收测试一般使用黑盒测试法。应该仔细设计测试计划和测试过程,测试计划包括要进行的测试的种类和进度安排,测试过程规定用来检验软件是否与需求一致的测试方案。测试方案要考虑检测以下指标:①系统效率,包括内存占用率,运行速度;②系统运行结果的正确性,精度达到的指标;③数据(图、表)输出的规范性等等。通过测试要保证软件能满足所有功能要求,能达到每个性能要求。此外,还应该保证软件能满足其他预定的要求(例如,可移植性、兼容性和可维护性等等)。

验收之后,要书写测试报告。在这个阶段发现的问题往往和需求分析阶段的差错有关。为了确定解决验收测试过程中发现的软件缺陷或错误的策略,通常需要和管理人员充分协商解决。

8.4 耕地质量评价信息系统维护、升级与评价

8.4.1 系统维护

8.4.1.1 系统日常维护

为使系统正常运行,避免造成损失,系统的日常维护包括如下方面:①系统软件全部要拷贝备份,重要系统软件至少复制两份,原始软盘只在特殊情况下使用;②系统使用的计算机不作它用;③系统操作要有工作日记,记录每日工作内容,特别是对于发生故障时的系统各种状况要详加记录,便于故障原因分析;④对于经常发生的故障,即使是属于操作不当的故障,也要考虑在系统软件平台上加以改进;⑤系统故障发生后要报请主管人员,共同商讨排除措施,防止一错再错,导致系统不可恢复和数据丢失。

8.4.1.2 系统软硬件维护

系统软件、硬件维护是指软件已经交付使用之后为了改正错误或满足新的需要而修改软件的过程。通常包括以下四项活动。

改正性维护:因为软件测试不可能暴露出一个大型系统中所有潜藏的错误,所以在系统使用期间,使用人员必然会发现部分程序错误,并且把遇到的问题报告给维护人员。这种把诊断和改正错误的过程称为改正性维护。

适应性维护:计算机科学技术领域的各个方面都在迅速进步,大约每过36个月就有新一代的硬件宣告出现,经常推出新操作系统或旧系统的修改版本,时常增加或修改外部设备和其他系统部件;另一方面,应用软件的使用寿命却很容易超过十年,远远长于最初开发这个软件时的运行环境的寿命。因此,适应性维护就是为了和变化了的环境适当地配合而进行的修改软件的活动。

完善性维护：在系统使用过程中，管理人员往往提出增加新功能或修改已有功能的建议，还可能提出一般性的改进意见。为了满足这类要求，需要进行完善性维护。这项维护活动通常占软件维护工作的大部分。

预防性维护：为了给耕地质量评价信息系统软件未来的改进奠定更好的基础而修改软件时，称为预防性维护。

统计数字表明，完善性维护占全部维护活动的50%～66%，改正性维护占17%～21%，适应性维护占18%～25%，其他维护活动只占4%左右。

8.4.2 系统故障分析

系统出现故障原因大致有以下类型：

①系统操作不当，未按操作说明书要求操作；

②系统设计有缺陷，存在故障隐患，在特殊条件下爆发导致故障；

③操作系统因计算机"病毒感染"遭致破坏；

④系统现在环境与原系统设计要求环境有差异，发生不兼容问题。

以上仅列出几条，系统故障原因还有许多方面。系统一旦出现故障，就要依据出现故障的原因进行处理。

8.4.3 系统再开发与系统软件移植

系统的再开发与系统建设一样，同样遵循系统分析、开发和维护相同的步骤。若二次开发工作量小，目标单一，可以简化手续，经审核批准执行。再开发要注意对原系统软件与运行环境的保护。如一个系统从一个旧的操作环境移植的步骤是：①需求分析和确定系统移植的要求；②开发移植工具；③软件和数据的转换；④移植的执行。

8.4.4 系统评价的主要指标

系统的总体功能评价就是从技术和经济两个大的方面对所建立的系统进行评定。具体步骤可以对以下各项进行逐一审议和考核。

8.4.4.1 系统效率

耕地质量评价信息系统的各种功能指标、技术指标和经济指标均是系统效率的反映,例如,系统能否及时地向用户提供有用信息?所提供信息的地理精度和几何精度如何?系统操作是否方便?系统出错如何?资源的使用效率如何?等等。一个具有良好效率的系统,应该具有良好的用户界面,操作方便,能及时准确地向用户提供空间信息和属性信息、查询功能完备、查询速度快;系统具有良好的容错性,能对捕获的各种错误进行妥善处理;系统在完成各个任务后,其线程会自动关闭,占用系统资源少,资源的使用效率高。

8.4.4.2 系统可靠性

可靠性指系统在运行时的稳定性,正常情况下应该很少发生事故,即便发生也能很快修复。可靠性还包括和系统有关的数据文件和程序是否妥善保存以及系统是否具有后备体系等。

8.4.4.3 可扩展性

任何系统的开发都是从简单到复杂的不断求精和完善的过程,特别是耕地质量评价信息系统常常是从清查和汇集空间数据开始,然后逐步演化到从管理到决策的高级阶段。因此,一个系统建成后,要在现行系统上不做大改动或不影响整个系统结构就可在现行系统上增加功能模块,这就必须在系统设计时留有接口;否则,当数据量增加或功能增加时,系统就要推倒重来,这就是一个没有生命力的系统。

8.4.4.4 可移植性

可移植性是评价耕地质量评价信息系统的一项重要指标。一个有价值的系统软件和数据库,不仅在于它自身结构的合理,而且在于它对环境的适应能力,即它们不仅能在一台机器上使用,而且能在其他型号设备上使用。要做到这一点,系统必须按国家规范标准设计,包括数据表示、专业分类、编码标准、记录格式、控制基础等,都需要按照统一的规定,以保证软件和数据的匹配、交换和共享。

8.4.4.5 系统的效益

系统的效益包括经济效益和社会效益。目前耕地质量评价信息系统还处于发展阶段,由它产生的经济效益不显著,可着重从社会效益上进行评价,例如信息共享的效果、数据采集和处理的自动化水平、综合分析能力、系统智能化技术的发展、系统决策的定量化和科学化、系统应用的模型化、系统解决新课题的能力以及劳动强度的减轻、工作时间的缩短、技术智能的提高等等。

8.5 农用地分等定级与估价数据库建设中的数据标准化

随着计算机和空间信息技术的发展,地理信息标准化、实现地理信息共享是一个国际潮流和当前地理界研究的热点。信息化建设的中心问题便是数据共享的标准化问题,关键也就是建立一套能够被大家普遍接受与采纳的标准,以确保信息的最大共享。数据共享的方式一般有以下3种:GIS系统之间的数据交换;GIS数据库与非GIS数据库之间的数据交换;空间数据产品的销售及社会服务。而要真正地实现全球信息化,促使地理信息的共享,空间数据的标准化是首先要解决的关键问题。

数据的标准化是用来保证数据的原始意义在传输、使用、交换时不被改变。数据的标准化处理也就是说产生标准化的数据。为了方便使用、为了与其他的信息系统和数据库兼容,在处理过程中首先要根据一定的标准进行数据库的设计,进而建立图形库、属性数据库。数据库设计体现属性数据库和空间数据库的连接功能,GIS数据分析的核心是空间对象与数值数据的有机结合,因而在数据库设计中均增加空间对象与属性数据关联字段。图形库的建立在图形数据的更新、图件的及时获取以及数据的利用方面具有很大的优点。属性库是与图形库相辅相承的,要想完整地表述一个空间实体,需要把图形信息和属性信息结合起来,这样有助于维护数据的完整性和一致性。

自国土资源部提出"农用地分等定级与估价"工程开始,"农用地分等定级估价数据库标准"就作为国土资源信息标准化项目中的一个组成部分被提上议程。农用地分等定级估价数据库标准属土地信息行(专)业标准,因此,应充分考虑其在整个国土资源信息标准化体系结构中所处的层次以及与土地信息基础性标准、数据标准、土地信息总体标准、土地信息分类与编码等其他相关标准之间的关系,然后在《农用地质量分等规程》、《农用地定级规程》和《农用地估价规程》的基础上,进行农用地分等定级估价数据库标准化研究。该研究是对建立适合分等定级估价的数据标准化方法的有益探索,为今后农用地分等定级估价数据库标准的建立提供依据和借鉴。

8.5.1 农用地分等定级估价数据库标准化的意义

1)它是整个国土资源信息标准化的组成部分

随着信息革命在全球的兴起,各种信息的标准化研究已经引起重视。我国已将国土资源信息的标准化研究提上议程,但它是一个极其复杂的问题,不但内容众多、技术复杂、涉及面广,而且随着技术的发展和应用需求的提高,标准化程度与内容也在不断发生变化。作为"数字国土"工程一部分的农用地分等定级估价,它的数据库标准化必将是国土资源信息标准化项目的一个不可分割的部分。

2)它是信息共享的基础

农用地分等定级估价是根据农用地的自然、社会经济条件对农用地质量和价格进行的一种评价,其过程涉及农用地自然、社会经济等各方面,需要共享其他部门的相应成果资料;同时,农用地分等定级估价的目的是将其成果应用到其他社会经济活动的决策过程,需要被各行各业广泛采用;因此信息共享是农用地分等定级估价的基本要求,而其数据库标准是实现农用地分等定级估价信息共享的基础。

3)它是规范农用地分等定级估价工作的需要

虽然已经颁布了《农用地质量分等规程》、《农用地定级规程》和《农用地估价规程》国家标准,但地方在具体操作时由于技术条件参差不齐、信息标准化没引起重视,导致农用地分等定级估价系统的信息组织管理方式、分等定级估价成果形式不统一,信息难以共享;导致分等定级估价工作不规范,成果的可比性和应用价值受到影响。

农用地分等定级估价数据库的标准化能够保障农用地分等定级估价工作及成果的规范化,指导土地管理的相关实践活动,拓展土地信息系统的应用领域,从而实现土地信息系统的社会及经济价值。

8.5.2 农用地分等定级与估价信息的基本特征

农用地分等定级估价涉及自然—社会—经济等众多因素,属性和图件数据之间关系复杂,因此,首先按照农用地分等定级估价的实体特征,将农用地分等定级估价信息分为四类:①空间特征实体,描述农用地分等定级估价实体的空间位置、空间分布及空间相关位置关系;②属性特征,描述实体的自然、社会经济、区位等属性值;③关系特征,描述实体之间的各种关系,包括对空间关系、分类关系、隶属关系等的描述;④动态特征,描述农用地分等定级估价的时态属性。

农用地分等定级估价的空间特征主要包括三类:基础地理底图空间特征、农用地分等定级估价因素空间特征和农用地分等定级估价结果空间特征信息。在这三类空间信息的基础上考虑其空间位置、空间分布和空间相关位置关系。农用地分等定级估价的属性特征可分为两类:空间信息的自然地理属性和农用地社会、经济、区位属性。农用地分等定级估价信息的关系特征包括三类空间实体特征间的空间关系、分类关系和隶属关系等基本关系描述。农用地分等定级估价对时态性要求很强,定级时态信息具有定期和离散特征,可以以基于元组的时间快照模型加以描述;对农用地估价的不定期性特征,其时态属性特征可以采用基于时空复合模型加以表达。

8.5.3 数据内容、分类与编码

8.5.3.1 数据库的内容

1)分等定级估价数据库的数据源:指建立分等定级估价数据库所需要的和所能用的各种类型数据的来源。主要分为三类:①地图、遥感资料和GPS数据等其他资料。地图是最主要也是最重要的数据元,包括地形图等普通图和各种专题图如土地利用图,行政区划图、土壤图等。遥感资料包括卫星遥感资料和航空遥感资料等,它是数据库更新的主要数据源,是数据库现势的保证。②统计数据和图表。包括自然、社会、经济和环境等的实地调查、测量、统计、分析等数据;各种文献文字报告、法律法规文件等。各种统计数据可以输入到属性数据库,并"附着"在空间数据框架之上。③综合性数据资料。包括多种应用软件、多种系统的计算机文件数据以及数字地形数据、数字正射影像数据等。

2)分等定级估价数据库的内容:在数据源的基础上,经数据输入、空间分析、数据计算等步骤得到分等定级估价所需的数据。

8.5.3.2 数据分类与编码

数据的分类编码是对数据资料进行有效管理的重要依据,它的主要目的是节省计算机内存空间和便于用户理解使用。数据分类编码方法很多,如层次分类编码法、顺序分类编码法等;编码的格式通常有英文字母、数字或字母数字组合等。

数据分类的原则要把握好一个尺度,做到精度与工作量的统一。分类过粗会影响将来数据分析的精度,分类过细则工作量增加,计算机的存储容量也会加大,有时

过细的分类在技术上也难以实现。

　　数据编码是将经过分类的数据信息用适当的数码(字符串或数值)来表示,也称代码化。它应遵循唯一性、可扩充性、易识别性、简单性和完整性等原则。数据编码一般包括如下三个方面的内容:①登记部分:用来标识属性的序号,可以是简单的连续编号,也可划分不同层次进行顺序编码;②分类部分:用来标识属性的地理特征,可以采用多位代码来反映多种特征;③控制部分:通过某些查错算法,对在编码录入和传递过程中的错误进行检查,特别是在属性数据较大的情况下具有重要意义。

　　针对土地信息标准结构化体系的要求,农用地分等定级估价分类与编码采用层次分类编码法。根据农用地分等定级估价信息的分类体系,参考"GB/T13923-92国土基础信息数据分类与代码"、县(市)级土地利用规划数据标准等相关专(行)业标准,将分等定级估价信息划分成不同的门类,在若干门类的基础上,依次划分为大类、小类、一级类和二级类,基本分类代码由八位数字层次码组成,可根据具体情况进行缩减或扩充(图8-6)。根据农用地分等定级估价的信息内容,将其分为基础地理信息、土地利用信息、分等定级估价信息、注记及其他要素信息、元数据信息五大门类;基础地理信息分为基础地理大类;土地利用信息分为土地利用大类;分等定级估价信息细分为分等定级估价因素因子信息、分等定级估价参数信息、分等定级估价中间成果信息、分等定级估价结果表示信息等大类;注记及其他要素信息分为注记要素大类;元数据信息分为元数据大类;然后各大类再进行分类与编码,形成分类与编码表。以农用地分等为例建立其分类与编码(表8-1—表8-8)。

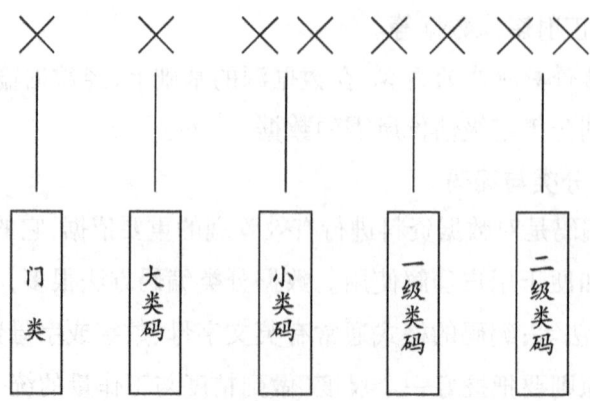

图8-6　农用地分等定级与估价信息分类结构

8 耕地质量评价信息系统及案例

表 8-1 基础地理信息分类与编码表

要素代码	要素名称	说明
10000000	基础地理要素	
11000000	基础地理	
11010000	行政区划	
11010100	行政区域	
11010200	行政界线	
11010201	国界	
11010202	省、自治区、直辖市界	
11010203	自治州、地区、盟、地级市界	
11010204	县、自治县、旗、县级市界	
11010205	乡、镇、国营农场、林场、牧场界	
11010206	村界	
11020000	地形	
11020100	等高线	
11020101	计曲线	
11020102	首曲线	
11020200	高程点	
11030000	其他	

表 8-2 土地利用信息分类与编码表

要素代码	要素名称	说明
20000000	土地利用信息	
21000000	土地利用	
21010000	农用地	
21010100	耕地	
21010101	灌溉水田	
21010102	望天田	
……	……	
21020000	建设用地	
……	……	
21030000	未利用地	
……	……	

注：本表的详细内容可参考土地利用现状分类（2007，国标）。

表8-3 分等因素因子信息分类与编码表

要素代码	要素名称	说明
30000000	分等信息	
31000000	分等因素因子信息	
31010000	自然因素	
31010100	土壤条件	
31010101	土壤质地	
31010102	土地构型	
……	……	
31020000	社会经济因素	
……	……	
31030000	环境因素	
……	……	

注：本表的详细内容可参考《农用地质量分等规程》。

表8-4 分等参数信息分类与编码表

要素代码	要素名称	说明
30000000	分等信息	
32000000	分等参数信息	
32010000	指标区	
32020000	样地适宜区	
32030000	作物信息	
32040000	耕作制度(基准作物、指定作物)	
32050000	因素计分规则表	
32050100	指定作物-因素-指数	具体作物可以在小类下续分
32050200	指定作物-因素-加减分	具体作物可以在小类下续分
32050300	指定作物-因素-权重	具体作物可以在小类下续分
32060000	分等参数	
32060100	光温生产潜力指数	具体作物可以在小类下续分
32060200	气候生产潜力指数	具体作物可以在小类下续分
32060300	指标区产量比系数	具体作物可以在小类下续分
32060400	指标区最大产量	具体作物可以在小类下续分
32060500	指标区最大产量—成本指数	具体作物可以在小类下续分

表 8-5 分等中间成果信息分类与编码表

要素代码	要素名称	说明
30000000	分等信息	
33000000	分等中间成果信息	
33010000	分等单元	
33020000	土地利用系数等值区	
33020100	指定作物土地利用系数等值区	具体作物可以在小类下续分
33020200	综合土地利用系数等值区	
33030000	土地经济系数等值区	
33030100	指定作物土地利用系数等值区	具体作物可以在小类下续分
33030200	综合土地利用系数等值区	
33040000	分等指数信息	
33040100	指定作物自然质量分	具体作物可以在小类下续分
33040200	指定作物自然质量等指数	具体作物可以在小类下续分
33040300	指定作物利用等指数	具体作物可以在小类下续分
33040400	指定作物等别指数	具体作物可以在小类下续分
33040500	综合自然质量等指数	
33040600	综合利用等指数	
33040700	综合等别指数	
33050000	标准样地信息	

表 8-6 分等结果信息分类与编码表

要素代码	要素名称	说明
30000000	分等信息	
34000000	分等结果信息	
34010000	分等结果	
34010100	自然质量等别	
34010200	利用等别	
34010300	综合等别	
34020000	文档资料成果	
34020100	分等工作报告	
34020200	分等技术报告	
34020300	标准样地设置报告	
34020400	标准样地图片集	
34020500	分等成果电子报表	
34020600	分等资料汇编	

表 8-7 分等注记及其他要素信息分类与编码表

要素代码	要素名称	说明
40000000	分等注记记其他要素信息	
41000000	注记要素	
41010000	等别注记	
41010100	自然质量等别注记	
41010200	利用等别注记	
41010300	综合等别注记	
41020000	地名注记	
41030000	水域注记	
41040000	交通注记	
41050000	地类注记	
41060000	地形注记	
41070000	图例注记	
41080000	其他注记	

表 8-8 元数据信息分类与编码表

要素代码	要素名称	说明
50000000	元数据信息	
51000000	元数据	

注：元数据主要包括分等因素因子的属性特征、权重、分级标准、赋值方法等信息。

8.5.4 分等定级估价数据的收集与标准化

由于农用地分等定级估价数据来源广泛，在代码方式、投影性质、公用界线等方面存在一系列的问题。在进行分等定级估价中，要进行数据的集成、评价，需要的是统一标准下的数据，因此，首先必须要对数据按照一定的标准进行预处理。标准化处理过程中所遵循的原则是：①积极采用国家标准和行业标准，在没有标准自行设计标准的情况下，尽量使设计的标准和相关标准换算方便；②严格标准化管理，使每一个步骤、每一个技术方案的实施和操作达到规范化，并有规范化的工作记录。农用地分等定级估价在数据的标准化方面主要有以下几个方面。

8.5.4.1 数据的收集与分析

农用地分等定级估价的数据涉及到地形坡度、坡向、土壤自然质量属性、农用地基础设施建设、农用地交通区位、社会经济效益等多种来源、多种格式的数据,如地图数据、矢量数据、属性数据、文字资料,同时还需要在矢量化数据的基础上进行缓冲区分析、叠加分析、数字地面模型等多种空间分析。所以对收集的数据特别是地图数据应经过标准化处理,得到相同的投影方式、矢量格式的空间数据库及属性数据库。

8.5.4.2 空间数据库的建立

1)纸质地图的输入

农用地分等定级估价涉及的基础地图主要有土地利用现状图、土壤图、地貌图、地形图、行政区划图及自然、社会经济相关因素图。我们需要对这些纸质地图进行矢量化,目前常用的有手扶跟踪数字化和扫描屏幕数字化,常用 GIS 软件均具备这些功能。由于各基础地图来源、年代不同,导致比例尺、坐标系、投影方式均不一样,那么在建立空间数据库时应从以下几个方面进行标准化处理。

①按照统一的数据采集原则进行。所有基础数据都是通过收集来完成,为保证空间分析、分等定级估价等后续工作的顺利进行,在进行数据采集时,应严格按照现有的规范标准和农用地分等定级估价资料收集要求来进行,如基础地图的比例尺应保证在 1:5—1:10 万。

②统一的空间定位框架。统一的空间定位框架是为各种数据信息的输入、输出和匹配提供共同的地理坐标基础。农用地分等定级估价各专题图层只有具备按统一的地理坐标定位,才能对具有时序性、多属性、区域性特征的空间要素进行复合和分解,才能进行各专题图层的空间处理和决策。为实现信息共享的目的,农用地分等定级估价所有图层均严格转化为统一的大地坐标系。

③统一的投影方式。农用地分等定级估价的各专题图层来源不同,投影方式可能也不一样,因此需要对各专题图层数据进行投影变化。根据我国地理信息系统国家规范研究组的建立,农用地分等定级估价选用的投影方式与国家基本图系列所采用的投影相一致,即 1:1—1:50 万比例尺的投影方式为高斯—克吕格投影,小于 1:100 万的比例尺的投影方式采用等角圆锥投影。

④图形数据编码的要求。工作过程中需要对农用地分等定级估价各专题图层进行属性码的输入,通过属性码与属性数据库建立连接。属性编码应结合现有的标

准和地图学的原则,根据农用地分等定级估价的需要,考虑两种 GIS 属性数据(表示地理实体的位置、相互关系的定位数据以及对地理实体进行描述和说明的属性数据),按照唯一性、可扩充性、尽可能减少数据冗余的原则来完成。

2)空间数据交换格式

为实现信息的共享,农用地分等定级估价空间数据格式必须符合 GB/T17798-1999《地球空间数据交换格式》,同时具有统一的数据记录格式。分等定级估价空间矢量数据交换文件由四部分组成:第一部分为文件头,包括该文件的基本特征数据如图幅范围、坐标维数、比例尺等;第二部分为地物类型参数及属性数据结构,其中地物类型参数主要指地物类型代码、地物类型名称、几何类型等,属性数据结构包括属性表定义、属性项名、字段描述等;第三部分几何图形数据及注记,主要包括目标标示码、地物类型码、坐标数据、字体、颜色、间隔等;第四部分为属性数据,它包含属性表、属性项等。分等定级估价影像数据的交换格式采用国际工业标准无压缩的 TIFF 或 BMP 格式,但需将大地坐标影像上的定位信息以及地面分辨率等附加信息用纯文本格式编写一个附属文件,以免破坏 TIFF 或 BMP 等文件的原有格式。

8.5.4.3 属性数据库的建立

农用地分等定级估价涉及到自然—社会经济—区位等多方面的数据,这些数据主要来源于现有的各种统计资料和实地调查资料。由于数据来源的时间、地点、人员不一,在建立数据库之前应进行数据的分类和转化,即对原始数据的数据项名、度量单位等按照统一的标准进行转化,便于数据的共享;然后采用实体—对象(E-R)模型建立属性数据库。

8.5.4.4 参数库和模型库的生成

为规范农用地分等定级估价的工作,提高分等定级估价成果的精度,便于成果的推广应用,必须对分等定级估价的相应方法模型和参数进行规范处理。按照《农用地质量分等规程》、《农用地定级规程》和《农用地估价规程》的规定,对分等定级估价工作流程中所涉方法、模型和参数(如分等定级因素—质量分关系表、光温生产潜力指数、产量比系数、特尔斐法、因素成对比较法、层次分析法等)进行标准化处理,规范其输入、输出和中间计算过程,同时制定统一的参数名称、表示方式和数据填写要求等。

8.5.4.5 文档规范化

文档规范化阶段是数据规范化成果实际应用的关键,是实现离散数据有效合成的重要途径。各种格式的文档是传递各类业务信息的有效载体,并是粘合标准数据元素的粘合剂。该阶段是业务领域专家和电子文档设计专家按照《电子文档设计指南》对各类电子文档格式进行规范化设计和管理的过程,并形成一批电子文档格式规范。农用地分等定级估价文档要求以 HTML、PDF、WORD 或 TXT 等格式编写,内容包括农用地分等定级估价工作和技术报告、基准地价修正体系表和说明、各类型用地分等定级等别和级别面积汇总表、各行政权属单位等别和级别面积统计表、不同级别和用地类型基准地价和征用地价结果以及其他相关原始资料、中间计算结果表等。这些文档资料都需要按照数据文件的命名规则进行统一的命名,以便用户能方便而快速地查找和应用。

8.5.5 小结

"农用地分等定级与估价"是"新一轮国土资源大调查——土地监测与调查工程"中的重要组成部分,是与"数字国土"工程相衔接的重要技术工作,为规范农用地分等定级估价工作,形成适合各部门共享的全国性的分等定级估价成果,必须在已颁布的《农用地质量分等规程》、《农用地定级规程》和《农用地估价规程》的基础上进行数据库标准化的研究,然后建立一个能够在全国推广应用并与其他国土资源信息系统具有良好接口的分等定级估价信息系统。农用地分等定级与估价数据库标准化是一项重要而复杂的工作,需要在已有土地信息标准体系的基础上,充分考虑农用地分等定级与估价数据库标准化在土地信息标准化体系中所处的地位来开展这一全新的课题。

本节就数据库标准化的意义、农用地分等定级估价的基本特征、数据的分类与编码、数据的收集与标准化等方面做了详细研究,但在分等定级与估价的要素分层及定义、数据(空间数据、属性数据、外部表格)结构定义、元数据等方面有待进一步探讨,为将来建立全面、合理和可行的农用地分等定级估价数据库标准提供借鉴作用。

农用地分等定级与估价分别从不同角度反映农用地质量水平的三个概念,分等、定级、估价是三个既相互独立又相互联系的整体,它们所反映的信息特征和基本内容不一,因此,分等定级与估价需要分开,分别制定相应的数据库标准。

8.6 农用地分等定级与估价信息系统

农用地分等、定级与估价需要处理的信息,都与一定的地理区域或方位有联系,借助地理信息系统(GIS)作为信息平台,可以获得直观、友好的操作界面。而随着 GIS 应用的深入,其系统日益复杂,软件工程技术和管理问题亦更加突出。因而迫切需要提高软件工程化开发水平,原有的结构化系统分析与设计方法(SA & SD)逐渐被面向对象分析与设计方法(OOA & D)所代替,实现了更高的软件重用。作为第三代面向对象的标准建模语言——UML(Unified Modeling Language,统一建模语言)支持需求分析开始的软件开发全过程,包括需求分析、系统设计、程序实现和测试、修改完善等各个环节。根据《农用地质量分等规程》、《农用地定级规程》和《农用地估价规程》,结合农用地分等定级与估价的技术特点,采用组件式地理信息系统(ComGIS)作为开发平台,利用 UML 和工作流技术,设计并开发面向各级土地管理决策部门的实用数据可视化软件——农用地分等定级与估价信息系统(ALEIS)。

8.6.1 ALEIS 整体设计

ALEIS 整体设计,就是运用系统的观点和方法,详尽的调查有关组织、部门及具体处理对象,进行目标分析、数据分析、业务功能分析和运行环境分析,从而得到 ALEIS 的目标和功能模型。

8.6.1.1 目标分析

根据农用地分等定级与估价工作的需要,ALEIS 主要实现的目标有:

1)输入、存储、处理各种形式的农用地资源及相关信息

农用地分等定级与估价信息系统的核心是其基础数据库,包含有多种形式的农用地资源信息,如各类专题图件、统计报表、实地调查资料、部分参数等。这些数据可归纳为空间数据和属性数据两大类。对于空间数据,通过空间数据输入模块进行数字化;对于属性数据,主要通过键盘输入,保存于属性数据库中。

2)数据库的管理与维护

包括数据格式转化、坐标配准、数据查询、检索与更新、数据备份等。

3）农用地分等定级与估价信息的应用

农用地分等定级与估价信息系统具有各种空间分析和模型运算功能，如图形叠加、缓冲区分析、空间查询、多边形合并、特征值计算、统计分析、农用地分等定级与估价等。

4）多种形式的结果输出

农用地信息资源研究具有多种表达形式，因此，该系统应具有相应的输出方式，以满足不同目的的要求，如专题图制作与输出、报表输出等。

5）提供友好的用户界面

为便于不同层次用户的操作运用，提高 ALEIS 的适用范围，系统采用菜单式导航向导界面，界面友好。

8.6.1.2 数据分析

信息系统的本质就是一个数据处理系统。农用地分等定级与估价涉及大量复杂的数据来源，对这些信息进行获取、处理、存储、分析、辅助决策和输出是 ALEIS 的主要功能，信息是经过加工后才能对人类活动产生影响的数据。数据分析就是搞清楚系统必须处理哪些信息，系统将会产生什么信息以及这些信息的流向，它客观地揭示了 ALEIS 的轮廓。

1）基础地图数据

图形数据分两种类型：①纸质地图：主要有土地利用现状图、土壤图、地貌图、地形图、行政区划图、农业区划图以及反映交通、水利、自然、社会经济等相关的因素图；②其他矢量格式数据：能够与 Mapinfo 交换文件、Arc/Info E00 文件、ArcView shape 文件和 AutoCAD 交换文件等格式数据互享，即能利用这些格式数据，同时也能将 ALEIS 的矢量数据存储为上述格式文件。

2）自然、社会、经济和区位等农用地属性数据

主要包括经济、国土、农业、统计、交通、环境、气象、公共事业等各部门现状与发展资料，如土壤、地形、地貌、气候、水利、交通、人口、土地利用、土地污染、种植制度、投入和产出等数据资料。这些数据大多以.XLS、.DBF 或.MDB 等格式存储或以纸质记录。

3）成果数据

主要包括三种类型：①图件成果，主要包括分等定级与估价中间结果和最终结果相关的图件；②文本成果：分等定级与估价工作报告、技术报告、成果应用建议报

告等;资料汇编;③报表成果:反映农用地分等定级与估价的过程和结果数据表。

8.6.1.3 业务功能分析

1)空间数据库管理功能

通过空间数据管理模块,对土壤图、土地利用图、地貌图、地质图、地形图等空间数据进行输入、编辑、空间分析、查询以及利用这些图件进行叠置分析、缓冲区分析等空间分析;通过内部数据格式转化实现空间数据与属性数据的联结查询;通过导入、导出实现 ALEIS 数据格式与其他 GIS 数据格式的交互。

2)属性数据库管理功能

系统实现两种形式的属性数据输入:一是利用 EXCEL、ACCESS 等建立属性数据库,然后通过 ALEIS 提供的属性数据导入功能,连接空间数据与属性数据;二是直接在 ALEIS 中对空间实体的属性值进行输入、编辑和修改。系统具有数据编辑修改、查询、批量处理、与其他数据库格式的相互转化、评价结果入库、评价结果查询等功能。

3)分等定级与估价模型库的管理

通过调用相关空间数据和属性数据,有效管理层次分析、系统聚类分析、模糊评判等模型方法,完成农用地分等定级与估价,并对结果进行分析、修改、保存入库等。

4)成果输出功能

实现各类因素因子的分值专题图、农用地等级划分专题图、等值区图、农用地地价分布图、样本地价分布图等中间和结果图的自动生成,农用地分等定级与估价相关报表生成并输出。

8.6.1.4 运行环境分析

建立 ALEIS 支撑平台一定要认真权衡实际需要的信息处理能力,尽可能建设一个良好性能价格比的高效系统。运行环境主要包括硬件设备和软件支持两个部分,细分如下:

计算机:配置 PⅢ以上处理器、256M 以上内存、32M 以上显存、硬盘 10G 以上、光驱、软驱、显示器、键盘、鼠标等;

外围设备:打印机、扫描仪、数字化仪等;

通讯设备:局域网络、Internet 网络;

操作系统:Widows 2000/XP;

相关软件:Supermap Object 2003,Visual Studio.Net,Visio,Access 等。

8.6.2 ALEIS 需求分析

需求分析的基本任务是要准确回答"信息系统究竟要做哪些事情"。在系统开发员与用户进行反复的交流后,通过 UML 建立用例模型,表现系统的结构或静态特征、动态特征,描述 ALEIS 应向外提供何种功能。在建立 ALEIS 用例需求模型时,采用多层次描述法。

8.6.2.1 系统需求规定

1) 系统性能要求

物理性能指标:a、精度。数据精度根据《规程》、理论范围、实际情况等确定,系统在数据存储、计算、备份和转换等过程中,能保证数据精度;b、时间特性要求。在任务要求的时间期限内,系统承担的工作量可占工作总量的 60%~80%,工作时间占总工作时间的 1/5~1/7;c、可靠性。系统运行过程中,除了不可预计的外部因素(停电、计算机硬软件故障等),不会出现运行错误、计算错误、导致系统死机等现象;运算过程保证稳定、可重复;d、灵活性。能够根据用户的要求和任务的目的,按照《规程》提供分等定级、估价的各种方法,并能根据实际情况,以不同的组合方式,形成处理流程。

功能指标:a、建立农用地分等定级与估价空间数据和属性数据库,实现信息的输入、存储、管理、查询、显示、转化和输出;b、各种与农用地分等定级与估价相关的因素因子分值的输入、与空间数据复合、查询检索与修改;c、农用地级等别、级别的划分,显示和编绘各类因素因子的作用分值、农用地等别、级别及相关专题图件;d、在级别划分的基础上对农用地地价评估,显示、查询、管理、输出各种农用地基准地价图、宗地地价和相关的属性数据表格;e、建立一套完整的用于与农用地分等定级与估价因素因子相关的数据库,各种指数的自动计算和报表的自动输出及转换。

2) 输入输出要求

提供友好的数据输入和输出界面;数据输入界面可按照流行的输入界面进行设计;文字信息输出界面简洁而能突出重点,表格设计合理,提供较为完备的地图编制工具等。

3) 数据管理能力要求

采用元数据和数据字典的方式维护空间数据和属性数据的完整性和一致性,提供基本的数据操作功能。

4)故障处理要求

对于系统运行过程中的故障,需要给出详细的故障来源、原因、处理方法,或者给出故障报告,提示修改系统设计或程序代码。

8.6.2.2 ALEIS用例模型的构建

8.6.2.2.1 多层次用例描述法

针对农用地分等定级与估价过程的复杂性,采用多层次用例描述法建立ALEIS用例模型。简要介绍如下:

1)建立多层次的用例图。顶层用例图描述系统粗粒度的全部功能;下一层将没有表述清楚的粗粒度用例用更细粒度的子用例描述。用例之间的关系使用extends、uses、generalization等关系表达。

2)用rank机制表示上下层的等级,父子用例的rank前缀相同。

3)上层与下层用例使用两种方法来保证一致性:①简单关系用stereotype机制,将相关用例赋予同一版类号;②利用package机制将相关的用例、协作和图组织成包,通过可见性来控制包内元素的public、protected、private的属性。包与包之间可以generalization和import、export方法来传达包之间元素的交互引用,并且还可以利用facade、framework、stub、sub-system、system5个标准构造管理复杂的系统模型。

4)用活动图对工作流建模。活动图直观地描述用例的复杂流程和并发行为,其中利用泳道表示业务对象、组织;用分叉和汇合表示同步流;用对象流表示被操作的对象。这样既清晰地描述了用例,又为分析阶段提取类打下了基础。

8.6.2.2.2 建立用例模型的步骤

1)确定参与者(角色)

参与者是与该系统打交道的人或其他系统,换句话说,就是使用该系统的人或事物,参与者与系统之间通过相互发送和接收消息实现通信。通过对ALEIS进行分析,确定其参与者主要有:一般用户、信息录入员、分等执行者、定级执行者、估价执行者、专家、数据库、分等子系统、定级子系统(图8-7)。各参与者之间主要用泛化关系来描述。

2)建立系统顶层用例图

通过需求捕获,获取ALEIS系统级非功能性的需求,指明系统参与者;发现用例,即角色需要系统什么功能,用它做什么;明确系统边界,通常是从小的范围建立用例,再逐渐扩展到系统边界;描述用例与角色的关系。ALEIS 的顶层用例图如图 8-8。ALEIS 中,与系统直接交互的角色定义为土地管理人员,由于 ALEIS 数据还需要向其他系统转换以为其他土地管理专业系统提供数据服务,因此将其他应用系统也定义为角色;顶层用例即系统的几大功能模块:数据输入、成果输出、数据管理、分等、定级和估价。

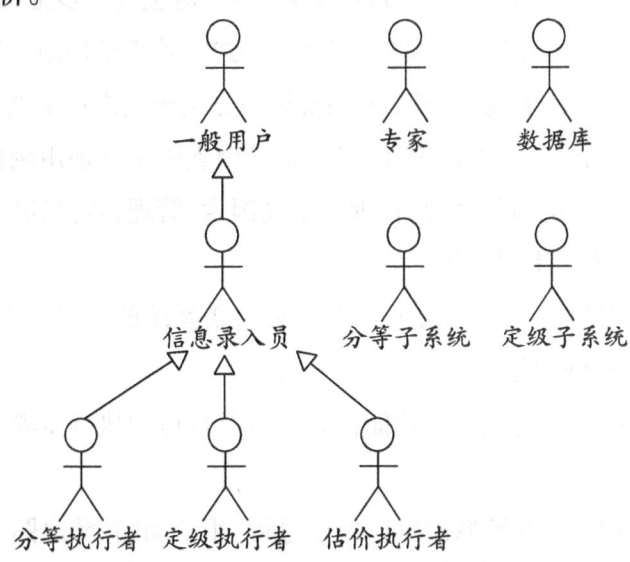

图 8-7　ALEIS 系统参与者总体图

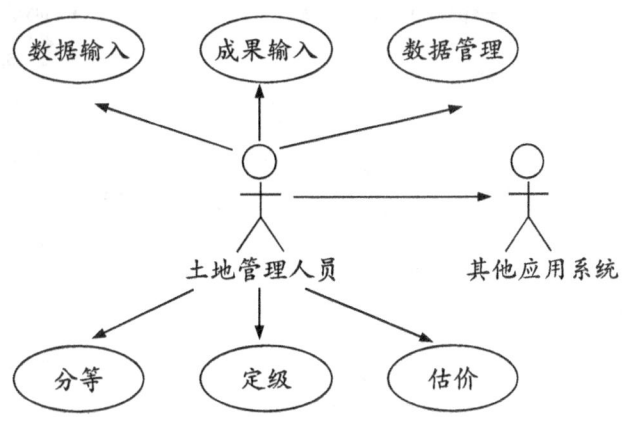

图 8-8　ALEIS 顶层用例图

3)精细化用例模型

建立顶层用例图后,对上层复杂用例建立下层用例图,编写事件流文档和活动图;同时采用包的机制对用例进行组织和分类。以农用地估价为例说明用例模型建立的方法和步骤。

①自顶向下精细化用例,同时采用包的机制将具有功能相同或相似的用例组合到一起。

根据农用地估价的业务和数据处理流程,将其用例分为估价方法管理用例包、估价过程用例包和估价因素因子管理用例包,然后对包进一步地细化和分解。如对估价方法管理用例包划分为管理基准地价评估方法、管理征用地价评估方法和管理宗地地价评估方法三个子包;管理基准地价评估方法子包进一步细化为定级指数模型法、基准地价评估法和样点地价评估法;估价因素因子管理用例包分为生成调查表、估价因素管理、估价因子管理、管理预定义因素、管理自定义因素、计算权重、确定量化规则表、生成因素因子修正体系表等。

②明确用例之间的关系,直至用例集合要覆盖系统的所有功能。用例之间的关系主要有 uses、extends 等关系。

③每个用例的功能含义与非功能性要求以及具体的执行步骤必须写在事件流文档中。

④用户提出请求到系统做出响应的全过程,用活动图、顺序图等来描述。

以上内容详见图 8-9,8-10,8-11。

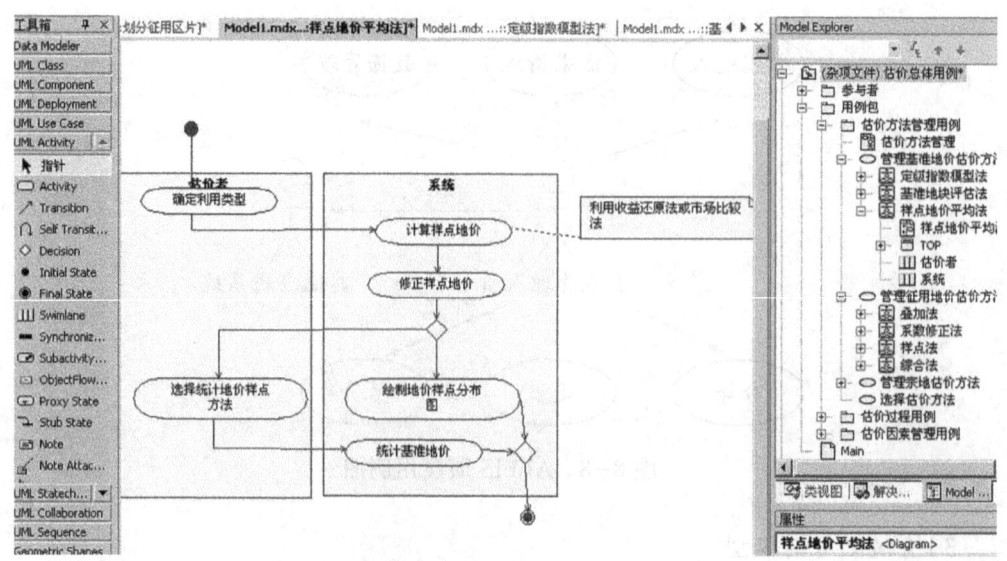

图 8-9 用例包划分及样点地价平均法活动图

8 耕地质量评价信息系统及案例

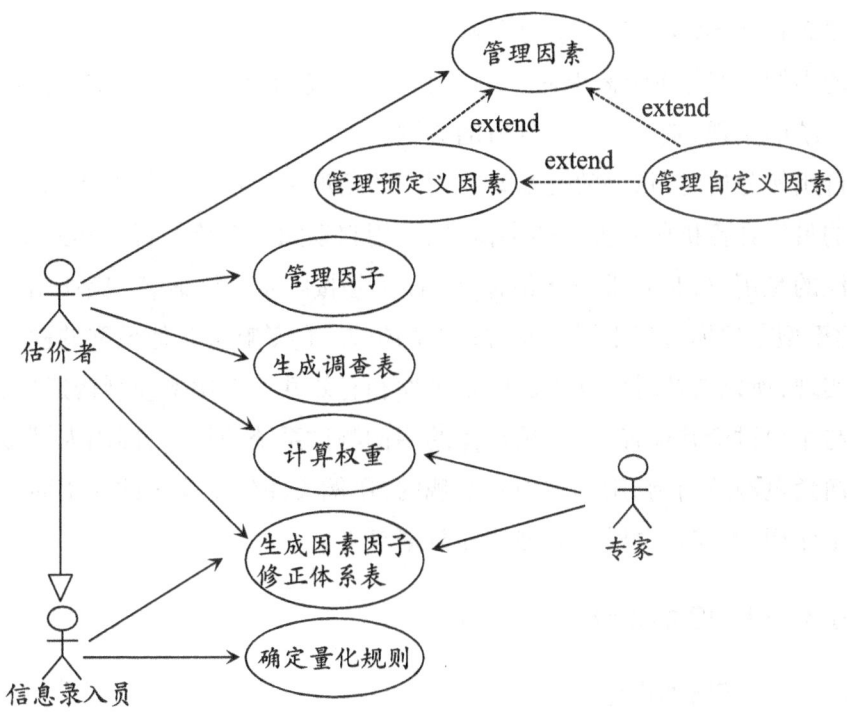

图 8-10　估价因素因子管理用例包

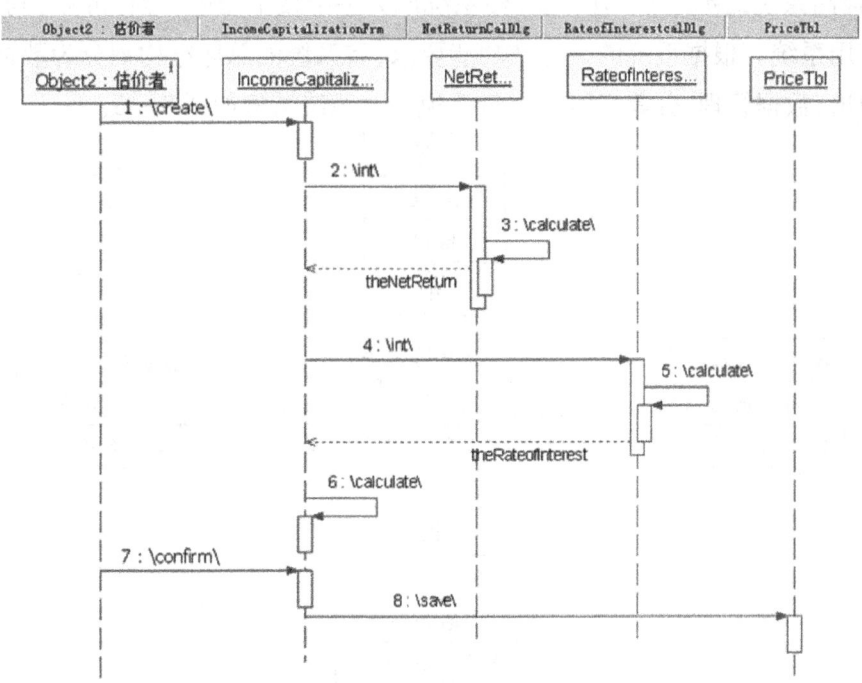

图 8-11　收益还原法顺序图

8.6.2.2.3 用例模型应注意的问题

系统用例模型是系统需求捕获中关于系统功能的形象表达,影响着其他模型的构造和系统的实现,是系统需求分析的关键。

进行用例分析时,重要的是要站在用户的角度来弄清系统的功能,而不是为完成用户的目标计算机所要去做的事情,用户用它来知道系统是否与其愿望相符合。用例关注的是用户,应按业务术语命名,而不是按技术术语命名,应让用户一目了然。用例模型在建模过程中居于非常重要的位置,它影响着其他模型的构造和解决方案的实现,所以要及时检查用例的正确性和有效性。在用例模型构造后,开发者将模型与用户讨论并检查。可以用具体的用例测试系统的行为,即用人模拟系统行为来扮演角色漫游用例。用例是独立实现的,用例关注的是系统的作用而不是如何实现这个作用,不应包含设计的细节和数据定义。

8.6.3 ALEIS 的设计

8.6.3.1 系统结构设计

系统采用模块化、ComGIS 技术进行设计,按照系统的功能划分功能模块和子模块,提高系统的扩充性、兼容性,使系统成为一个技术先进、运行可靠、利用效益高的应用系统。根据系统的目标和功能要求,将系统的总体结构划分为数据输入、数据输出、数据管理、分等定级与估价等模块。系统结构如图 8-12。

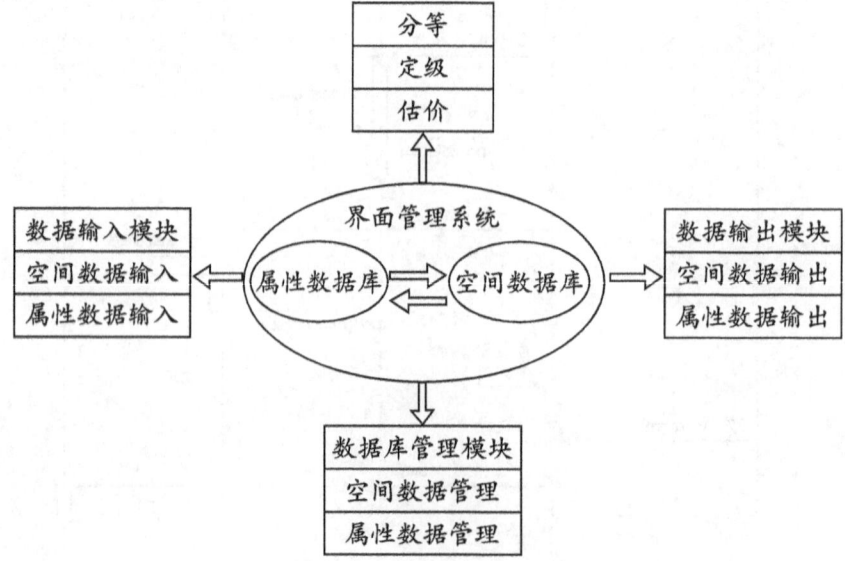

图 8-12 ALEIS 系统结构图

8.6.3.2 系统接口设计

ALEIS 的接口主要包括三类：

1）用户接口

ALEIS 系统所采用的用户接口技术包括：①菜单选项方式，菜单选择是一类较为直观而方便用户使用的用户界面。系统在工作时，就像顾客在饭店里就餐看菜谱点菜一样，尤其对于非专业用户来说，菜单选择是比较好的用户接口。本系统主要采用的是树型菜单；②表格/窗口填充方式，它是从一个清单中选取一项或多项的用户界面，它是一类适用于数据库管理、信息管理、数据处理中的数据输入等十分有用的用户界面风格，本系统在设计过程大量使用这种表格/窗口填空式的用户接口技术。③直接操纵方式，所谓直接操纵是指用户直接控制或操作屏幕上显示的对象去完成某项任务。它主要的特点是：对象的仿真表示，真实、自然、易理解，实际动作代替复杂的语法；操作结果的立即应答和直观显示；动作的连续性和可逆性，使系统的内容渐变、和谐地进展，给操作者以美的享受。

ALEIS 系统将很大程度上使用直接操纵的用户接口技术，使用户能直接在界面上寻找、发现所需的功能。

2）外部接口

ALEIS 系统的外部接口包括：①软件与硬件之间的接口（串行、USB 等），如打印机接口、数字化仪接口、投影机接口、键盘接口、屏幕接口等；②系统与各支持软件之间的接口，如数据库管理软件接口包括：Access、FoxPro 等；GIS 软件接口包括：Arc/Info、MapInfo、ArcView 等；计算机辅助设计软件接口包括：AutoCAD 等；计算机操作平台软件接口包括：Windows XP/2000/NT 等。

3）内部接口

ALEIS 系统的内部接口包括：①数据输入与数据库接口；②数据输出与数据库接口；③分等定级与估价与数据库接口等。

8.6.3.3 系统模块设计

根据农用地分等定级估价工作的需要，采用模块化原理，将系统分成数据输入、数据输出、数据管理、分等、定级、估价六大模块，每个模块完成一个子功能。然后把这些集成在一起组成一个整体，就可以完成农用地分等定级估价的任务。各模块的主要功能特点如下：

1）数据输入模块

空间数据的输入是数据信息处理过程的关键。ALEIS 提供的数字化方式以屏幕数字化为主。对于利用外部 GIS 软件进行矢量化的用户，ALEIS 提供了空间导入功能，可以将 Mapinfo 交换文件、Arc/Info E00 文件、ArcView shape 文件和 AutoCAD 交换文件等格式导入作为 ALEIS 的空间数据。ALEIS 利用组件式 GIS 软件提供的控件在屏幕上直接实现对栅格数据（即影像图层）的矢量化。可用的栅格数据格式有 Bmp 图像文件、GRID 图像文件、JPG 图像文件、TIF 文件、ECW 格式文件等。

ALEIS 提供两种属性数据输入方法：①利用 EXCEL、ACCESS 等录入属性数据，然后通过 ALEIS 提供的属性数据导入功能连接空间数据与属性数据；②在 ALEIS 中直接输入、编辑和修改空间实体的属性值。

2）输出模块

根据用户需要，输出功能主要完成与分等定级估价相关的图件、属性数据和各种指数、表格输出。图件主要有工作底图如土地利用现状图、土壤图、行政区划图等，中间图如评价单元图、评价指标区图、各种因素因子图、各种指数等值区图、样点地价图等，成果图如等别、级别图、基准地价图、宗地地价图等。指数有土地利用系数、土地经济系数、分等指数、基准地价修正系数等。表格主要有分等定级估价因素因子分值表、综合分值表、等别级别划分表、基准地价表等。

3）分等定级估价模块

分等定级估价模块是该系统的核心，主要完成与分等定级估价相关的评价指标体系和权重、质量分规则表等的确定，按照系统提供的向导导航完成农用地分等定级估价，对其结果进行面积统计、平差和分析。

4）数据管理模块

根据用户需要，完成对空间数据库和属性库的结构和数据的编辑、删除、修改、查询等操作。

8.6.3.4 数据库设计

系统数据库的设计主要采用自顶而下的设计方案和面向对象的程序设计思想。其最顶层为工作空间，其下包括数据源集合、地图集合和布局集合三部分。地图集合与布局集合主要用于空间数据的成图输出，它们分别由地图要素和布局要素组成；数据源集合可派生出子类数据源，数据源由数据集集合组成，数据集是数据集集合的一个子类，它包括矢量数据集和属性数据记录集，其结构框图如图 8-13 所示。

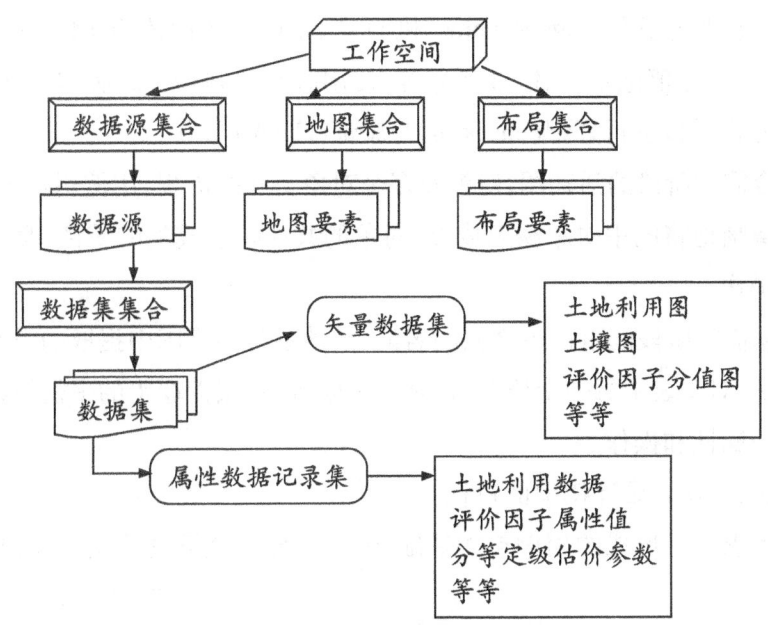

图 8-13 ALEIS 数据库结构框图

数据字典是数据库应用设计中的重要内容,是描述数据库中各类数据及其组成的数据集合。数据字典具有层次结构,由一系列相关文件构成,主要包括每一数据元的名字、意义、描述、来源、功能、格式以及与其他数据的关系。建立数据字典可以帮助用户了解整个数据库的组织和内容,以便更好地使用数据库。

8.6.3.5 设计模型的建立

分析模型是说明系统逻辑设计的,用 UML 的类图来表达静态结构,用状态图、活动图、顺序图、协作图来建立系统的动态模型,描述系统功能是"如何完成"的、"什么时间完成"的。类图定义系统中的类的内部结构、类之间的关系,即类的属性和操作。顺序图重在描述对象的行为及其之间的交互的时间顺序,它与活动图都可帮助提取类;状态图用来更清晰地描述类。

8.6.3.5.1 基于职责的分层次设计模型描述方法

常用的直接建立系统类图的方法存在一些缺点:①CIS 涉及面广,数据复杂且有显著的空间特征与时态性,很多类同时堆积在类图上;②在工程开发中,几个工作组分布在不同的地域,数据无法及时整体组织,造成了二义性;③缺乏有效的提取类的方法。基于职责的分层次设计模型描述方法可以解决这些问题。

1)使用包(package)的机制,将概念和语义上相互接近的类分包组块;

2)利用包与标签值(tagged value)机制将不同地点的工作组用不同的包作为配置管理单元,标记值记录作者、业务号等,使用版本控制来控制版本与开发进度,每个工作组分别对包进行登记(check in)与验证(check out);

3)结合需求阶段的活动图,对涉及多个对象交互的流程、用例用顺序图来描述,这样可以清晰地将图中对象映射成类,对象的共性映射成类的属性,交互的消息映射成类的操作;

4)根据需求阶段的事件流文档的名词、活动图与顺序图中提取的类共同形成系统的词汇表;对于表中每一个概念,识别一个职责集;根据职责的平衡规则来提供每个类所需的属性和操作。

8.6.3.5.2 建立设计模型的过程

1)以需求阶段形成的用例包为基础,建立系统的分析设计模型(图8-14)。

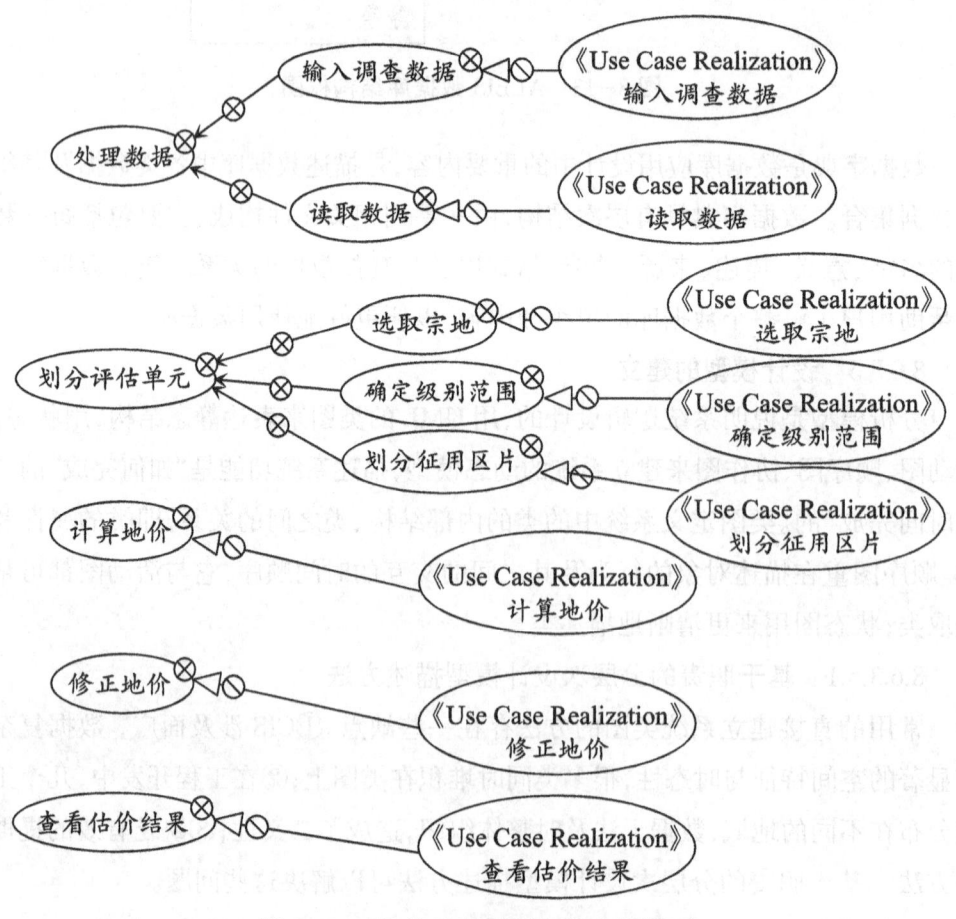

图8-14 估价过程用例包的分析模型

在分析模型基础上,对每一个协作实体进行进一步的扩展和细化,即对每一个协作实体需要实现的功能、如何实现及何时实现其功能进行细节设计,主要采用顺序图、状态图等,同时对主要的类操作、与涉及的对话框或窗体之间的关系进行描述。这里以估价过程用例包分析模型中的计算地价为例进行介绍(图8-15)。

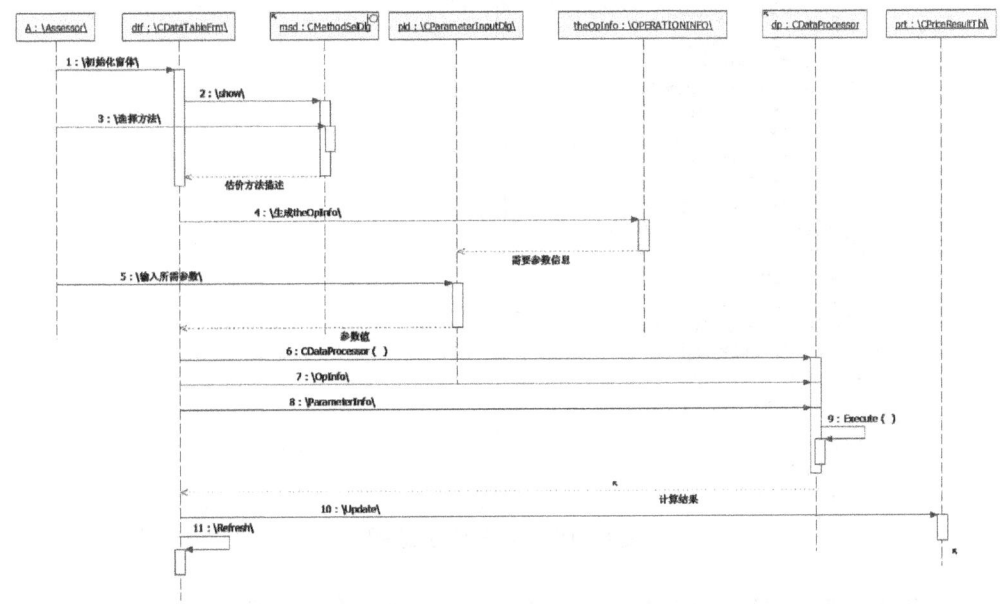

图 8-15　计算地价顺序图

2)形成系统基础类

分析事件流文档中的名词来提取系统中要处理的概念,结合活动图、顺序图映射的类组成系统的词汇表。对于词汇表中的每一个类,识别一个职责集,并且保证整体上职责及时均衡,这意味着不能让任何类过大或过小。若抽象出的类过大,模型就难以复用;如果类过小,就会琐碎和难以理解。把职责过多的类分解成小类,把小类合并成大类,重新分配职责使整体保持均衡。

根据分好的职责为每一个类提供所需的属性和操作(图8-16)。

8.6.3.6　系统界面设计

对用户而言,界面就是系统,用户界面的好坏决定了用户使用系统的效率。为增强ALEIS的实用性,尽可能做到系统界面友好、方便灵活、易于操作、掩藏内部细节,使用户集中精力于所完成的任务。

目前,系统界面主要采用命令输入、表格/窗口填充、菜单选择和直接操作等形式。ALEIS在设计系统界面时,综合运用表格/窗口填充、菜单选择和直接操作三种方式，使系统具有良好的人机交互界面和向导导航功能(图 8-17)。

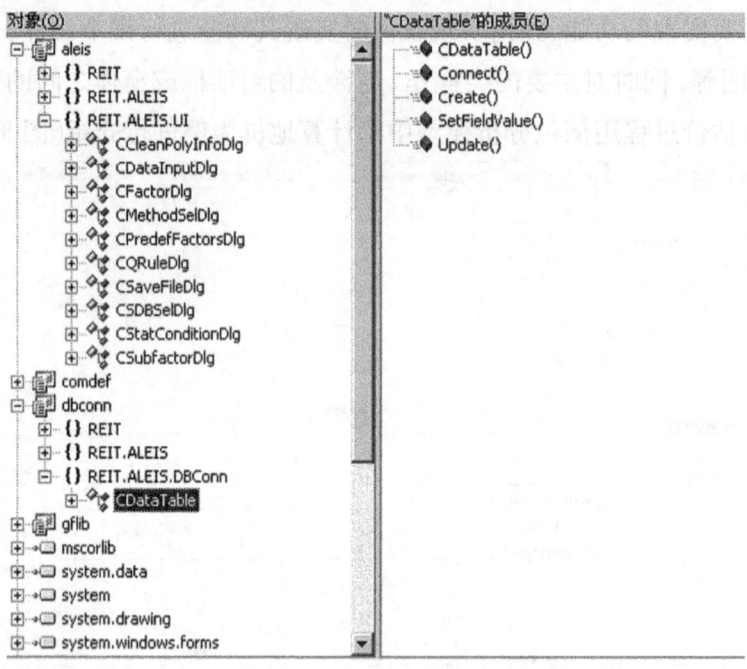

图 8-16　类设计示意图

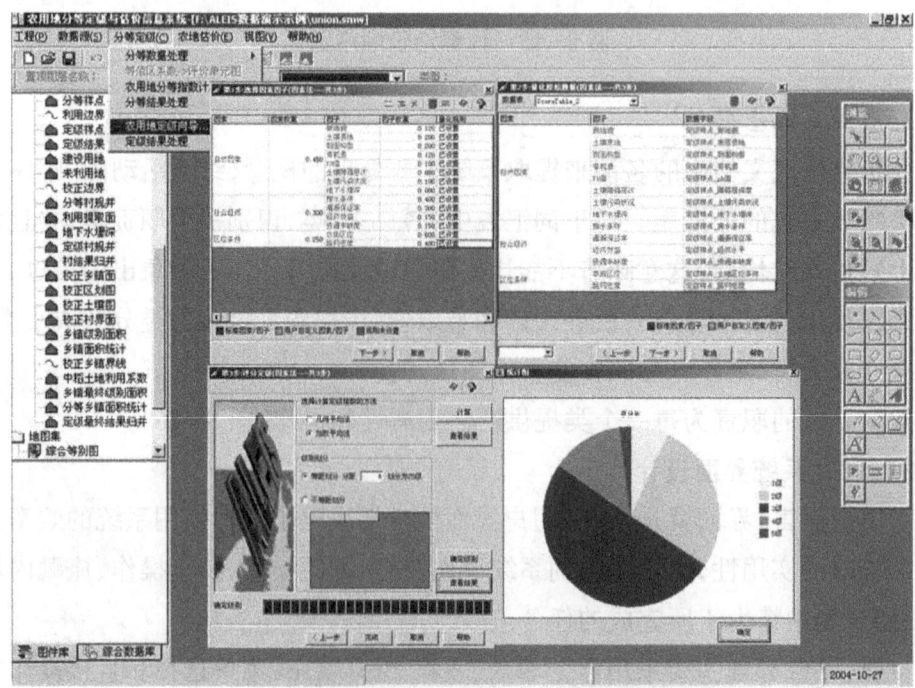

图 8-17　农用地定级模块向导导航操作界面

8.6.4 程序编码与测试

ALEIS采用SuperMapⅢ+C#+Access的模式编程实现,其中SuperMapⅢ主要提供空间数据的输入、查询、编辑、分析和成果的输出等功能。在分析设计的基础上,利用Rational XDE实现代码与思想的互相转化(即代码生成系统和逆向转出系统),生成系统的代码框架结构,然后完成系统的开发。

系统开发完成后,需要对系统进行测试,通常包括单元测试、功能测试、集成测试、认证测试。在单元测试中使用类图和类的规格说明,测试一个类或一组类。集成测试和系统测试中使用组件图、合作图、用例图。功能测试主要是从用户的角度考虑,单元测试则是从开发人员的角度来考虑的。UML质量控制系统对整个软件的测试、质量保证都有相应的跟踪和实施功能。系统进行测试后即可交付用户使用。

8.6.5 ALEIS评价

农用地分等定级与估价信息系统(ALEIS)是根据《农用地质量分等规程》、《农用地定级规程》和《农用地估价规程》等国家标准,以组件式地理信息系统软件SuperMapⅢ为开发平台,借助工作流技术和可视化建模技术而开发的面向管理决策层的实用数据可视化信息系统。

8.6.5.1 一般性能评价

1)系统效率

ALEIS采用可视化技术和ComGIS技术进行开发,运行于Windows 2000/XP环境,具有良好的用户界面,操作方便,能及时准确地向用户提供空间信息和属性信息、查询功能完备、查询速度快;系统具有良好的容错性,能对捕获的各种错误进行妥善处理;系统在完成各个任务后,其线程会自动关闭,占用系统资源少,资源的使用效率高。

2)系统可靠性

系统在运行时具有良好的稳定性。系统提供了数据备份和灾难恢复功能,当用户数据发生错误或丢失时,系统可以及时恢复用户数据。

3)可扩展性

系统采用ComGIS技术和工作流技术,在开发过程中,系统已经留取了建立决策支持系统和专家系统的接口。因此,当需要增加功能模块时,可以在现行系统上不做较大改动即可实现,具有良好的扩展性。

4)可移植性

系统的空间数据库可以与 ARC/INFO、MAPINFO、AUTOCAD 等交换数据;系统可以移植到任何安装有 Windows 2000/XP 操作系统的计算机上使用。同时,系统能与其他大量的土地资源数据库兼容。

8.6.5.2 专业性能评价

1)数据标准化和规范化

系统开发主要采用《农用地质量分等规程》、《农用地定级规程》和《农用地估价规程》国家标准中的方法、参数和代码以及相关的数学标准化模型,从而保证了数据的标准化和规范化,有利于国土资源数据共享和软件的推广应用。

2)数据兼容性

系统采用组件式 GIS 软件 SuperMap 作为开发平台,能同时实现矢量数据和栅格数据两种空间数据输入。同时该系统能与 Mapinfo、Arc/Info、ArcView 和 AutoCAD 等主要地理信息系统软件的数据格式通用;具有接受 BMP、GRID、JPG、MrSid、TIF 和 ECW 图像文件的功能,通过系统提供的屏幕数字化功能,实现栅格数据(如土壤图、土地利用现状图、地貌图、地形图等)向矢量数据转化。同时,系统能将相关的数据集(土壤图、土地利用现状图等面图层,乡镇位置等点图层,乡镇界、县界等县图层)导出成 Mapinfo、Arc/Info、ArcView、AutoCAD 和国际矢量交换格式等多种信息系统数据源。

3)经济社会效益分析

采用组件式 GIS 软件作为开发平台,系统开发成本较低,运行维护费用较少;该系统可为各级管理和政府部门提供实用的计算机管理工具,快速方便地指导国土部门进行农用地分等定级与估价,可节省大量的人力、物力和财力,减少不必要的重复劳动;可为全国建立土地资源信息数据库和数字国土、数字地球提供坚实基础和应用范例,促进我国土地的合理化管理,解决城市化、工业化进程中出现的一系列矛盾。

8.6.6 系统特点与发展趋势

ALEIS 采用面向对象的软件开发方法,利用 ComGIS、工作流、UML 等技术开发

的专业应用型地理信息系统,主要具有以下的特点:

1)技术先进。ALEIS 采用新一代组件式 GIS 软件 SuperMap 作为开发平台,使该系统具有良好的运行性能和可扩展性,在技术上保持先进。

2)操作简便。ALEIS 为用户提供智能友好的图形、菜单界面,操作简单、快捷,对核心模块——农用地分等定级与估价的过程采用智能"傻瓜式"步骤,便于基层用户的使用。

3)规范化和标准化。系统的设计与开发中,尽量采用《农用地质量分等规程》、《农用地定级规程》和《农用地估价规程》国家标准中的方法、参数和代码等,以利于全国进行统一规划、管理和数据共享。

4)实用性强。ALEIS 是用组件式 GIS 软件和可视化编程语言开发的信息系统,开发的每个功能最终都以专题图件或报表数据的形式表示,满足管理决策人员的实际需要。

ALEIS 作为国土资源信息化管理的一个重要组成部分,必将随着计算机和信息技术的发展而不断完善。表现在以下几方面:

1)ALEIS 作为数字国土工程的一部分,为实现数字国土工程各个部分的相互可操作性和资源共享性,在不同系统的空间数据和属性数据的采集方式和存储方式上,国家应制定统一的标准和规范。

2)目前在数据管理上,空间数据和属性数据一般分开管理,这种管理模式不利于数据的开放性和互操作性,数据共享和并行处理无法保障。因此在数据组织方面,应运用面向对象技术,开发面向对象数据库和面向对象数据模型,以满足统一的分布式数据管理和面向对象的数据定义和处理,完成时态数据组织和多尺度数据表达。

3)以主题数据库和 GIS 为核心,运用多 S 集成技术、计算机网络技术、数据库技术和智能控制技术,为数据的动态更新、综合分析、决策支持提供更有力的支持。

随着 3S 技术和信息技术的发展和逐步完善,特别是 Internet/Intranet 技术的应用,ALEIS 将朝着信息集中和分布式管理,数据开放性和互操作性、智能分析和辅助决策的方向发展,系统将广泛采用客户机/服务器技术、CAD 技术、人工智能和专家系统技术,使系统朝智能化综合化方向发展,为数字国土、数字地球做出贡献。

参考文献

[1] Bacon P. J., Cain J. D., Howard D. C. Belief network models of land manager decisions and land use change[J]. Journal of Environmental Management, 2002, 65(1): 1-23.

[2] Benites J.R., Tschirley J.B.. Report of the Workshop on Land Quality Indicators for Sustainable Resource Management[M]. Rome, Italy: FAO, 1996.

[3] Booch G., Rumbaugh G., Jacobson I.. UML 用户指南[M].邵维忠译. 北京: 机械工业出版社,2001.

[4] Dumanski J., Gameda S., Pieri C.. Indicators of land quality and sustainable land management: An annotated bibliography, Environmentally and Socially Sustainable development series: Rural development[M]. The International Bank for Reconstruction and Development. Washington, D.C., U.S.A.: The World Bank, 1998.

[5] Eastman R. J.. IDRISI for Windows: User's guide, (Version 2.0)[M]. Clark University, Graduate School of Geography, Worcester, Massachusetts, 1997.

[6] Eriksson H., Penker M.. UML 工具箱[M].俞俊平, 余安萍, 徐敏等译. 北京: 电子工业出版社, 2004.

[7] ESRI. MapObjects GIS and mapping components[M]. ESRI, 1996.

[8] FAO. A Framewok for land Evaluation. Soil Bulletin NO32[M]. FAO, Rome, 1976.

[9] FAO.FESLM: An International Framework for Evaluating Sustainable Land Management[M]. World Soil Resources Report, 1993.

[10] Jacobson I., Booch G., Rumbaugh G.. 统一软件开发过程[M]. 周伯生译. 北京: 机械工业出版社, 2002.

[11] Klingebiel L., Montgomery P. H.. Land Capability Classification. Agricultural Handbook[M]. Department of Agriculture, U.S.A. Washington DC, 1961.

[12] Millington A.C., Velez L., Ximena M., Bradley A.V.. Scale dependence in multi-

temporal mapping of forest fragmentation in Bolivia: implications for explaining temporal trends in landscape ecology and applications to biodiversity conservation [J]. Journal of Photogrammetry and Remote Sensing, 2003, 57(4): 289-299.

[13] Münier B., Birr P.K., Schou J.S.. Combined ecological and economic modelling in agricultural land use scenarios[J]. Ecological Modelling, 2004, 174(1): 5-18.

[14] Naveh Z., Lieberman A.S. Landscape Ecology(Second edition)[M]. New York: Springer-verlag, 1993.

[15] Naveh Z., Lieberman A.S. Landscape Ecology: Theory and Application[M]. New York: Springer-Verlag, 1984.

[16] Nisar-Ahamed T.R., Gopal .K., Murthy J.S.R..GIS-based fuzzy membership model for crop-land suitability analysis[J]. Agricultural Systems, 2000, 63(2): 75-95.

[17] Robert J.O.. Understanding and programming COM+[M]. Prentice-Hall, Inc., 2000.

[18] Robert N., John K..Lamb.Using Land Evaluation and Site Assessment(LESA) for Farmland Protection Planing: A Case Study[J]. Journal of Extension, 2001, 39(4): 35-42.

[19] Wilvander A., Keesvan H..工作流管理:模型、方法和系统[M].王建民等译.北京:清华大学出版社,2004.

[20] Workflow Management Coalition. The Workflow Reference Model[[M]. WFMC TC00-1003, 1994.

[21] Zonneveld I.S.. Land ecology: an introduction to landscape ecology as a base for land evaluation, land management and conservation[M]. SPB Academic Publishing, Amsterdam, 1995.

[22] N. Davatgar, M.R. Neishabouri, A.R. Sepaskhah. Delineation of site specific nutrient management zones for a paddy cultivated area based on soil fertility using fuzzy clustering[J]. Geoderma, 2012, 173-174:111-118.

[23] Yan Nie, Yi Luo, Mu-Xing Liu, Jing Yu*.Degradation Risk Evaluation of Cultivated Land in Jianghan Plain Based on Ecological Risk Analysis and GIS[J]. JFAE, 2012,10(2):1231-1236.

[24] Maarit Middleton, Paavo Närhi, Hilkka Arkimaa, Eija Hyvönen, Viljo Kuosmanen, Paul Treitz, Raimo Sutinen. Ordination and hyperspectral remote sensing approach

to classify peatland biotopes along soil moisture and fertility gradients[J]. Remote Sensing of Environment, 2012, 124:596-609.

[25] Eladio Domínguez, Jorge Lloret, Beatriz Pérez, et al.. Evolution of XML schemas and documents from stereotyped UML class models: A traceable approach[J]. Information and Software Technology, 2011, 53(1):34-50.

[26] Manoli Albert, Jordi Cabot, Cristina Gómez, et al.. Generating operation specifications from UML class diagrams: A model transformation approac[J]. Data & Knowledge Engineering, 2011, 70(4): 365-389.

[27] 刘耀林,焦利民.土地评价理论方法与系统开发[M].北京,科学出版社,2008.

[28] 蒙吉军.土地评价与管理[M].北京:科学出版社,2011.

[29] 张凤荣,徐艳,张晋科.农用地分等定级估价的理论、方法与实践[M].北京:中国农业大学出版社,2008.

[30] 周勇,聂艳.土地信息系统理论方法实践[M].北京:化学工业出版社,2005.

[31] 周勇,孙轶,聂艳.农业管理信息系统理论与实践[M].北京:化学工业出版社,2007.

[32] 刘黎明.土地资源调查与评价[M].北京:中国农业大学出版社,2005.

[33] 吴次芳.土地资源调查与评价[M].北京:中国农业出版社,2008.

[34] 刘富刚.土地资源评价理论与实践[M].北京:国防工业出版社,2011.

[35] 聂艳.可持续利用耕地质量评价的模型、方法与信息系统集成及应用研究[D].武汉:华中农业大学,2005.

[36] 于婧.基于GIS和地统计学的土壤养分及应用研究[D].武汉:华中农业大学,2007.

[37] 尹成杰.粮安天下:全球粮食危机与中国粮食安全[M].北京:中国经济出版社,2009.

[38] 国土资源部土地利用管理司等.农用地分等定级估价理论、方法、实践[M].北京:地质出版社,2004.

[39] 中华人民共和国国土资源部.中华人民共和国国土资源部行业标准(TD/T 1004-2003):农用地分等规程[S].2003.

[40] 中华人民共和国国土资源部.中华人民共和国国土资源部行业标准(TD/T 1005-2003):农用地定级规程[S].2003.

[41] 中华人民共和国国土资源部.中华人民共和国国土资源部行业标准(TD/T 1006-2003):农用地估价规程[S].2003.

[42] 国家质量监督检验检疫总局、国家标准化管理委员会.农用地质量分等规程(GB/T 28407-2012)[S].北京:中国质检出版社,中国标准出版社出版,2012.

[43] 国家质量监督检验检疫总局、国家标准化管理委员会.农用地定级规程(GB/T 28405-2012)[S].北京:中国质检出版社,中国标准出版社出版,2012.

[44] 国家质量监督检验检疫总局、国家标准化管理委员会.农用地估价规程(GB/T 28406-2012)[S].北京:中国质检出版社,中国标准出版社出版,2012.

[45] 中华人民共和国国土资源部.全国土地分类[S].中华人民共和国国土资源部,2002.

[46] 国家质量监督检验检疫总局、国家标准化管理委员会.土地利用现状分类(GB/T 21010-2007)[S].北京:中国质检出版社,中国标准出版社出版,2007.

[47] 傅伯杰.景观生态学原理及应用[M].北京:科学出版社,2001.

[48] 高向军,马仁会.中国农用土地等级评价研究进展[J].农业工程学报,2002,18(1):165-168.

[49] 刘卫东.城市土地价格调查、评价及动态监测[M].北京:科学出版社,2002.

[50] 秦明周.土地利用及持续开发理论与实践[M].西安:西安地图出版社,1998.

[51] 王人潮,史舟.农业信息科学与农业信息技术[M].北京:中国农业出版社,2003.

[52] 王人潮.农业资源信息系统[M].北京:中国农业出版社,2000.

[53] 王仁铎,胡光道.线性地质统计学[M].北京:地质出版社,1988.

[54] 肖笃宁.景观生态学[M].北京:科学出版社,2003.

[55] 谢季坚,刘承平.模糊数学方法及其应用[M].武汉:华中理工大学出版社,1999.

[56] 徐爱萍,徐武平.组件技术与ComGIS[J].测绘信息与工程,2001(2):32-34.

[57] 殷浩文.生态风险评价[M].上海:华东理工大学出版社,2001.

[58] 余家林.农业多元试验统计[M].北京:北京农业大学出版社,1993.

[59] 张斌,雍歧东,肖芳淳.模糊物元分析[M].北京:石油工业出版社,1997.

[60] 张凤荣,安萍莉,胡存智.制定农用地分等定级野外诊断指标体系的原则、方法和依据[J].中国土地科学,2001,15(2):31-34.

[61] 张凤荣,王静,陈百明等.土地持续利用评价指标体系与方法[M].北京:中国农业出版社,2003.

[62] 朱德海.土地管理信息系统[M].北京:中国农业大学出版社,2000.

[63] 朱德举.土地评价[M].北京:中国大地出版社,1996.